THE MECHANISM AND EFFECT OF RURAL E-COMMERCE POVERTY ALLEVIATION

农村电子商务扶贫

作用机制及效果

林海英 赵元凤◎著

本研究获得以下支持：（1）国家社科基金一般项目（20BMZ134）；
（2）内蒙古自治区哲学社会科学重点研究基地"内蒙古乡村振兴战略研究中心"。

经济管理出版社
ECONOMY & MANAGEMENT PUBLISHING HOUSE

图书在版编目（CIP）数据

农村电子商务扶贫：作用机制及效果/ 林海英，赵元凤著 .—北京：经济管理出版社，2021.1

ISBN 978-7-5096-7741-4

Ⅰ.①农… Ⅱ.①林… ②赵… Ⅲ.①农村—电子商务—扶贫—研究—中国 Ⅳ.①F724.6②F126

中国版本图书馆 CIP 数据核字（2021）第 025501 号

组稿编辑：王光艳
责任编辑：李红贤
责任印制：黄章平
责任校对：董杉珊

出版发行：经济管理出版社
　　　　　（北京市海淀区北蜂窝 8 号中雅大厦 A 座 11 层　　100038）
网　　址：www. E-mp. com. cn
电　　话：(010) 51915602
印　　刷：北京晨旭印刷厂
经　　销：新华书店
开　　本：710mm×1000mm/16
印　　张：14.5
字　　数：261 千字
版　　次：2021 年 3 月第 1 版　　2021 年 3 月第 1 次印刷
书　　号：ISBN 978-7-5096-7741-4
定　　价：68.00 元

前　言

内蒙古自治区地处少数民族聚集的边疆地区，是我国贫困问题最为严重的地区之一，其贫困问题具有一定的特殊性，贫困家庭脱贫致富对于维护民族团结、确保边疆稳定、建设生态文明、实现全面小康具有重大意义。截至 2017 年，内蒙古自治区贫困人口达 37.5 万人，其中深度贫困人口 15.5 万人，占总贫困人口的 41.3%。深度贫困县具有贫困程度深、脱贫难度大、返贫率高等特点，贫困人口技术创新欠缺、自身发展能力缺乏，可见内蒙古自治区脱贫攻坚任务艰巨。2019 年中央一号文件再次强调要"主攻深度贫困地区脱贫工作，解决区域性整体贫困，增强贫困群众内生动力和自身发展能力，减少和防止贫困人口返贫"，内蒙古自治区已成为国家扶贫工作的重点和难点区域。随着我国电子商务进农村综合示范项目的推进，电商扶贫被纳入"精准扶贫十大工程"之一。电子商务能否实现内蒙古自治区贫困户精准扶贫、稳定脱贫？电商扶贫发展过程中存在哪些问题与不足？现行的农村电商扶贫受哪些因素影响？电商扶贫的作用机制如何？作用效果是否显著？厘清上述问题对提高与改进电商扶贫成效、如期实现全面建成小康社会具有深远的现实意义，能为内蒙古自治区精准扶贫提供有价值的参考。

鉴于此，本书选取深度贫困区的典型代表——内蒙古自治区作为研究样区，在当前精准扶贫和电商进农村综合示范项目的推进下，基于 2015~2018 年电商示范县和国家级贫困县贫困户的实地调研数据，综合运用贫困治理理论、电商扶贫理论、计量经济学等理论，并结合实践案例分析农村电商扶贫的作用机制，对贫困户的电商扶贫效果进行实证检验与测度，总结电商扶贫成效及问题，并从政策环境、长效机制等方面提出推进农村电商扶贫的政策建议。本书的主要研究工作和结论如下：

（1）分析农村电商扶贫的作用机制。本书以内蒙古自治区为研究案例区，以微观贫困户作为研究对象，对农村电商扶贫的作用机制进行理论推导与案例分析。①运用供需理论对农村电商扶贫的"增收"作用机制进行理论分析，并结合实践案例进一步说明农村电商扶贫的"增收"作用机制；②运用劳动力供给、消费者剩余理论对农村电商扶贫的"节支"作用机制进行理论分析，并结合实践案例进一步说明农村电商扶贫的"节支"作用机制；③运用《劳动经济学》中的"成本—收益"理论从理论上分析农村电商扶贫的"赋能"作用机制，并结合实践案例进一步说明农村电商对贫困户具有一定的赋能效果，能够促进人力资本的提升。

（2）内蒙古自治区农村电子商务发展分析及样本区域选择。①本书基于CNNIC中国互联网信息中心报告、微观调研数据及《内蒙古统计年鉴》数据，分析内蒙古自治区农村电商扶贫的现实基础。研究表明：电商发展基础较好，互联网普及率较高，移动支付呈现普遍化，网络交易额持续增长；农村电商发展快速，制定和出台了促进农村电商发展的规划和政策，基础设施建设快速发展，农村牧区道路建设逐渐完善，农村牧区三级物流网初具雏形及示范县带动作用明显。②结合调研数据对调查样本区域选择、问卷设计与调查方法、问卷的信度和效度以及样本村、贫困户家庭基本特征等内容进行分析，并结合调查数据与内蒙古自治区整体情况进行了对比分析，发现调查数据具有典型代表性。

（3）识别内蒙古自治区农村电商的贫困户扶贫效果。本书结合电商扶贫作用机制的理论分析，基于内蒙古自治区微观贫困户的调研数据，从贫困户视角实证检验农村电商扶贫效果，研究结论如下：①通过方差分析发现，网络销售对贫困户家庭年收入具有显著促进作用；结合进行网络销售的216份贫困户样本，运用处理效应两阶段模型（TEM）评价贫困户电商扶贫的"增收"效果，发现在其他条件保持不变时，贫困户参与网络销售能够使贫困户家庭收入增加27.22%，贫困户参与网络销售对"增收"效果明显。②结合既进行网络销售又进行网络购买的390份贫困户样本数据，运用Tobit模型评价贫困户电商扶贫的"节支"效果，发现网络购买对贫困户家庭支出具有显著影响，即网购每增加一次，贫困户家庭支出降低1%的概率会增加1.305，贫困户参与网络购买对"节支"效果明显，而网络销售对"节支"效果不显著。③结合506份贫困户样本数据，首先通过综合指数法计算出贫困户的人力资本指数，发现贫困户的人力资本指数整体偏低，主要集中在0.3~0.4，贫困户自身发展能力较弱。其次运用结构方程模型（SEM）评价贫困户电商扶贫的赋能效果，发现电商参与对贫困户提高人力资本的直接效应为0.790，网络购买和网络销售对人力资本的间接效应分别为0.705和0.641，电商参与对"赋能"效果显著；同时，资源禀赋、社会网络、电商认知及基础设施因素通过电商参与作为中介作用的间接效应明显高于直接效应，电商参与对"赋能"效果的中介作用更显著。

（4）总结内蒙古自治区农村电商扶贫的发展成效及存在问题。本书通过理论与实证分析发现农村电商扶贫效果显著，结合调研实际：①反贫困成效分析发现，贫困县总量首次减少，贫困发生率逐年降低，贫困县贫困户人均收入明显提高，深度贫困县受到关注，脱贫工作扎实稳进；贫困特征分析发现，贫困人口区域分布不均衡，贫困类型多种多样，贫困户技术创新欠缺，贫困人口自身发展能力缺乏，贫困人口老龄化程度增强，贫困户劳动力缺少。②对电商扶贫成效分析发现，电商带动了农畜产品"上行"和品牌化，促进了贫困户创业就业增收，电商扶贫模式多种多样，贫困户扶贫效果显著，示范县制定了相应电商扶贫发展规划来提高贫困户电商参与度。③对电商扶贫存在问题的分析发现，电商扶贫更注重外因成效，贫困主体获得感不强，贫困户固有资源有限且对电商认识不足，贫困户对电商扶贫持续性差，扶贫资金监管不到位，电商扶贫缺少对贫困户"造血式"帮扶等。只有将这些具体问题逐步改进与完善，才能推动内蒙古自治区农村电商扶贫发挥出更大的成效。

（5）构建内蒙古自治区农村电商扶贫效果改进的政策框架。优化农村电商相关政策，合理安排配套资金；加强农村电商发展环境建设，提高贫困户电商参与度；继续发挥示范县的引领带动作用，加强便民利民服务；培育当地农畜产品品牌，助力农畜产品"上行"；加强对农村电商平台的宣传，提高电商扶贫成效；构建电商扶贫长效机制，提升贫困主体自身发展能力。这些措施的改进与完善为国家重点推进电商扶贫提供了有力抓手和有效手段，为我国"十三五"时期实现全面小康社会，帮助贫困地区和贫困人口实现精准脱贫提供了一定的参考思路。

本书可能的创新点主要体现在以下两个方面：

第一，首次以微观贫困户为研究对象，实证分析了农村电商扶贫效果。农村电商扶贫效果的研究多数集中在规范研究与定性研究，本书基于贫困户的微观调研数据，借助处理效应模型（TEM）、Tobit 模型和结构方程模型（SEM）检验农村电商的贫困户扶贫的"增收""节支""赋能"的作用效果，弥补农村电商扶贫效果实证分析方面的研究，增强其客观性。

第二，首次将农村电商参与的网络销售和网络购买两个方面进行了剥离，并通过对农村电商扶贫效果的实证分析有了新的发现：网络销售对贫困户"增收"效果明显，网络购买对贫困户家庭"节支"效果明显，而短期来看网络销售对贫困户家庭"节支"效果不显著。这些发现对内蒙古自治区农村电商的贫困户扶贫效果提高具有一定的参考价值。

感谢本书的主要参与人，分别为：赵元凤（内蒙古农业大学经济管理学院）老师及团队成员负责本书的整体思路的构架及修改工作和调研数据收集工作；高鸿雁（内蒙古自治区宏观经济发展研究中心）主要负责内蒙古自治区农村电子商务发展政策及对策建议的撰写；林海华（内蒙古开放大学）完成第一章和第二章部分内容（5.5 万字）；韩庆龄（内蒙古财经大学商务学院）、陶娅（内蒙古财经大学会计学院）、任海霞（内蒙古财经大学财政税务学院）完成本书的数据整理工作；鑫颖（内蒙古财经大学商务学院）及 2018 级企业管理硕士徐浩然、2019 级企业管理硕士光辉、2020 届国际商务专业硕士张慧莹、2020 届专业会计硕士张玉秋（内蒙古财经大学研究生）参与编写本书，主要完成了本书的文字校对和图表编辑等工作。

林海英

2019. 12. 14

目 录

3 农村电商扶贫的作用机制分析

4 调查样本区电商发展概况、样本选择及典型性分析

5　内蒙古自治区农村电商扶贫效果的实证分析

6 ▶ 内蒙古自治区农村电商扶贫的成效及问题

7 ▶ 研究结论与政策建议

第1章 绪 论

1.1 研究背景与研究意义

1.1.1 研究背景

贫困问题是全世界发展面临的难题，消除和缓解贫困成为了全人类共同的目标。改革开放40年以来，我国已有超过7.4亿人成功脱贫，贫困发生率从1978年的97.5%降到3.1%，从1978年的7.7亿人减少到2017年的3.046亿人，取得了"迄今人类历史上最快速度的大规模减贫"的"中国奇迹"（汪三贵，2018）。从2012年到2017年，中国贫困人口减少了近7000万人，贫困发生率由10.2%下降到3.1%；贫困县数量实现了首次减少，减少了153个。但据国务院扶贫办公室统计，截至2017年底，我国仍有3046万的贫困人口，比上年末减少1289万人；贫困发生率比上年末下降1.4个百分点[①]。这些贫困人口主要分布于普遍缺乏基本生存条件的中西部山区，且呈现出"大分散、小集中"的特征，致贫原因也更为复杂，扶贫难度越来越大，扶贫工作已进入了"啃硬骨头"的攻坚阶段。为此，中央开始调整扶贫思路，提出了"精准扶贫"战略（赵霞，2017）。

根据国家统计局2017年的统计，全国439个贫困县中，目前深度贫困县是主要扶贫对象，因为深度贫困县是扶贫的重点和难点区域，其中内蒙古自治区有30个国家级贫困县，占内蒙古自治区103个旗（县）的29.2%。2019年中央一号文件强调"主攻深度贫困地区脱贫工作，解决区域性整体贫困，增

[①] 数据来源于国务院扶贫办公室（http://www.cpad.gov.cn/）。

强贫困群众内生动力和自身发展能力，减少和防止贫困人口返贫"，内蒙古自治区作为少数民族边疆地区的省份之一，贫困发生率等指标均比较显著，贫困程度深，脱贫攻坚难度大，内蒙古自治区亟须采取有针对性的措施解决15个深度贫困县和特殊贫困人群的贫困问题。因此，在内蒙古自治区开展扶贫攻坚战是刻不容缓的。

党的十八大、十九大以来，中共中央、国务院及各部委先后发布关于推动农村电子商务（以下简称农村电商）发展的相关政策与文件150余项；2014年以来，"推动农村电商发展"连续六年被写进中央一号文件；特别是在2015年，李克强总理提出"互联网+"行动计划，实施了电商进农村综合示范工作，带动了农村电商的快速发展；2017年国务院出台了完整的农村电商发展政策体系；2018年和2019年中央一号文件更是强调农村电商发展是乡村振兴的新引擎。以上可见，农村电商发展对农村经济社会发展乃至乡村振兴战略的实施具有重要作用与意义（林海英等，2019）。近年来，"自下而上"迅速兴起并已呈全面爆发之势的各类"淘宝村""电商村"，充分展示了贫困落后地区借助电商实现跨越式发展的巨大潜力。鉴于电商给部分贫困地区带来的巨大变化，国务院扶贫办公室于2014年将"电商扶贫"正式纳入扶贫政策体系，并作为"精准扶贫十大工程"之一，从2015年开始实施（林广毅，2016）。

近10年来，我国互联网普及率由2007年的16%上升到2017年的55.8%，年均增长率达13.3%，超过全球平均水平（51.7%）4.1个百分点，超过亚洲平均水平（46.7%）9.1个百分点。截至2017年底，城镇互联网普及率达到71.0%，农村牧区互联网普及率为35.4%。随着互联网普及率的稳步上升，我国网民规模逐年扩大，并呈稳步增长态势。截至2017年底，我国网民规模达7.72亿，全年共计新增网民4074万人，增长率达到5.57%。其中，城镇网民规模为5.63亿，占比73.0%，较2016年底增加3281万人，增幅为6.2%；农村网民规模为2.09亿，占比27.0%，较2016年底增加793万人，增幅为3.98%。截至2017年底，我国非网民规模为6.11亿，其中城镇非网民占比为37.6%，农村牧区非网民占比为62.4%，农村牧区人口是非网民的主要力量。

据农村电商大数据中心显示，截至2017年底，农村牧区实现网络零售额12448.8亿元，同比增长39.1%，高出城市5.6个百分点，全国农村网商985.6万家，较2016年增长20.7%，带动就业人数超2800万人。农村网络零售额中，实物型网络零售额7826.6亿元，占农村网络销售总额的62.9%；农村服务类产品网络零售额为4622.2亿元，同比增长46.6%，占农村网络零售总额的37.1%，较2016年提升了1.9个百分点。服务型网络零售额增速高于实物型网络零售额 11.1 个百分点，在服务类产品中，网络零售额居前三位的依次为在线旅游、在线餐饮及生活服务，在线旅游、在线餐饮表现尤为突出，对农村网络零售额增长贡献率分别达到了 21.0% 和 17.2%，在农村网络零售全部 19 个品类中居于前两名①。

东部沿海地区农村电商优势明显，中西部地区及东北地区农村电商仍保持快速增长态势。截至 2017 年底，东部沿海地区农村实现网络零售额 7904.5 亿元，同比增速 33.4%；中部地区农村网络零售额 2562.1 亿元，同比增速 46.2%；西部地区农村网络零售额 1700.5 亿元，同比增速 55.4%；东北地区农村网络零售额 281.8 亿元，同比增速 60.9%。其中，西部地区农村对网络零售额贡献较大的网络销售产品主要是 3C 产品、母婴产品以及家居用品、鞋帽等。中西部及东北农村网络零售额合计为 4544.4 亿元，同比增长 50.4%，高出东部农村增速 17.0 个百分点。

在全国互联网快速发展的背景下，内蒙古自治区互联网普及率呈现出稳步上升的发展趋势，由 2010 年的 30.8% 增加至 2016 年的 52.2%，同比增速达 4.1%，全国排名第 15 位，仅低于全国平均水平 1 个百分点。2010~2016 年，内蒙古自治区网民规模由 747 万人增加至 1311 万人，网民规模增速最高（2011 年）达 14.3%，最低增速也达到了 4.3%，网民规模也呈现出显著上升的趋势。2016 年，内蒙古自治区互联网网民规模占内蒙古自治区总人口的比重为 52.02%，网民规模已经超出了总人口的一半以上，可见内蒙古自治区居民网络使用率较高。

西部地区的农村网络零售额虽然低于中部以及东部沿海地区，但增速却高于全国其他地区，而内蒙古自治区作为西部地区的代表，增速较快。根据 CNNIC 数据显示，截至 2017 年 6 月底，内蒙古自治区网络交易额持续增长，累计实现 984.24 亿元，同比增长 27.0%。分季度看，第二季度网络交易额同比增长 36.0%，较第一季度提速 17.1 个百分点，电商加速增长势头明显；随着供给侧改革深入推进，网络零售的引擎作用进一步增强，网络零售额同比增长达 42.5%，同比增长率较全国（33.9%）高出 8.6 个百分点；网络零售额累计实现 94.2 亿元，其中实物型实现 71.7 亿元，服务型实现 22.5 亿元。伴随着农村电商的持续渗透，内蒙古自治区农村网络零售额高速增长，农村网络零售迎来良好的发展机遇。从网络交易额来看，内蒙古自治区农村网络零售额累计实现 18.5 亿元，同比增长 62.2%，高出全国农村网络零售额 23.9 个百分

---

① 资料来源于农村电商大数据分析报告。

点，呈高速发展态势，对内蒙古自治区网络零售额的贡献持续攀升①。

通过上述介绍，内蒙古自治区农村电商发展基础较好，而在内蒙古自治区农村牧区，贫困户利用电商活动和信息技术扶贫、脱贫是当前形势下需要重点关注的研究领域，也是政府亟须解决的主要难题。由于"互联网+"对农村牧区带来的变化，如为消除农村牧区贫困的根源提供了有效的工具和途径、改变了贫困人群的思维方式和生活方式、优化了资源配置、打破了信息不对称等，又由于农村电商也是推进精准扶贫的需要和电商发展趋势的需要，农村电商作为增加贫困户就业创业、提高贫困户收入的重要经济杠杆和发展途径，是目前新型的贫困地区扶贫脱贫的重要手段和方式（聂凤英、熊雪，2018），再加上各类电商扶贫模式的成功经验借鉴等，因此，在内蒙古自治区农村牧区发展农村电商是非常有必要的，具有一定的现实意义。

汪向东学者发表的《电商扶贫的长效机制与贫困主体的获得感——兼论电商扶贫的 PPPS 模型》一文中指出：在农村牧区的贫困地区发展电子商务，电商扶贫是主攻方向，而电商扶贫最重要的就是要贫困主体拥有获得感，必须一直持续不断地围绕电商扶贫来展开，让贫困主体获得感增强。实践证明，贫困主体的获得感是构建电商扶贫长效机制的核心与基础（汪向东，2017）。根据林广毅（2016）、桂学文（2014）的观点可知，农村电商能够促进经济增长、快速发展，其对传统市场具有改进功能。由于农村电商的强劲发展势头和突出的扶贫效果以及内蒙古自治区贫困地区扶贫工作的艰巨性，加之农村电商扶贫有利于破解单纯的产业扶贫开发所遇到的市场难题，因而农村电商扶贫具有一定的必要性（林广毅，2016；桂学文，2011）。同时，发展农村电商利于地方经济增长、产业发展、传统市场改进；此外，在贫困地区发展电商还具有产品资源优势（自然风光、无污染的生态环境、绿色农产品及传统文化习俗等）、成本优势（劳动力成本、用地成本、管理成本、机会成本等低）、消费市场优势、农村社会优势等，且条件越来越成熟。因此，在当前推行农村电商扶贫是可行的（汪向东，2015）。

在农村牧区的贫困地区发展电商，不仅可以帮助贫困户增加收入、节省支出、提升生活水平，还可以提高自我发展能力，有助于实现真正意义上的脱贫；通过引导和帮扶贫困户主动参与到电商中，实现精准扶贫，具有突出的扶贫效果，主要包括帮助贫困户就业、贫困户销售特色产品，搞项目对接、资助对接等这些都属于真正意义上的农村电商扶贫（魏延安，2016）。汪向东

---

① 数据来源于中国互联网络信息中心（CNNIC），《光明日报》报道。

（2015）认为，农村电商的发展、贫困户稳定脱贫以及电商扶贫效果这三者之间具有相互促进的作用，并且这种促进机制会不断强化。总之，农村电商扶贫有利于促进农村地区产业和经济的发展及贫困户脱贫能力的提升，对改进产业扶贫开发绩效具有显著作用。因此，农村电商扶贫值得试点推广，也急需更多学者开展更深入的研究。由此可见，农村电商的发展与贫困户收入增加、节省支出、人力资本提升具有一定的逻辑关系，也就是说，研究农村电商对于贫困户扶贫效果是否显著，需要先进行三部分之间的作用机制的理论梳理和实践案例分析，再进行农村电商扶贫是否具有显著效果的实证检验与测度是非常有必要的，也是推广农村电商扶贫的主要采纳点。

综上所述，农村电商作为一项重要的精准扶贫措施，主要是在农村牧区的贫困地区开展扶贫攻坚战，贫困户通过参与电商实现增收、节支和赋能的扶贫效果，进而提升贫困户的自身发展能力和内生动力，实现精准扶贫、稳定脱贫。此举既能迎合当前农村电商发展的大趋势，又能解决脱贫攻坚问题。但是，在内蒙古自治区农村牧区发展电商扶贫的基础如何？电商扶贫的作用机制如何？贫困户对主动参与农村电商是否具有浓厚的兴趣和积极主动性？贫困户参与电商受哪些因素影响？农村电商扶贫是否能够给贫困户带来增收、节支和赋能的效果，即贫困户在参与电商后能否真正意义上实现扶贫的效果？在现行趋势下，对上述问题进行研究和探讨无疑具有十分重要的意义。

鉴于此，本书选取深度贫困区的典型代表内蒙古自治区作为研究案例区，在当前"精准扶贫"战略和"电商进农村综合示范项目"的推进下，基于2015~2018年内蒙古自治区电商示范县和国家级贫困县贫困户的实证调研数据，从农村电商扶贫的作用机制和效果两方面，结合理论与实践案例分析并建立农村电商扶贫的作用机制，对电商扶贫效果进行实证检验与测度，总结内蒙古自治区反贫困与电商扶贫的成效，挖掘电商发展与扶贫过程中存在的问题和不足，并从政策环境、长效机制等方面提出推进农村电商扶贫的政策建议，提供进一步完善农村电商扶贫的实证依据，为如期全面建成小康社会建言献策。

1.1.2 研究意义

在国家和政府对扶贫攻坚工作高度重视和电商快速发展的基础上，借助贫困地区微观调研数据，分析并建立农村电商扶贫的作用机制、检验电商扶贫是否有效具有一定的现实意义和理论意义。

1.1.2.1　理论意义

本书的理论意义在于：①运用经济学理论模型推导农村电商扶贫的作用机制，拓宽了以往研究只停留在案例分析的视域；②注重实证研究，结合大量的微观调研数据，实证检验农村电商扶贫的效果，弥补原有研究的主观性和非全面性的缺陷。

1.1.2.2　现实意义

本书的现实意义在于：①探究内蒙古自治区农村牧区电商扶贫的作用机制及效果，为国家重点推进电商扶贫提供有力抓手和有效手段，考察农村电商整体发展水平如何、大量财政投入是否取得成效、农村电商示范项目是否推动了农村牧区经济的发展和是否助力脱贫攻坚等关键问题。②基于实地微观调研数据，实证检验和测度农村电商扶贫的效果，即贫困户参与电商后家庭收入是否增加？家庭支出是否节约？人力资本是否提升？其作用效果大小如何？旨在为制定更有针对性的政策提供参考依据。③从不同角度提出农村电商扶贫的政策建议，为我国"十三五"时期实现全面小康社会，帮助贫困地区和贫困人口实现精准脱贫提供一定的参考思路。

1.2　国内外研究综述

1.2.1　国外研究动态

1.2.1.1　关于农村电商概念和特征的研究

近年来，随着电商的迅速发展，越来越多学者开始关注和研究农村电商，这些研究充分肯定了农村电商对农村牧区经济发展的积极促进作用。现有文献对于农村电商的现状、特征、作用、要素等方面都有具体的讨论。例如，在特征与作用方面，Poole 认为电商的发展能够促进信息流动、方便产业协调、提高市场透明度及价格发现（Poole，2001），发展农村电商要以电商基本模型概念为基础（Paul Bambury，2008）。其实，涉农电商的概念是利用信息网络技术在农村牧区通过网络覆盖对村办事处的信息化管理和政务管理等方面实现透明化、民主化，进而改善现有村级政府管理效率低下、管理水平不高的现象。与此同时，通过与多方搭建电子商务交易平台，如电商流通企业、农民专业合作经济组织以及农牧民自身，使农畜产品流通和销售顺畅，节约成本，进而提高效率，解决农畜产品流通难的问题（R. Dossani, D. C. Misra, R. Haveri, R. Jhaveri, 2005）。国外众多学者对农村电商的特征进行了广泛的研究与探讨，总结出农村电商具备以下几个方面的特征：普遍性、便捷性、安全性和协作性（Dymond A. and Oestmann S., 2002），Bryan M. Hertweck 等（2009）利用智能 Agent 技术对竞争者的行为进行了分类，在此基础上构建模拟决策表，以便获取最佳的竞争策略组合。Klaus Turowski 的研究表明，可以基于智能 Agent 的电商系统，利用不同的算法来定制顾客需求，解决电商安全性。针对伊朗电商的发展，Ali Ak-bar Jalalia 等（2011）提出农村电商平台应该为信息、资讯、邮政和电子银行等服务。埃弗雷姆·特伯恩认为，在电商模式下，由于竞争规则的多样化导致数字化产品与服务成本降低，因此新经济时代与旧经济时代的公司均会面临被替代的危险。Bayyapu 等（2009）提出了数据交换的快速发展平台就是电商快速发展的重要表现，尤其是互联网交易、金融和税收等方面使用的技术和支撑体系。这些学者已经为电商的特征研究进行了详细的总结，并为未来发展电商提供了基础和方向。

1.2.1.2　关于农村电商发展模式及措施的研究

国外的众多学者对农村电商的发展模式以及措施进行了系统性的研究，认为特定地区应该采纳什么样的发展模式是非常关键的。

在农村牧区，要实现电商的快速发展，分享成功的信息、沟通技术的应用经验是非常正确的选择，因为在农村牧区有一些信息接入技术受到限制，如果缺乏这种信息沟通技术，那么发展和改善农村牧民的生计问题是很难实现的，所以必须在农村牧区真正意义上实现信息技术对接，支持一种新的发展模式，才能实现农村牧区的发展（A. Jalali and M. Okhovvat, 2009）。在许多国家有很多信息技术服务机构，如 IT 技术中心、信息接入中心（IAP）、远程服务中心等，利用这些信息中心可为偏远地区的农村牧区提供更多的、更全面的信息，为电商在农村发展提供基础和保证，也为电商发展创新模式提供了方向（A. Jalali, 2008）。

众多研究显示，要想在农村牧区发展电商，必须选择适合农村牧区的一种新型的发展模式，而且这种模式也是适合众多地区的实际情况的。例如，伊朗就是需要选择一种新型的电商发展模式，通过定性和定量的研究来实现"10000农村信息技术中心"——通信服务、IT 服务、邮政服务和网上银行服务等（Ali

Akbar Jalalia et al. , 2010；J. Vanek et. al. ，2008；R. W. Harris，2001）。

20 世纪八九十年代，电商盈利模式的专家们就提出实施与开展电商需要有可靠的策略和模式，因为在信息技术快速发展的时代，电商盈利模式优劣势直接影响电商成败的关键，且发展模式不可或缺（Jim Budzynski，2001；Lee，2002）。国外众多国家如美国、加拿大、印度等，在农村电商实践方面取得了相当大的成功，关于这方面的研究主要集中在三个方面：一是不同地区呈现出不同的发展模式研究，各具特色。二是对国家政府的资金支持、主导的电商企业和电商平台的运营以及发挥作用的影响因素研究。三是关于电商发展环境建设研究，区分了硬环境和软环境的建设，其中：硬环境主要包括农村网络信息基础设施建设、农业信息资源开发与应用及物流服务体系建设等；软环境主要包括农产品信息标准化、品牌化及信息服务主体多元化等方面的研究。这些研究为众多学者后续研究奠定了基础。

1.2.1.3　关于信息沟通技术（ICTs）扶贫效果的研究

国外的学者集中研究信息沟通技术对贫困户是否具有扶贫效果，而在国内的研究则称为电商扶贫。在这里要强调一下：国外主要集中在信息沟通技术（Information and Communication Technologies，ICTs）扶贫的研究，因此本书在此首先要对信息沟通技术的扶贫效果进行综述，以了解国外对于这种信息沟通技术对扶贫的实现效果的研究情况。国外的众多学者主要是针对信息沟通技术识别贫困的原因及其与扶贫的关系进行了翔实的研究，进而检验出信息沟通技术是否具有一定的扶贫效果。

信息沟通技术被定义为用来链接人与信息系统之间、信息系统内部沟通与交流的基础设备（Chowdhury N.，2000），这种定义明显将 ICTs 作为一种"技术工具"（Anita Kelles-Viitanen，2005）。近年来，利用信息沟通技术和电商智能 WEB 接入来减少贫困的研究越来越多，特别强调网络接入在扶贫方面起到了明显的作用（Shakil et al.，2011），并提出结合生态系统的理论框架来研究扶贫的作用效果。有许多 ICTs 发展起源于一些传统的救助机构，如世界银行组织、非营利机构和教育机构。尽管一些学者相信 ICTs 能够促进经济更广、更快的发展，但是更多学者更愿意关注 ICTs 的微观效应，即是否能够对贫困地区或者发展中国家（地区）的扶贫问题有一定的影响（Braga C.，2015），因为他们认为 ICTs 是有潜力通过扶贫来改善人们的生活水平的，ICTs 技术能够帮助一部分农民获取更丰富的、精准的农业信息资源来实现贫困人口脱贫致富（Cecchini S.，Scott C.，2003；Duncombe R. A.，Heeks R. B.，2005；Duncombe R. A., 2009；Miscione G., 2007；Prahalad C. K., 2010；Venkatesh V., Sykes T. A., 2013）。目前，也有一小部分学者在关注 ICTs 作为一种技术工具，如何发挥扶贫作用。Adeya 研究了新的 ICTs 和旧的 ICTs 对于扶贫的贡献有何区别（Adeya N. C., 2002）。Kenny 通过核算 ICTs 的成本和收益，来分析探讨 ICTs 的扶贫效果（Kenny C., 2002）。而众多学者发现，新的 ICTs 能够帮助偏远山区或贫困地区的农民实现远程医疗和鲜奶等生鲜产品的配送，主要是解决了原以为较远距离完成不了的问题（Miscione G., 2007；Cecchini S., Scott C., 2003）。

学者们就 ICTs 的扶贫效果的研究主要集中在两个方面：一方面是有显著的正向影响，另一方面是有消极的负向影响或者影响并不显著。其中，Mansell 和 Wehn 认为，假如发展中国家不能创新信息沟通技术，而是模仿"一人——一部电话——一个网络连接"这种网络接入模式，对贫困人口扶贫帮助的范围并不大（Mansell R. and Wehn U., 1998）。Brown 认为，单独凭借这种单一的信息沟通技术解决这种全球性的、复杂的、多维的问题——贫困问题是行不通的（Brown M. M., 2011）。Chowdhury 也怀疑地认为这种信息沟通技术与发展中国家的贫困问题以及食品安全问题存在着直接的关联；同时，他也更坚信地认为众多贫困人口根本支付不起高额的网络接入费用（Chowdhury N., 2000）。甚至还有学者认为这种信息沟通技术将会拉大发达国家和发展中国家的"经济鸿沟"（Braga C., 2015）。

信息沟通技术对贫困农民扶贫效果显著的积极观点也是众多学者经过实际案例研究进行证明的。Prahalad 认为，大量实际案例证明，这种 ICTs 能够确保贫困农户的利益，通过接入电话等信息设备使农户在获取价格信息方面取得一定的便利性（Prahalad C. K., 2010）；Heeks 和 Bhatnagar 同样认为，信息沟通技术对比其他的信息设备来说，对扶贫的作用是不可替代的，并且具有显著效果（Heeks R. and Bhatnagar S., 1999）；它既可以帮助贫困户减少贫困，又可以帮助小微企业或中等规模企业降低交易成本和改善交易环境，这种效应也是很显著的（Duncombe R. A., 2005）；信息沟通技术是由社区信息中心来帮助贫困地区的农户提供更为丰富和全面的信息（Ulrich, P., 2004），进而减少了农户的接入成本，对扶贫具有明显的作用。

1.2.1.4　关于农村电商扶贫的研究

国外的学者们对农村电商扶贫的研究比较少，主要集中在信息技术扶贫研究。Ali Akbar Jalalia 等（2010）认为，在偏远的农村地区或者弱势边疆地区，发展电商可以促进经济增长，并能给当地农户带来一定的收入增长，解决当地农户的温饱问题。Lefter 和 Sendroiu（2007）指出，发展电商能够给从事电商活动的人带来成本的降低，尤其是一些偏远地区或农村交通不便利地区，销售产品降低的成本会更明显，也就是说可以变相为农民增加收入（Lefter and Sendroiu，2007；Silvia Elena Cristache et al.，2015）。

以上的研究主要是针对信息沟通技术和农村电商在扶贫效果方面的不同观点的梳理，本书也主要结合这个观点，通过选取贫困户进行实地调研，来检验电商是否能够降低贫困户的贫困程度，扶贫效果如何，这也是在国内研究中需要进行实际验证的。

1.2.2 国内研究动态

1.2.2.1 关于农村电商的概念和特征的研究

电商的概念早在 1996 年就已提出，之后随着电子技术的快速发展，电商的概念也被广泛传播和推广，但目前还没有确切的权威定义。早期认为电商是借助一切相关的电子手段从事各种商业活动，包括企业外部的业务和企业内部的业务，如商品购销、企业间往来、消费者信息查询服务等；随着其发展及学者们对电商研究的深入，电商的概念被进一步扩展到由信息技术的基础设施和互联网、外联网、内联网等连接起来的关键业务部门，并结合供应链渠道成员将各企业业务部门与电商联结，形成更为准确的企业资源计划和客户关系管理（董志良，2014）。2007 年，由国家发展和改革委员会、国务院信息化办公室联合发布了我国首部《电商发展"十一五"规划》（以下简称《规划》）。《规划》第一次明确了电商的经济活动范围，它是借助互联网、电视网络以及电信网络等电子网络形成的一种集生产、流通和消费活动的新型经济活动范畴。电商不仅仅是简单的"互联网+"的产物，更不能简单地定义为网络交易和网络支付，而是涵盖了不同的经营主体的内部的经营活动和交互作用，是网络技术被广泛应用的典型代表，能够实现信息资源高度共享和社会行为高度协调发展，进而带动经济发展的高效能[①]。

近些年随着电商的迅速发展，越来越多的学者开始关注和研究农村电商，在这些研究结论中充分肯定了农村电商对农村牧区经济发展的积极促进作用。

---

① 《电商发展"十一五"规划》（http：//www.china.com.cn/）。

综观现有文献，对于农村电商的发展现状、特征与作用、要素组成等方面的研究都有具体的讨论。例如，在特征与作用方面，汪向东（2001）认为发展农村电商，其要解决的根本问题是要利用互联网打破时空界限、缩短流通环节、流通成本等特点，帮助农民去克服原有的信息弱势，直接对接大市场；邱淑英等（2012）也认为电商能够缩短生产和消费的距离、降低交易成本、减少库存、增加商业机会，能够有效地克服农业产业化经营中的不利因素，对我国农业产业化具有极大的促进作用。在要素组成方面，周海琴（2012）认为发展农村电商的核心要素主要有两个：一是农村电商领头人物，二是当地农民自身内生力量。但从现有文献来看，有关农村电商的可行性、基本特征、可持续性、对农村居民的影响尚缺乏较为系统的理论体系。

1.2.2.2　关于农村电商发展模式及措施的研究

从现有的文献来看，发展模式呈现多样化发展态势。杨静（2008）等提出了 P2C2B（P 为个体农户，C 可以是农业协会、合作社，B 为涉农企业或大型超市等）、B2B（农业生产企业与农产品需求企业的交易）、P2G2B（中间加入了政府的作用）三种模式。2010 年，中国社科院信息中心与阿里研究中心通过对江苏睢宁沙集镇电商的长期观察，首次提出了"自下而上"的农村电商发展模式——沙集模式。在沙集模式的基础上，王步芳（2010）分析了沙集现象与新农村建设中出现的模式创新。姜奇平（2011）通过对沙集模式的分析，更是认为农村电商将改变中国，主要原因是电商可以校正社会发展目标，填补社会结构空白，以社会力量平衡市场失灵和政府失灵。叶秀敏（2011）总结出农村草根电商主流模式大致可以分为 A2A、A2C 和 C2C 三种。周海琴（2012）等建立了我国农村电商关键要素模型，分析了农村电商发展过程中的重要因素。乐冬（2012）将农产品电商模式分为了目录模式、信息中介模式、虚拟社区模式、电子商店模式、电子采购模式、供应链整合模式和第三方电子交易市场模式七种形式。韩剑鸣（2013）通过对农村电商发展的现状和挑战进行了分析，提出 P2G2B（农户+政府+农产品需求部门）和 B2B&C（农业生产企业+农产品需求企业+个人需求者）两种农村电商供应链发展模式。总体来看，农村电商模式各式各样，可谓是百花齐放、各具特色，且收效显著。因此，在发展农村电商时不应规定什么模式，而是应通过电商企业或个人与市场的相互博弈孕育而出。另外，在农村电商发展模式的研究中，有部分学者是按照不同地区来对农村电商发展模式进行探讨的，主要包括江苏省供销合作社的农村电商发展模式（汪志祥，2018）、河南省农村电商发展模式（薛庞娟，2018）；还有一部分学者是研究的不同视角的农村电商发展模式，如双边市场的农村电商发展模式（石亚娟，2018）；农村电商的商业模式进化（唐艳，2017）。在农村电商模式与措施的研究中，众多学者只针对不同的地区和不同的视角进行研究，主要是由于农村电商发展模式的可复制性并不强，必须要因地制宜才有效。

农村电商的"星星之火"如何才能在神州大地发展成"燎原之势"，这是政府和学术界都十分关心的问题，也是各方都孜孜以求的目标。因此，不同的学者根据自己所观察和接触到的农村电商的不同现状，给出了不同的发展对策。例如，学者们认为应大力培养农村电商人才，提高农牧民信息素质；加快农村信息基础设施建设；构建电商平台；完善农村电商的法律体系（傅晓锋，2010；付友良、周翠英，2017）。汪向东（2011）认为，要注意纠正对农牧户的偏见，鼓励农牧户充分利用市场化的平台开展电商，大力宣传农牧户网商的成功典型，充分发挥其示范效应等。高万林等（2011）更强调以农产品加工链、储运链、销售链"三链相扣"来激活农村电商。程丽丽（2013）认为，应建立和完善农畜产品物流配送体系，普及农村居民电商教育培训，提供以农牧业生产相关的产品、材料和服务为中心网络贸易平台等。郭征亚（2017）从电商全产业链视角出发，剖析农村电商可持续发展的优劣势，并提出农村电商持续发展的对策建议。阳浩鹃（2017）基于江西省电商进村示范县的实证分析，总结其发展特点，针对其发展中面临的基础设施不完备、物流体系不完善、市场秩序不规范、电商人才不充足等问题，提出农村电商发展的策略建议。邱泽国等学者研究了"互联网+"背景下农村电商发展的对策（邱泽国、杨毅，2019）。杨成宝等（2018）探讨了乡村振兴背景下农村电商发展的问题及对策（杨成宝等，2018）。从现有文献来看，确实提出了不少发展农村电商的对策建议，不过有关措施实施效果实证分析及其测评方法的研究较少。另外，电商随着发展形式不断多样化，对此提出了更多的新要求和新问题：众多模式是否取得了成效，成功经验是否可以相互借鉴等。因此，对于新的形势和新的要求，很有必要对电商扶贫进行系统的研究，并据此提出较为系统且可行的政策建议。

1.2.2.3 关于农村电商扶贫的研究

（1）贫困影响因素及反贫困治理相关研究。贫困是多维的、复杂的问题，是一种与人类社会相伴随的现象（任强，2009）。虽然目前世界各国在扶贫方面取得了较为显著的成就，但贫困仍然是人类社会面临的重要难题之一。我国近几年在精准扶贫、稳定脱贫方面取得了较为显著的成就，但目前的深度贫困问题仍然是难啃的"硬骨头"，是重点关注的贫困主体与贫困区域。随着反贫困进程的加速，反贫困的相关研究成为学者们关注的焦点。

首先，关于反贫困成因分析有自然环境因素论、人力资本决定论、制度决定理论。自然环境决定论如陈南岳（2003）、郭怀成等（2004）、严澍等（2010）、曲玮等（2011）、王保雪等（2014）、吕玲（2016）、张晓阳（2015）、陈姝睿（2014），学者们对形成贫困的机理进行分析发现，影响当今社会贫困的较为重要的因素之一就是自然资源禀赋因素，也就是说，自然环境对贫困造成的负面影响是很大的。在广大的贫困地区，不利的地理环境导致贫困是短时间内不能够缓解的，但目前较为发达的网络和信息技术使人们摆脱环境的束缚变得较为容易，同时还能够提升自身发展能力。人力资本论有刘晓昀（2003）、黄敬宝（2004）、章元（2009）、孟芳、周婷（2018）、夏振洲（2018）、龙海军和丁建军（2017）、邱少春（2019）等，以人力资本为研究视角对贫困发生的原因进行解析，发现贫困地区的人们很难在短期内摆脱贫困现状最本质的原因是劳动力自身素质低下，内生发展动力不足。制度不利论研究的代表有陈小伍、王绪朗（2007）、郝继明（2009）、范永忠（2011）、张运书和李玉文（2018）、赵涛涛（2018）等。总体来看，贫困地区的人们受制度、自身发展能力、投机动机、消费动力多种因素共同作用的结果就是长期缺乏权力和能力，从而陷入长期的约束性贫困中。

其次，关于反贫困理论的研究由于学者的研究视角不同，因此研究成果也较多，总体来看大概可以分为收入分配与反贫困理论、财政与反贫困理论等。关于经济增长、收入分配与反贫困理论的研究有李芸（2006）、夏庆杰和宋丽娜（2010）、张萃（2011）、罗楚亮（2012）、张伟宾、汪三贵（2013）等，研究结果认为，农村人均纯收入的提高是贫困减少的影响因素；关于财政与反贫困理论的研究有郭宏宝、仇伟杰（2005）、李永友和沈坤荣（2007）、刘穷志（2008）、胡绍雨（2009）、秦建军和武拉平（2011）、冯艳（2015）、刘芳（2016）等。同时，近几年多数学者也集中在财政与资产益贫的研究上（华东，2018；高明，2018；接家东，2017）。从财政对贫困的作用效果来看，财政能够缓解绝对贫困水平，但对相对贫困水平的作用效果并不显著，具体表现在医疗财政支出还会拉大相对贫困水平的差距，政府应该因人施策，对相对贫困人群实施倾向性的财政支出配置政策，缩小相对贫困差距，提高减贫效果。

最后，信息化大潮下的反贫困问题研究。国内已有一些研究证明了利用信息通信技术进行反贫困的必要性。郑素侠（2018）分析了信息贫困的致贫激励与反贫困对策；任鹏燕（2017）认为，农村地区的信息反贫困需要多主体协同治理；王鹤霏（2018）认为，农村电商扶贫凭借人才优势和信息技术优势发挥重要作用。近年来，在我国无论是从政府战略层面还是学术界都开始对先进的互联网技术进行反贫困关注和重视起来。尤其是对信息技术、互联网、信息化反贫困和电商扶贫等非常重视，增强了信息技术对农村反贫困的作用。目前国家有关部门也建立了大量的农村信息化模式，应用范围广泛，加大了农牧户利用先进的互联网技术和信息技术脱贫的可能性，但是效果如何，还有待检验与考察。

总体来说，我国目前反贫困手段非常多，利用信息技术的反贫困也受到各界的重视，在互联网时代背景下，面对国际社会扶贫的成功经验，我国的反贫困思路要借鉴经验和高度重视信息技术在反贫困的作用，大力推广信息技术在我国农村反贫困中的应用。

（2）关于农村电商扶贫作用机制的研究。农村电商扶贫作用机制在理论上是可行的。周海琴（2012）提出了农村电商助力农民反贫困的创新机理，主要包括贫困主体积极主动成为反贫困主体，具有双重身份，并主动参与到市场中，成为市场运行的主体，表现出主动脱贫。林广毅（2016）对农村电商主要分析农村电商扶贫的作用途径、作用范围、作用体系及作用机理，并指出其主要特点及要求，目的是要系统地阐明农村电商扶贫是如何产生扶贫作用的，并运用逻辑分析提出了农村电商主要通过对各相关主体在电商发展、产业发展、扶贫这三方面的动力促进贫困农民脱贫，并进一步阐明它们之间的关系。熊雪、聂凤英（2018）也在林广毅学者的基础上总结了农村电商扶贫的作用机制，并从点、线、面的层面上对农村电商扶贫的作用机制进行了详细的分析，结果发现，农村电商具有提高农民收入等微观效果，同样能够促进产业转型升级，农村整体面貌有所改观。程鹏（2017）探讨了农村电商精准扶贫的动力机制。许军林（2018）指出，农村电商扶贫是各种扶贫要素之间相互联系、共同发力，实现多元主体参与、多业融合发展、多维帮扶脱贫等作用机制。王静（2018）分别从农村电商发展、农村产业发展和贫困户层面构建了农村电商扶贫激励机制和组织性保障机制等。

鉴于此，本书主要是研究农村电商对于扶贫的作用机制，通过对贫困户增收、节省支出以及人力资本的提升三个方面进行全面梳理，发现农村电商扶贫不仅体现在农牧户层面上，而且对农业产业链的转型升级和乡村振兴战略的实现具有一定促进作用。通过经济理论分析，并结合相关案例佐证，来说明不论从理论上还是在实践中，农村电商对贫困户是具有一定的扶贫作用的，为后续进行扶贫效果实证研究奠定了基础。

（3）电商扶贫效果的研究。在电商兴起之初，就有人将其与贫困地区联系起来。例如，吴敏春（2002）认为，贫困地区利用信息技术和电商发展贸易来搞活市场和提高产品的竞争力，是缩小与经济发达地区差别的一个有利条件, 同时还指出了贫困地区发展电商存在认识、信息采集、网络设施、人才等方面的问题, 并提出相应的对策建议。但由于当时电商在我国才刚刚兴起, 贫困地区尤其是农村贫困地区尚不具备发展的条件, 因而电商与反贫困的关系也没有引起更多人的关注。直到汪向东等学者通过对农村地区电商的持续跟踪调研, 并根据令人信服的实际案例提出了"电商扶贫"的理念, "电商扶贫"才慢慢进入其他学者的视野。不过, 即使是在汪向东于 2011 年根据对"沙集模式"的研究提出该理念后, 电商扶贫也并没有得到太多关注, 只有当他在 2014 年 10 月通过博客文章再次较为系统地阐述了电商扶贫的内涵、形式、必要性等之后, 才迅速聚集了来自政府和学术界等许多关注者。但总体而言, 这方面的相关研究文献仍很少。

现有文献基本上对电商扶贫都持肯定性观点。例如, 汪向东和张才明 (2011) 认为, 沙集农民网商利用电商创业致富, 不仅在经济上脱贫, 而且不容易返贫, 同时更提升了自身的能力; 对于我国农村牧区扶贫来说, "沙集模式"理论上立得住, 实践上可行且效果明显。郭彪 (2013) 也认为, 在互联网时代中, 农村电商发展完全可以纳入我国农村牧区扶贫工作体系之一认真对待。汪向东还对电商扶贫的概念和形式等进行了概括, 他认为电商扶贫就是电商扶贫开发, 也就是将今天互联网时代日益主流化的电商纳入扶贫开发工作体系, 作用于帮扶对象, 创新扶贫开发方式, 改进扶贫开发绩效的理念与实践; 其主要形式有直接到户、参与产业链和分享溢出效应 (汪向东, 2014)。在《电商"十三五"发展规划》中汪向东学者提到: 农村电商作为扶贫的手段, 不是以牺牲贫困户参与主体的实际利益为代价, 片面追求电商成交额, 而是必须要体现在精准扶贫的效果上。

魏延安 (2015) 认为, 只有电商扶贫的领域和视野拓宽, 才能真正实现电商扶贫, 贫困农民才能真正实现最终的脱贫, 并且效果明显。而后, 魏延安 (2016) 又提出, 电商扶贫的主要关注点就是贫困农村地区; 他认为实现农民持续扶贫脱贫要借助四种力量, 分别为由各大电商平台推动的电商扶贫实践、政府推动下的电商扶贫实践、新农人群体的自发探索、工商资本下乡与互联网巨头跨界, 借助这四种力量使农民的思想转变、农村的基础设施改善、电商人才得到培育、农民自主脱贫意识增强, 且各种力量要协同, 尤其是政府力量、电商平台的力量不容忽视。王瑜 (2019) 认为, 电商参与能够增强贫困户经济获得感, 为贫困户稳定脱贫奠定基础。由此可见, 检验电商扶贫效果是现阶段比较关键的工作, 尤其在内蒙古自治区, 亟须对农村电商扶贫效果进行实证研究, 来检验这种扶贫效果在实际农村牧区是否具有明显的扶贫效果, 并总结出促进电商扶贫的具体策略，为后续农村电商扶贫的发展指明方向。

1.2.3 研究述评

以上文献分析表明，国内外学者对农村电商扶贫作了翔实的研究，为本书研究的开展提供了基础与借鉴。但是，已有文献大多只对东中部沿海地区的现状、问题及政策进行研究，缺少对贫困地区农村电商扶贫成效的考察；现有文献只是针对农村电商扶贫进行规范研究，缺少对农村电商扶贫效果的实证分析，尤其是基于微观调研数据的效果检验与测度；鲜有对农村电商扶贫作用机制从理论模型和实践案例相结合进行分析。因此，在前人研究的基础上，基于大量的实地调研数据，对这些问题进行更深层次的科学论证与分析就显得尤为重要。

同时，农村电商扶贫的作用机制及效果研究是当前众多学者和国家政府宏观层面非常关注的研究领域，从目前的形势来看，农村电商的快速发展以及农村贫困问题的研究是国家层面亟待解决的主要问题。根据农村电商研究院发布的信息可知，从以上两方面相结合的层面来研究是当前电商研究的重要领域之一，并且能够解决农村牧区的贫困问题，实现现阶段的精准扶贫、稳定脱贫。因此前人研究成果及发展趋势都开拓了研究思路及思考，运用相应的实证研究方法来解决此类问题具有研究价值和研究意义。鉴于以上研究背景，本书以内蒙古自治区农村牧区贫困县、2015~2018 年电商金农村综合示范县为调研区域，以贫困户为调研对象，基于贫困户的实地调研数据，结合经济学理论基础来推导并构建现行农村电商扶贫的作用机制，分析农村电商对贫困户是否具有扶贫的效果。本书旨在弥补国内理论界对农村电商扶贫的作用机制及对贫困户扶贫效果的实证研究的不足，研究结论不仅是对国内农村电商扶贫理论的丰富和发展，而且进一步完善农村电商扶贫效果的实证分析的结论，对于精准扶贫、稳定脱贫起到一定的决策支持作用。

1.3 研究目标与研究内容

1.3.1 研究目标

本书的研究目标主要是从理论上并结合实践案例，以内蒙古自治区为研究案例区，以贫困户为研究对象，分析并建立内蒙古自治区农村电商扶贫的作用机制，结合内蒙古自治区农村电商发展的现实基础，基于内蒙古自治区贫困户微观调查数据，运用多种理论和计量模型，实证检验贫困户电商扶贫的作用效果——是否有实现增收、节支和赋能的效果。同时，本书还结合调研实际，总结内蒙古自治区反贫困的成效、农村电商扶贫的成效，挖掘其存在的问题，分别从发展环境、长效机制等方面提出合理的进一步完善农村电商扶贫发展的政策建议，为我国"十三五"时期实现全面小康社会，帮助贫困地区和贫困人口实现精准脱贫提供一定的参考思路。具体研究目标如下：

（1）分析并建立微观层面的贫困户的农村电商扶贫的作用机制，并从理论上和实践案例两方面分析农村电商扶贫如何作用于贫困户，其具体作用机制如何。

（2）分别从增收、节支和赋能三个方面来实证检验与测度电商扶贫的作用效果。一是运用 TEM 两阶段处理效应模型，对参与网络销售的 216 份贫困户微观调研数据进行回归分析，检验贫困户农村电商参与是否具有增收效果。二是用 Tobit 模型检验农村电商参与对贫困户节支的作用效果，借助 390 份既参与网络购买又参与网络销售的贫困户进行回归分析，将农村电商参与作为主要解释变量，基础设施因素、电商认知因素、社会网络因素、资源禀赋因素和个人因素作为控制变量进行回归分析，检验贫困户农村电商参与是否具有节支效果。三是首先对人力资本代表的赋能指标运用综合指数法进行计算，构建人力资本指标体系，主要包括受教育程度、健康状况、实践培训和迁移流动四个方面，测算出贫困户的人力资本指数；其次运用结构方程模型（SEM），对贫困户电商参与的赋能扶贫效果进行实证分析，经过四次模型修正得出相应的结论，检验农村电商参与对贫困户是否具有赋能效果。

（3）分析与总结内蒙古自治区农村牧区反贫困成效、电商扶贫的成效，挖掘其存在的问题，为保证内蒙古自治区农村电商扶贫健康、快速发展发挥出更大成效建言献策。

1.3.2　研究内容

根据上述研究目标，本书的结构具体安排如下：

第一章为绪论。本章主要概述了本书的研究背景、研究目的及研究意义，并从农村电商的发展现状、经验成效、作用机制以及作用效果等方面进行了国内外文献的研究综述和研究述评，指出目前农村电商发展的问题和不足，进而明确了本书的研究内容和研究目标；根据明确的研究目标和研究内容，制定本书的技术路线和研究方法，并明确本书研究的数据来源，总结本书的可能的创新点。

第二章为相关概念和理论基础。本章主要是对农村电商扶贫的概念界定和理论基础阐述。首先对本书的相关概念进行界定，包括信息技术相关概念（信息化、"互联网+"、电商和农村电商）、贫困与反贫困相关概念、农村电商扶贫的概念；其次对本书的理论基础进行界定，其中主要包括贫困治理理论（能力贫困理论、人力资本理论、"涓滴效应"理论）、农村电商扶贫理论（农户决策行为理论、农产品流通渠道变革理论、交易成本理论、电商市场理论）、可持续生计理论和生态系统理论，为本书中后续的作用机制的理论分析和作用效果的实证分析奠定基础。

第三章为农村电商扶贫的作用机制分析。本章以内蒙古自治区为研究案例区，以微观层面的贫困户为研究对象，分析并建立农村电商扶贫的作用机制。从理论和实践案例两方面分析农村电商如何作用于贫困户，具体体现在贫困户的"增收""节支""赋能"三方面：①运用供需理论对农村电商扶贫的贫困户"增收"机制进行理论分析，并结合实践案例进一步说明农村电商扶贫的贫困户"增收"作用机制。②对农村电商扶贫的"节支"作用机制的分析包括第一类交易成本节约和第二类购买生活用品和服务型产品节约的劳动力成本，前者使用消费者剩余（CS）理论分析贫困户参与电商对节省交易成本的作用机制，后者运用劳动力供给曲线理论来分析农村电商对贫困户劳动力成本节约的"节支"作用机制，同时辅助实践案例来说明农村电商扶贫有助于贫困户节约支出的作用效果。③运用《劳动经济学》中的"成本—收益"理论模型阐述和分析农村电商扶贫的"赋能"作用机制，并结合案例来说明农村电商对贫困户具有一定的"赋能"效果，即能够促进人力资本的提升。本章为第四、第五章实证分析奠定了理论分析基础。

第四章为调查样本区电商发展概况、样本选择及典型性分析。首先，分析内蒙古自治区农村电商扶贫的现实基础及存在问题，运用统计年鉴数据、CNNIC 中国互联网络发展状况统计报告、内蒙古自治区扶贫信息系统、内蒙古自治区商务厅公布的数据以及课题组调研数据来分析内蒙古自治区农村电商发展现状及存在的问题；其次，结合农村电商村、贫困户的微观调研数据，介绍与分析了调查数据来源、调查问卷设计与方法、问卷的信度与效度，并从调查样本村基本特征和贫困户家庭基本特征进行分析，结合内蒙古自治区统计数据和实际，对调查样本区的典型性进行比较分析，保证调查样本的代表性，增强其实证结果的准确性。

第五章为内蒙古自治区农村电商扶贫效果的实证分析。本章是在第三章、第四章的基础上，实证分析贫困户的农村电商扶贫效果，分别从"增收""节支""赋能"三个方面来检验贫困户参与电商的作用效果。首先，通过方差分析发现，网络销售对贫困户家庭年收入具有显著促进作用；其次，结合进行网络销售的 216 份贫困户样本，运用处理效应两阶段模型（TEM）评价贫困户电商扶贫的"增收"效果，以贫困户为分析对象，检验贫困户参与电商对增收的作用效果；结合既进行网络销售又进行网络购买的 390 份贫困户样本的微观调研数据，运用 Tobit 模型评价贫困户电商扶贫的"节支"效果；结合内蒙古自治区 506 份贫困户的微观调研数据，首先通过综合指数法计算出贫困户的人力资本指数，其次运用结构方程模型（SEM）评价贫困户电商扶贫的"赋能"效果，对代表发展农村电商的因素进行实证分析，经过 4 次模型修正得出相应的结论。本章为第七章的政策建议提供依据。

第六章为内蒙古自治区农村电商扶贫的成效及存在的问题。本章主要是在理论与实证分析之后，结合实际总结内蒙古自治区反贫困成效、农村电商扶贫的成效，并挖掘其存在的问题，为后续政策建议奠定一定的基础。

第七章为研究结论与政策建议。在本章中，总结全书的研究结论，并根据前面研究得出的结论提出进一步完善农村电商扶贫的对策建议；依据研究中存在的不足以及讨论，探明未来的研究方向。

1.4 研究方法与技术路线

1.4.1 研究方法

为了确保研究结论的准确与可靠，本书采用理论与实践相结合，规范研究与实证研究相结合的方法，以内蒙古自治区为例，定性与定量分析检验农村电商扶贫效果。本书所使用的研究方法具体包括：

1.4.1.1 文献研究法

在分析农村电商扶贫作用机制与效果之前，梳理总结国内外理论界相关研究成果，如对农村电商扶贫的作用机制、作用效果方面的文献进行梳理，不仅为本书的研究提供可行的、可操作的方法，也提供了明确的思路。

1.4.1.2 问卷调查法与实地访谈法

本书在内蒙古自治区农村电商扶贫的现实基础、成效及存在问题，以及农村电商扶贫的作用机制及扶贫效果的分析中，使用的微观调研数据源于 2017 年和 2018 年暑期对农村电商贫困户的调查和村问卷的访谈，主要是采用问卷调查的形式展开，同时为了进一步了解示范县的农村电商发展，对调研示范县的电商中心相关人员进行了座谈与交流，收集到了一手相关资料，为本书的研究做好准备。

1.4.1.3 定性分析与定量分析相结合的方法

本书在分析农村电商扶贫的作用机制时主要采用定性分析，理论模型结合案例来分析农村电商扶贫的作用机制；而在分析农村电商扶贫效果时主要采用 TEM、SEM、Tobit 等计量经济模型进行分析，这些属于定量分析的范畴。

1.4.1.4 规范分析与实证分析相结合的方法

规范分析研究的是"应该是什么"，而实证分析研究是"是什么"；规范分析注重逻辑推理和道理论述，实证分析是对事实的客观反映（张旭光，2016）。本书在分析内容时，为了保证得出结论的可靠性与真实性，在实证分析农村电商扶贫效果之前，结合大量的案例进行了农村电商扶贫的作用机制的理论分析与模型推导，然后得出相应的结论；在实证分析之后总结农村电商扶贫的成效及问题，并提出政策建议。这个研究思路充分体现了规范分析与实证分析相结合。

1.4.2 技术路线

基于上述研究目标和研究内容，本书的技术路线如图 1-1 所示。

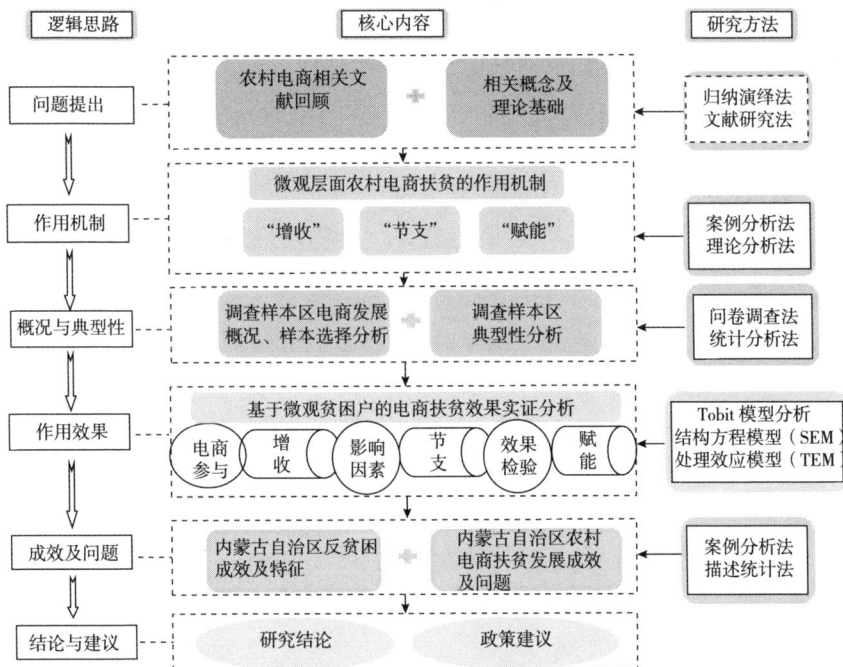

图 1-1　本书的技术路线

1.5　可能的创新之处

本书是以内蒙古自治区为研究案例区，以微观贫困户为研究对象，从理论上结合案例，分析农村电商扶贫的作用机制，并对全国农村电商发展的特点及实际进展情况、内蒙古自治区农村电商扶贫的现实基础进行分析；结合内蒙古自治区贫困现状及特点、农村电商发展基础，基于内蒙古自治区农村电商的贫困户实证调查问卷，运用多种理论和计量模型，实证检验贫困户电商的作用效果——是否实现"增收""节支""赋能"的效果；总结农村电商扶贫成效及存在的问题，并提出政策建议。本书的研究结论与研究成果对进一步完善农村电商扶贫的研究领域具有一定的理论与实践意义。本书可能的创新点体现在以下两个方面：

第一，首次以微观贫困户为研究对象实证分析了农村电商扶贫效果。农村电商扶贫效果的研究多数集中在规范研究与定性研究，本书基于贫困户的微观调研数据，借助处理效应模型（TEM）、Tobit 模型和结构方程模型（SEM）检验农村电商的贫困户扶贫的"增收""节支""赋能"的作用效果，弥补农村电商扶贫效果实证分析方面的研究，增强其客观性。

第二，首次将农村电商参与的网络销售和网络购买两个方面进行了剥离，并通过对农村电商扶贫效果的实证分析有了新的发现：网络销售对贫困户"增收"效果明显，网络购买对贫困户家庭"节支"效果明显，而短期来看网络销售对贫困户家庭"节支"效果不显著。这些发现对内蒙古自治区农村电商扶贫效果的提高具有一定的参考价值。

第 2 章　相关概念与理论基础

2.1　相关概念

2.1.1　信息技术相关概念

2.1.1.1　信息化

信息化的概念起源于 20 世纪 60 年代，首先由日本学者梅倬忠夫提出，70 年代后期，西方社会才开始普遍使用"信息社会"和"信息化"的概念。1963 年，日本学者 Tadao Umesao 在题为"论信息产业"的文章中提出"信息化是指通信现代化、计算机化和行为合理化的总称。"

关于信息化的表述，在中国学术界和政府内部进行过较长时间的研讨。中共中央办公厅、国务院办公厅印发的关于《2006—2020 年国家信息化发展战略纲要》和《"十三五"国家信息化规划》中均指出了加快信息化发展，直面"后金融危机"时代全球产业链重组，深度参与全球经济治理体系变革；加快信息化发展，适应把握引领经济发展新常态，着力深化供给侧结构性改革，重塑持续转型升级的产业生态；加快信息化发展，构建统一开放的数字市场体系，满足人民生活新需求；加快信息化发展，增强国家文化软实力和国际竞争力，推动社会和谐稳定与文明进步；加快信息化发展，统筹网上、网下两个空间，拓展国家治理新领域，让互联网更好造福国家和人民，已成为我国"十三五"时期践行新发展理念、破解发展难题、增强发展动力、厚植发展优势的战略举措和必然选择①。信息化是未来发展的一种必然趋势，人们通过应用信息技术、共享信息资源，充分发挥其智能潜力，合理利用社会物质资源潜力的典型状态，该状态有利于个人行为、企业决策的开展及社会的发展。信息化对中国经济的发展起到了独特的促进、支柱与改造的作用。

关于信息化的概念，1997 年召开的首届全国信息化工作会议对信息化定义为："信息化是指培育、发展以智能化工具为代表的新的生产力并使之造福于社会的历史过程"。众多学者从通信经济学的角度对信息化进行了定义。林毅夫（2014）也对信息化进行了概念的界定，指出："所谓信息化，是在信息技术产业和信息技术在其他的经济社会部门得到全面发展与应用后，运用此类信息技术改造传统的经济社会结构的全过程"。赵苹（2009）给信息化所下的定义如下："信息化主要是利用现代化信息技术使人的智力能力和物质资源均得到充分发挥，实现全社会的信息资源高度共享，社会经济向着优质、高效方向的发展过程"。王良莹（2017）认为，信息化是指一个国家由物质生产向信息生产、由工业经济向信息经济、由工业社会向信息社会转变的动态的、渐进发展的过程，这个过程中涉及一些基本构成要素，包括信息资源、信息网络、信息技术、信息设备、信息产业、信息管理、信息人才等（王良莹，2017）。

2.1.1.2 "互联网+"

2012 年 11 月，易观国际董事长于扬在第五届移动互联网博览会上首次提出"互联网+"的理念。他认为，在未来，"互联网+"应该是全行业的产品与服务多屏全网跨平台。2014 年 11 月李克强总理出席首届世界互联网大会提到互联网是大众创业、万众创新的新工具。2015 年两会期间，马化腾提交了《关于以"互联网+"为驱动，推动我国经济社会创新发展的建议》的议案，该议案中提到"互联网+"作为国家长远发展的驱动力，在推动产业创新、跨界融合和惠及民生等方面具有明显的作用。马化腾认为，"互联网+"是指通过互联网信息技术平台，利用互联网改造原有传统行业，融合传统行业，形成一种新的业态。2015 年 3 月 5 日，李克强总理在十二届全国人大三次会议的政府工作报告中首次提出"互联网+"行动计划，并强调"互联网+"行动计划的重要性和前瞻性，目的是促进各行业，尤其是金融业及工业和服务业健康发展。2015 年 7 月 4 日，李克强总理签发、国务院印发了《关于积极推进

---

① 国务院关于印发"十三五"国家信息化规划 . http：//www. gov. cn/.

"互联网+"行动的指导意见》①。在中央政府门户网站《2015 年国务院政府工作报告》缩略词注释中，专家对"互联网+"是这样描述的："互联网+"代表一种新的经济形态，即充分发挥互联网在生产要素配置中的优化和集成作用，将互联网的创新成果深度融合于经济社会各领域中，提升实体经济的创新力和生产力，形成更广泛的以互联网为基础设施和实现工具的经济发展新形态②。

"互联网+"是针对传统的各行各业，互联网本身并没有创造新的供求关系，它只是一种帮助各行各业创造更为广阔的发展空间的基础工具。"互联网+"体现的更是一种能力，它就像一个强有力的反应物，另一个反应物是传统的各行各业，它们发生化学反应后的生成物是一种全新的物质。"互联网+"不是传统行业与互联网的简单结合，而是利用互联网对所有行业的再造，产生新的商业模式，是本质上的变化。例如，"互联网+传统集市"→各类电商平台；"互联网+传统银行"→支付宝；"互联网+传统交通"→滴滴打车；等等。

"互联网+"的特征是跨界融合、创新驱动、开放共赢、重塑结构、以人为本和互联互通。跨界融合是互联网与传统产业融合；创新驱动不仅包含技术上的创新，更包含理论、模式上的创新；通过互联网的开放特性，实现企业与消费的互利共赢；互联网打破了原有的社会、经济、文化以及地缘结构等，出现了全新的社会发展结构；以人为本推动了管理与服务模式的创新，并实现创新创业；互联互通是利用互联网将人、物、数据连接起来，实现互联互通。现如今，我国"互联网+"的应用范围十分广泛，在国家的大力支持下，加快发展"互联网+传统行业"的新型商业模式，有利于传统行业的创新和发展，对于未来我国经济模式的转型有重要的意义。

2.1.1.3 电子商务（全书中简称"电商"）

1994 年，互联网逐渐在全球发展起来，互联网用户每年以 1300% 的速度增长。1995 年，美国的杰夫·贝佐斯在互联网快速发展的背景下创立了最早的电商公司——亚马逊公司（Amazon，以下简称亚马逊）。亚马逊的最初性质是一家网络书店，之后，亚马逊的产品朝着多样化的方向发展，成为美国最大的电商平台，杰夫·贝佐斯被尊称为"电商之父"。1996 年，美国 IBM 公司（国际商业机器公司）最早提出了"电商"这一概念。杰夫·贝索斯、夏威夷

---

① 国务院关于积极推进"互联网+"行动的指导意见 ［EB/OL］. http：//www.gov.cn/zhengce/content.

② 国务院办公厅 . 2015 年国务院政府工作报告 ［EB/OL］. http：//www.gov.cn/.

大学教授埃弗雷姆·特班等在其所著的《电商：管理与社交网络视角》（原书第 7 版）一书中描述了狭义的电商的概念：电商（Electronic Commerce）是通过包括互联网在内的计算机网络来进行商品或服务买卖以及信息交换的过程。广义的电商是指电子业务（Electronic Business），除了买卖商品和服务外，还包括客户服务、与商务合伙人的合作、网络教育及存在于企业内部的电子交易活动（见图 2-1）。简单来说，电商是经济和信息技术发展结合的产物，它以商务活动为核心，以信息技术为手段，将传统的商务活动虚拟化、信息化、简便化，是一种新型的商业运营模式。电商按照不同的依据可以划分为不同种类，但最主要的分类有 B2B（企业与企业之间的电商）、B2C（企业与消费者之间的电商）、C2C（消费者与消费者之间的电商）、O2O（线下商务与互联网之间的电商）、C2B（消费者与企业之间的电商）等（郝晶晶，2018）。人们一般理解的电商是指狭义上的电商。电商的快速发展离不开企业的发展、平台经营规模、消费者的认知程度以及移动支付安全。

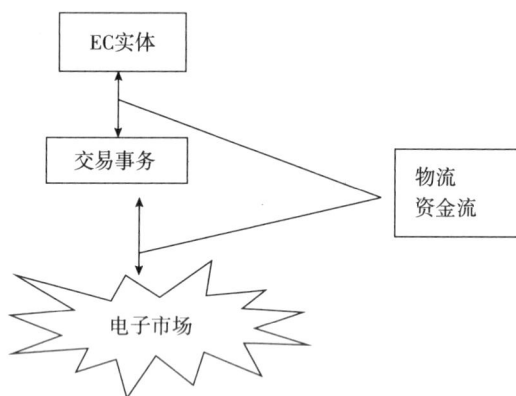

图 2-1　电商概念模型

2.1.1.4　农村电子商务

农村电子商务是（以下简称农村电商）电商广泛渗透到农村牧区的具体应用，主要包括三部分：农畜产品网上销售、农牧业信息化（主要是指在农牧业交易活动中所获取的信息与市场信息的同步化）以及农牧户网上消费（主要包含购买普通生活用品以及农牧业生产资料）。农村电商的核心价值是解决农村消费，体现在两个方面：网上购物消费（工业品下乡）和网上农贸市场（农畜产品进城）。

农村电商的崛起并不是一时的兴起，而是区域经济发展的内在需求、电商平台渠道下沉战略①二者合力的结果，是有旺盛生命力的新经济。对于农村牧区领导来说，发展农村电商就是为本村经济寻找向上攀爬的助力臂，也是摆脱落后的有力武器。对于各大电商平台，随着渠道下沉战略的逐步推广，农村牧区是一块有着巨大潜力的宝地，是一个可以大展身手的舞台。

2.1.2　贫困与反贫困相关概念

2.1.2.1　贫困的概念界定

贫困的概念最早是源于经济学层面的定义，可追溯到 20 世纪英国经济学家朗特里于 1899 年对英国约克郡的贫困问题调查后第一次清晰地从个体的角度定义贫困并将其量化，即贫困线的产生②。对贫困概念的理解主要包括个人贫困和区域贫困两个方面，而人们通常所说的贫困是个人意义上的贫困（郭熙保，2005），收入贫困、能力贫困和权利贫困从不同角度诠释了贫困的概念（郭熙保、罗知，2005）。本文涉及的贫困关注重点为收入贫困和能力贫困两部分。收入贫困是对贫困最直观、最广泛的应用定义（郭熙保、罗知，2005）。阿马蒂亚·森在《以自由看待发展》一书中指出，能力贫困是贫困人口的基本能力被剥夺，如生理健康方面的剥夺、学历方面的欠缺等（阿马蒂亚·森，2002）。

贫困有绝对贫困和相对贫困之分。绝对贫困是指个体或家庭的合法收入保证不了家庭最低生活需求的一种需求状况。绝对贫困的内容只与维持基本生存的物质需求相关，是只停留在物质层面的贫困，因此，绝对贫困又称为生存贫困。测定绝对贫困有三个不同的标准：①营养标准，每天摄入营养低于 2000～2100 大卡的为贫困人口；②收入标准，收入低于居民平均收入水平的 50% 的为贫困人口；③购买力标准，低于某个绝对收入标准的为贫困人口。在绝对贫困中的人指的是"自然人"而非"社会人"，根据马斯洛的需求层次理论，自然人首要的需求是生存需求，包括生理和安全需求。而社会人的需求要复杂一些。相对贫困是相比较于绝对贫困而言的，是指个人或家庭的合法收入低于社

---

① 渠道下沉是指原本只在城市中销售的网络逐渐向农村基层扩散，它是一种新的营销策略，并且有针对性地在经济较发达的农村推行。

② 世界银行. 2000/2001 年世界发展报告——与贫困作斗争 [M]. 北京：中国财政经济出版社，2001：17.

会认可的一定程度的居民平均收入水平时的生活状况（李瑞华，2013）。与绝对贫困不同的是，相对贫困更难衡量贫困程度，因为它是一个相对变化的概念，相对贫困没有特别固定的标准，会随着经济社会快速发展而表现出不同的贫困标准。从整体上看，绝对贫困仅仅从物质层面的需求来解释贫困，而相对贫困是从物质层面和精神层面的需求解释了贫困，是对绝对贫困的进一步补充和完善。

早在2011年，时任总理温家宝在中央扶贫开发工作会议上宣布农民人均纯收入2300元/年（2010年价格指数）作为新的国家贫困标准（朋文欢，2018），1986年和2010年国家两次调整了贫困标准，2011年国家扶贫标准为2536元/年·人（2010年不变价），2017年扶贫标准为人均纯收入3220元/年，具体贫困标准和扶贫成效及贫困发生率如表2-1所示。自《中国农村扶贫开发纲要（2011—2020年）》颁布后，全国29个省市对扶贫标准进行了调整，其中，2008年在国家调整扶贫标准之后，内蒙古自治区以1560元、牧区1800元为自治区级扶贫标准（郭莉，2016）；2016年，内蒙古自治区扶贫标准是区分农村与牧区的，人均纯收入标准分别是2600元/年、3100元/年。

表2-1　中国农村贫困标准、扶贫成效和贫困发生率

年份	贫困标准 （元/年·人）	当年扶贫数量 （万人）	年底尚存贫困 人口（万人）	农村贫困发生率 （%）
2010	2300	—	16566	17.27
2011	2536	4328	12238	12.70
2012	2673	2339	9899	10.20
2013	2736	1650	8249	8.50
2014	2800	1232	7017	7.20
2015	2855	1442	5575	5.70
2016	2952	1240	4335	4.50
2017	3220	1289	3046	3.10

资料来源：国家统计局，http：//www.stats.gov.cn；国务院扶贫办公室，http：//www.cpad.gov.cn/。

本书是研究贫困户参与电商扶贫后的效果，检验与测度贫困户参与电商后收入的增加情况，因此，本书将其他影响收入的因素作为控制变量后探究贫困

户参与电商后的收入的变化。贫困是一个多维的整合性概念，是综合收入贫困和能力贫困（陈劲等，2018）。结合上述观点对贫困概念进行总结：贫困既是人们生活中的物质匮乏，也包含了教育、健康以及面临教育和健康风险时表现出来的脆弱性，同时还包含缺少一定的参与机会①。

2.1.2.2　反贫困概念的界定

反贫困的概念最早是瑞典经济学家冈纳·缪尔达尔提出的（缪尔达尔，2010）。目前，学术上对于反贫困的概念有三种表述：一是减少贫困（Poverty Reduction），通过保障贫困人口的基本生活来减少贫困人口的数量，强调反贫困的过程性；二是减缓贫困（Poverty Alleviation），通过一系列手段实现收入公平分配，缩小贫富差距，缓解贫困；三是消除贫困（Poverty Eradication），即脱贫，通过提高贫困人口的生存发展能力，保证其应有的权利，维护贫困者的人格尊严。消除贫困是反贫困的最终目的。

在反贫困的过程中，有一些暂时性的贫困有可能被消除。但在当今社会中，还有许多类型的贫困在不断地发展，想要彻底消除贫困是一项漫长而艰辛的任务。所以，国际社会在谈到反贫困时，更多地使用"缓解贫困"这一词组，而慎用"消除贫困"。定义反贫困，应该从反贫困的要求出发，突出对贫困人口自身反贫困能力的重视。因此，可以将反贫困界定为通过为贫困群体和贫困地区创造发展机会，培养和提高贫困群体的自身发展能力，实现减轻、缓和贫困目的的行为过程（李瑞华，2013）。

在中国的反贫困实践中，广泛运用"扶贫"来表示反贫困，通过扶持农村牧区贫困人口发展来摆脱贫困。因此，"扶贫"是反贫困的一种具体方法和路径。1978 年以前，我国的扶贫政策主要是政府针对因灾致贫人口和因战争致残人口进行救济，以社会救济、自然灾害救济和优抚救济等为主要方式，但实际上只是救困政策，而没有完整意义上的扶贫政策。我国严格意义上的扶贫，是在改革开放以后提出并大规模实施的。1984 年 9 月，中共中央、国务院联合发出了《关于帮助贫困地区尽快改变面貌的通知》，该通知第一次把扶贫工作作为国家的一项特殊任务提出来，我国政府消除贫困的正式行动由此拉开了序幕。农村反贫困政策的主要内容有根据实际情况调整和确定贫困标准线，确定扶贫区域予以重点倾斜、坚持开发式扶贫战略，政府主导、全社会积极参与的扶贫政策，以及支农扶贫政策（何秀荣，2010）。

---

① 　世界银行.2000 年世界发展报告——与贫困作斗争［M］.北京：中国财政经济出版社，2001：17.

2.1.3 农村电商扶贫的概念

农村电商扶贫是在贫困地区利用电商作为扶贫手段，开展扶贫攻坚。在了解农村电商扶贫概念前，先将电商扶贫的概念厘清。电商扶贫的概念最早是汪向东教授于 2011 年提出的（汪向东、张才明，2011），发现"沙集模式"的实践探索对贫困地区经济发展、扶贫攻坚起到了积极推进作用，且成效明显，并建议将电商扶贫纳入扶贫工作体系中。2014 年 10 月 6 日，汪向东教授在个人微博发表了一篇题名为"电商扶贫是什么，为什么，怎么看，怎么办"的文章，指出电商扶贫的概念即借助互联网时代，将电商纳入到扶贫开发体系中，对贫困帮扶对象采取创新扶贫开发的方式，改进扶贫开发绩效，实现电商精准扶贫[①]。电商扶贫于当年作为精准扶贫十大工程之一[②]，正式纳入扶贫工作体系，于 2015 年开始实施。电商扶贫作为"互联网+扶贫"的一种手段，降低了对贫困的偏远山区、牧区的地理位置的要求，使贫困山区、牧区的农畜产品、特色产品远销全国，实现电商企业或平台的连接，实现贫困户更多的销售收入（汪向东、高红冰，2016）。由此可见，电商扶贫，电商是手段和载体，精准是方法和要求，扶贫是对象和内容，脱贫是目标和效果（冷飞翔，2017）。

在此之后，社会各界学者们对电商扶贫关注度增加，开始讨论和理解电商扶贫，目前学者们对电商扶贫的理解主要是集中在两个方面：一是借助互联网，以电商作为扶贫开发的手段，带动贫困户开设网店，以网络销售等方式实现网络创业就业，进而增加收入（黄云平等，2016）；二是将电商扶贫纳入各行业、各部门的扶贫内容与模块中，各行业部门全部发力，完善基础设施与从业人员的社会保障，助力电商扶贫，实现精准帮扶（汪向东、高红冰，2016）。电商扶贫既可以作用于城市家庭，也可以作用于农村家庭（林广毅，2016）。本书中所涉及的电商扶贫主要是指在贫困农村牧区对贫困户家庭开展的电商扶贫活动。

农村电商扶贫概念更宽一些，除了包括各类扶贫主体以电商方式去帮助扶贫对象外，还包括贫困主体主动以电商活动缓解乃至摆脱贫困状态的理念与实

---

① 汪向东. 电商扶贫是什么，为什么，怎么看，怎么办？（上、中、下）[EB/OL]. 新浪博客，ht-tp：//blog. sina. com. cn/s/blog_593adc6c0102v74t. html，2014 - 10 - 06；http：//blog. sina. com. cn/s/blog_593adc6c0102v76l. html，2014-10-8；http：//blog. sina. com. cn/s/blog_593adc6c0102v7m3. html，2014-10-13.
② 精准扶贫十大工程有部驻村帮扶、职业教育培训、扶贫小额信贷、易地扶贫搬迁、电商扶贫、旅游扶贫、光伏扶贫、构树扶贫、致富带头人创业培训、龙头企业带动。

践（汪向东、高红冰，2016）。从农村电商扶贫的主要方式来看，表现在三个方面：一是贫困户借助电商实现特色农畜产品"上行"，促进特色农畜产品顺利销售，解决"滞销"问题，实现贫困户收入增加；二是通过实现工业品"下行"，让贫困地区农牧户家庭购买生活和生产必需品，节省成本，便利生活；三是贫困户借助互联网、电商进行网络教育培训、医疗健康咨询与学习等，以实现贫困户个人受教育程度提升、身体健康程度改善，最终实现贫困户人力资本的提升。

农村电商以电子信息技术为媒介，打通了贫困户获取全球市场信息的渠道，能够获得全方位、多角度的农畜产品市场信息。同时，农村电商拓宽了农畜产品的销售渠道，增加贫困户的收入，缓解贫困的状况。随着农村电商的普及，网上购物的优势也越来越明显，与实体店购物相比，网上购物既节省时间、体力又价格实惠，农牧户可以通过网上购物来节省支出，减缓贫困。如今，"电商进农村牧区"快速发展，许多贫困县都建立了电商服务站，并且政府安排专业电商人才到基层，帮助农牧户学习电商相关知识和技能，提升贫困户的个人能力，创造更多的就业机会，帮助贫困户主动摆脱贫困的状况。

由此，本书中所涉及的农村电商扶贫主要包括贫困户网络购买生活用品和生产资料以及农畜产品"上行"过程中对贫困户产生的增收、节支和赋能的作用，还包括"互联网+"背景下产业链转型升级和实现农村牧区乡村振兴。

2.2　理论基础

2.2.1　贫困治理相关理论

2.2.1.1　马克思贫困治理理论

马克思贫困治理理论是马克思研究无产阶级贫困化现象的理论总结，它是中国贫困治理理论的起点，也是中国长期以来治理贫困的指导思想。马克思认为，资本主义制度是无产阶级贫困的总根源；剩余价值规律揭示了资本家剥削无产者的秘密；劳动异化论说明了贫困问题的严重性；资本有机构成的提高加深了无产阶级的贫困化程度（仇荀，2016）。基于以上内容，马克思提出了治理无产阶级贫困的几条路径选择：首要的一条路径就是无产阶级必须团结起来推翻资本主义剥削制度；建立共产主义制度，从而在根本上消除劳动者与物质资料不统一导致的贫困；解放和发展生产力，这是共产主义制度实现的前提和基础（曾令元，2017）。

马克思贫困治理理论对于我国的贫困治理具有重大的实际指导意义。在马克思贫困治理理论的指导下，我国根据国情分析贫困治理本质和目标，从而更好地解决贫困问题（张赛玉，2017）。本书中涉及的贫困治理理论，主要作为构建扶贫指标体系、提出反贫困对策及分析贫困户电商扶贫效果的理论依据，主要涉及能力贫困理论、贫困恶性循环理论、人力资本理论和"涓滴效应"理论。

（1）能力贫困理论。能力贫困理论最早由诺贝尔经济学家阿玛蒂亚·森提出。传统的贫困理论仅用收入水平低下来界定贫困，而在贫困界定上阿玛蒂亚·森有着独到的见解，他提出贫困是被剥夺了基本的可行能力，而不仅仅是收入低下，单纯地说贫困就是收入水平低下是片面的，不具有代表性的（薛晴等，2018）。众多学者起初对贫困的理解有很多种，总结起来体现在三个方面：一是物质资源的匮乏；二是自我管理能力的缺少，抗风险、御打击能力弱；三是生活福利的降低，特别是身体保健与预期寿命的不良状况（魏心怡等，2018）。阿玛蒂亚·森认为，从实际意义上来说，贫困其实是一个人能力的剥夺，具体的能力主要是指这个人的功能性活动能力和实际可操作的能力。可行能力在阿玛蒂亚·森的理论体系中被看作是一种实质性的自由，这种自由是指人们能够选择过自己想要生活的自由，包括免受饥饿、疾病等困苦的可行能力、享受基本教育和政治参与等的自由（阿玛蒂亚·森，2002）。

阿玛蒂亚·森认为，从能力角度考虑，仅仅通过增加收入不一定能改善贫困状况。收入虽然可以看作是人的一种待满足的需求，但它并不是人的最高目标，实现自我发展才是最高目的。因此，关注贫困者的能力，是改变贫困状况的根本原因。电商扶贫能够有助于促进贫困人口可行能力的提升，同时也有助于收入与可行能力的双向转化，即电商扶贫促进收入增加，收入增加反向促进可行能力的提升，推动农村电商扶贫的可持续发展（魏心怡、刘婧娇，2018）。具体表现为：

首先，电商扶贫先摆脱意识和思想上的贫困（田甜、杨柳青，2015）。通过激发贫困地区农牧户的思想意识即内在的自身发展动力，使他们积极主动获取更多渠道的相关信息，争取到更多的获利信息，借助电商平台认真学习政府提供的多种多样的培训技能，领会电商交易及营销技巧，从管理中获取更多的知识，进而促进收入增加，创业就业机会增加。

其次，阿玛蒂亚·森认为能力与收入之间存在相互增强的关系，收入是增强能力的重要手段，同时他非常重视一个人掌控生活能力的提高将会趋向于增加生产力和提高收入（阿马蒂亚·森，2002）。二者相互促进关系主要表现在以下几个方面：一是如果贫困户的可行能力得到提升后，在进行电商活动（从电商平台购买生活必需品、生产资料或销售特色农畜产品）时，就会提高效率、节省成本、拓宽销售渠道、增加销售区域、增加销售收益，并提高其知识获取的能力，进而解决生活、生产中的个人和集体的问题。例如，贫困户获取小额信贷的相关渠道、获取网络保健等知识，利用数字红利获得更多的资金支持和健康风险防范的能力，进而改善生产生活状况，提高收入。二是当贫困户收入增加后，会对电商为其带来的数字红利有浓厚的兴趣和认可度，并拿出部分收入投入到电商知识学习与培训中，获取更多的营销知识，掌握更多的营销技巧，从而更从容自如地从事电商活动，增加其可行能力。同时，他们获利后还愿意带动身边的亲朋好友参与到电商中，起到示范带动作用。由此可见，二者相互促进，既增加收入，又促进个人可行能力的提升，贫困户就业创业机会增多，摆脱贫困状态，使电商扶贫能够可持续发展（见图 2-2）。

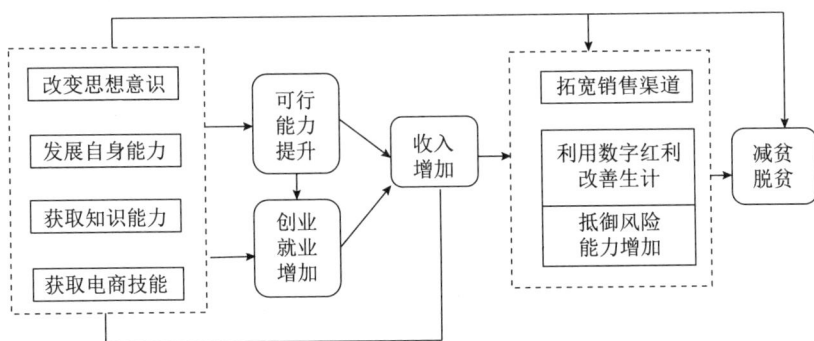

图 2-2　电商扶贫改善能力贫困示意图

（2）人力资本理论。人力资本一词最早出现在经济学研究领域，可追溯到威廉·配第（William Petty）最早分析的生产劳动过程中劳动力的素质问题，充分肯定了劳动生产价值形成过程中人的作用。随后亚当·斯密在《国富论》中提出了初步的人力资本的概念，他认为人的能力是靠后天培养开发出来的，通过劳动中所表现出来的技能和方法来提高劳动生产率（亚当·斯密，2004；张艳华，2009）。法国经济学家萨伊（J. B. Say）是在斯密之后阐述了其对人力资本的认识，他认为人力资本可以由每年用以教育他的款项累积，人的技能主要是通过长时间地学习与付出成本后获得的（萨伊，1982）。这一观点是对斯密思想的继承与发展。

随后西奥多·舒尔茨于20世纪50年代末至20世纪60年代初发表了《对人投资的思考》《人力资本投资》和《教育与经济增长》等几篇重要文章，总结起来就是说人力资本如果太低，会导致产量过低，生产效率低下，由此可见教育投资的重要性（西奥多·舒尔茨，1900）。这些成为了现代人力资本理论的奠基之作（Theodore W. Schultz，1972）。人力资本是指劳动者通过在教育、实践培训、迁移流动以及健康保障等方面的投资，从而获得具有经济价值的知识、技能和体力（健康状况）等质量因素的总和。与物质、货币等"硬资本"相比，人力资本具有更大的增值空间，也更具有创新性和创造性，因而，人力资本是一种"活资本"。

20世纪60年代，美国经济学家舒尔茨和贝克尔首先创立了比较完整的人力资本理论。这一理论有两个核心观点：一是在经济增长中，人力资本的作用大于物质资本的作用。人力资源是一切资源中最主要的资源，人力资本理论是经济学的核心问题。二是人力资本的核心是提高人口质量，教育投资是人力投资的主力军（Gary S. Becker，1986）。不应当把人力资本的再生产仅仅视为一种消费，而应视同为一种投资，这种投资的经济效益远大于物质投资的经济效益。教育是提高人力资本最基本的手段，所以也可以把人力投资视为教育投资问题（沈鸿，2017）。

传统理论中只涉及物质资本，而在创新的理论中，人力资本有所突破，将其划分为人力资本和物质资本两大类，为研究经济理论和实践打开了一个全新的视角。该理论是将人力资本凝结在劳动者或生产者的身上，即对他们进行普通教育、职业培训等支出和其再接受教育的机会成本等价值在生产者身上的凝结，它表现在蕴含于人身中的各种生产知识、劳动与管理技能和健康素质的存量总和。在人力资本理论中确定了人力资本的主要构成，即人力资源的教育投入、保健投入和迁移投入等，并强调人力资本的高回报率，应予以重视，尤其对于落后的贫困地区。据此提出在贫困地区应当大力发展教育，加大对人力资本的投入，通过人的发展来带动经济的发展，这一理论的提出为发展中国家改善经济状况提供了一种可行的方法。一方面通过人力资本改善生产者生产的产品符合大众需求；另一方面以各种形式来发展和提高人的智力、体力与道德素质等，以此形成更高的生产能力，进而实现减贫脱贫（见图2-3）。

（3）"涓滴效应"。涓滴效应又译作渗漏效应、滴漏效应，也称作"涓滴理论"。"涓滴效应"是指在经济发展过程中，将发展重心落在优先发展起来

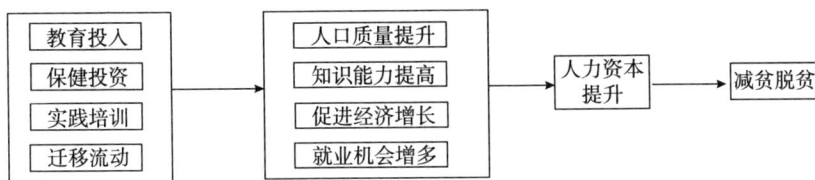

图 2-3　人力资本理论扶贫示意图

的群体或地区，给予优先发展起来的群体或地区消费、就业等方面的优惠，再由他们惠及贫困群体或地区，带动贫困地区发展和富裕的理论，即通过富人消费投资来刺激经济发展，最终惠及穷人，好比水流向下"涓滴"。

关于这一理论正反两方持有不同的意见。"涓滴理论"支持者认为，向富者减税，可促进他们投资，进而带动经济增长。亚当·斯密在《国富论》中称"征税可能妨碍生意发展，降低人们投资某些产业的意欲，影响就业。当人们必须交税时，其用作营运的资金会减少甚至用尽"（亚当·斯密，2004）。因此，里根时期的大卫·斯托克曼（David Stockman）认为，向富人减税不但使市场中先富起来的人受惠，而且最终使最贫困的群体受惠。由此产生的论点实质是国内生产总值增长必然会惠及全体，包括贫苦大众（杨鲁军，2009）。在经济发展初期，极化效应会起到明显作用，而在经济发展后期，"涓滴效应"起到主导作用（见图 2-4）。

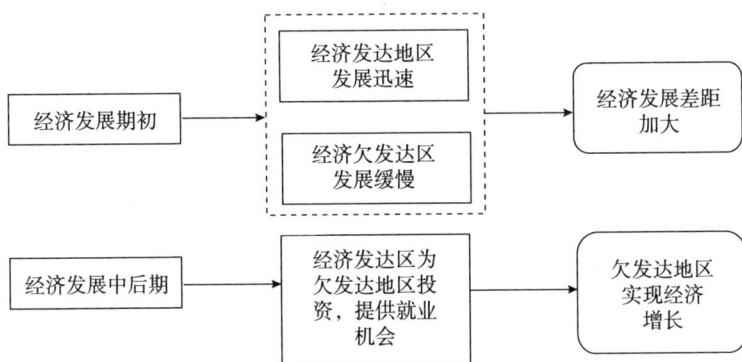

图 2-4　"涓滴效应"贫困治理示意图

2.2.1.2　习近平精准扶贫思想

党的十八大以来，习近平总书记站在全面建成小康社会、实现中华民族伟大复兴中国梦的战略高度，把脱贫攻坚摆到治国理政突出位置，提出一系列新思想新观点，作出一系列新决策、新部署，推动中国减贫事业取得巨大成就，对世界减贫进程做出了重大贡献①。习近平精准扶贫思想是中国政府当前和今后一个时期关于贫困治理的指导性思想，将对中国扶贫成败起到决定性作用（唐任伍，2015）。习近平总书记在2013年11月于湖南湘西考察时，首次提出了"精准扶贫"：扶贫要实事求是，因地制宜。要精准扶贫，切忌喊口号，也不要定好高骛远的目标②。随之而来的是国家出台的各项与精准扶贫有关的政策，如2014年2月13日中共中央国务院印发的《关于创新机制扎实推进农村扶贫开发工作的意见的通知》；2014年4月2日、5月12日和6月12日分别印发了《扶贫开发建档立卡工作方案》《建立精准扶贫工作机制实施方案》和《扶贫开发建档立卡指标体系》；2014年7月8日国务院扶贫办关于印发《全国扶贫开发信息化建设规划》的通知。国家从顶层设计和总体布局方面都对精准扶贫工作做了详细的规划，有利于习近平精准扶贫思想的实施与传播。

当前中国正处于脱贫攻坚的重要阶段，精准扶贫是重要战略，稳定脱贫是最终目标，探寻一条适合中国国情的精准扶贫道路很关键。习近平精准扶贫思想的主要内容是"扶贫对象精准、项目安排精准、资金使用精准、措施到户精准、因村派人精准、脱贫成效精准"（唐任伍，2015），最终实现因地制宜发展，实现"物质脱贫"和激发内生动力，实现"精神脱贫"的目标。党的十八大以来，以习近平同志为核心的党中央高度重视贫困问题，精准扶贫思想带动的一系列举措如信息化扶贫，尤其是农村电商扶贫，不仅给贫困户带来了"物质脱贫"，同时也促进了能力的提升，改善了贫困地区落后的面貌，使贫困人民摆脱了物质和精神方面的双重贫困，增强了贫困群众的幸福感和获得感（党博维，2019）。

2.2.2 农村电商扶贫理论

2.2.2.1 农牧户决策行为理论

农牧户作为农村牧区最基本的单元，按照家庭成员劳动分工进行生产生活，农牧户行为具有一般属性，因此，农牧户行为也属于行为经济学的范畴。但是农牧户行为又不同于其他行为的属性，具有其特殊性。

---

① 中共中央党史和文献研究院. 习近平扶贫论述摘编. 2018.
② 习近平的"扶贫观"：因地制宜"真扶贫，扶真贫"[EB/OL]. 人民网，2014-10-17.

行为经济学理论认为农牧户实施各种行为的前提是完全理性的，在分析农牧户决策行为理论时，会涉及农牧户的经典决策理论和现代决策理论。其中，经典决策理论是以完全理性为出发点，从"特殊到一般"地总结规律，建立规范标准，并实现最终目标。而"Allais 悖论"和"Ellsberg 悖论"均通过大量实验证实了人类的行为决策很难是完全理性的行为，农牧户决策行为会受到自身禀赋、社会环境、自然环境及非理性因素的影响，故农牧户决策行为很难做到完全理性。西蒙（Simon）[①]指出了现实人的行为是有限理性的，人的行为是处于不完全理性的环境中，即农牧户的认知能力、计算能力以及决策能力都是有限的，尤其是人的决策能力只能是在特定范围内所做出的决策。西蒙（Simon）在有限理性的基础上提出了减少经典决策理论在某些特定情况下的预期与实际的偏差的现代决策理论。现代决策理论重要分支是将社会学、心理学和逻辑组织学等内容融入现代决策理论中，并重点关注人的主观情感、心理、动机等多种因素对人的决策行为的影响，进而形成了行为决策。现代决策理论的一般模式如图 2-5 所示。

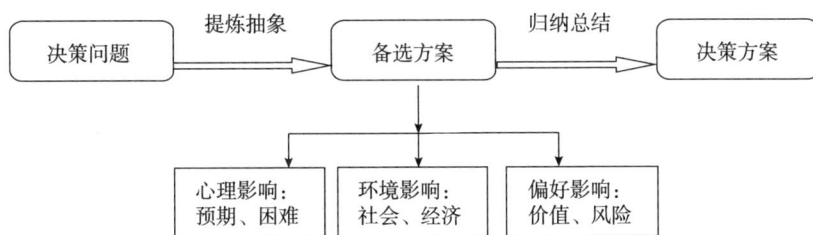

图 2-5　现代决策理论的一般模式

农村电商参与与否是农牧户所做出的决策行为，但是这种决策行为会受到哪些影响呢？随着经济学的发展，一些农牧户决策行为理论相继产生，其中包括行为经济学的经典理论——前景理论、羊群理论、计划行为理论和技术采纳决策行为理论。

（1）前景理论（Prospect Theory），简称 PT 理论，又称为期望理论。1979年，丹尼尔·卡尼曼（Kahneman）和特维斯基（Tversky）创立了"前景理论"，采用决策模型构建价值函数的评价过程。前景理论认为农牧户往往有两个环节：一是在行为结果未产生之前，对行为的可能性条件和结果进行抽象、简化，并对行为可能带来的损失偏离现状后的结果进行评价；二是完成对第一

---

① 诺贝尔经济学奖得主西蒙（Simon）教授。

环节的评价和行为决策（周国梅、傅小兰，2001）。按照有限理性的行为决策理论，农牧户的行为决策应该跟个人主观因素（知识储备、认知差异性）有直接关系，因此，决策性行为的结果各不相同。为了刻画人类更真实的农牧户选择行为过程，期望函数设置了两个函数，用来比较农牧户的决策行为选择，如式（2-1）所示。

$$\sum P(p_i) V(\Delta w_i) > \sum P(p_j) V(\Delta w_j) \qquad (2\text{-}1)$$

针对以上函数说明几点内容：①农牧户在电商行为选择时，并非最关注财富的最终价值，而是看自己的财富在现状基础上的变化；②面对新生事物，农牧户对损失更敏感，害怕损失带来的严重后果，存在厌恶损失区间，因此，价值曲线在损失区间呈现凸状，在收益区间呈现凹状，农牧户对收益和损失均呈现出递减的敏感性；③函数中涉及的概率事件是由权重大小 w 的值代替的（丁际刚、兰肇华，2002），如图 2-6 所示。

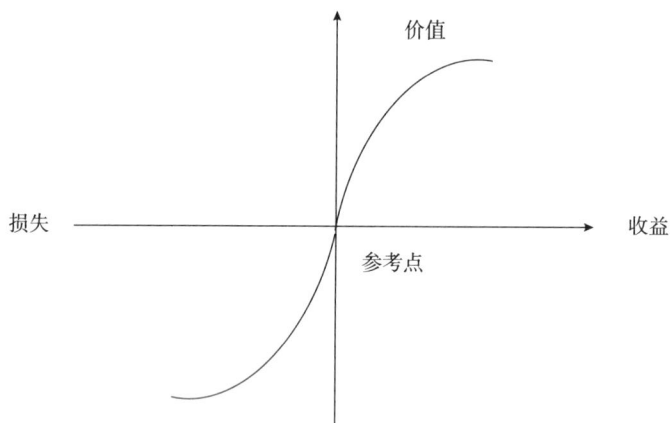

图 2-6　价值函数

（2）羊群理论是行为经济学中重要理论之一，尤其对于农村电商发展来说，示范带动作用的影响是非常关键的。羊群理论是指一种有意识地模仿别人决策的现象，一旦环境发生变化，"领头羊"采取的举动就成了其他决策农牧户模仿的典范，这种模仿在环境条件约束情况下，多数人是为了在实现目标的过程中增加凝聚力或因害怕某些压力而与大多数人保持一致的决策行为。心理学家认为，社会中个体与群体之间关系上发生的"羊群效应"在农村牧区农牧户参与电商活动中表现明显（吴福龙等，2003）。

（3）计划行为理论最早源于 Fishbein 和 Ajzen 提出的理性行为学（TRA）和计划行为学（TPB），他们一致认为个体使用行为取决于个体的行为意向，而行为意向又是由行为态度、主观规范和感知行为控制共同决定的（见图 2-7）。计划行为理论作为社会心理学最著名的态度行为关系理论，对研究农牧户参与行为以及实际决策行为具有一定的参考意义（樊西凌、欧名豪，2018）。针对在农村发展电商来说，农牧户是否参与电商活动这一决策行为是由其环境和主观因素决定的，所以在研究农村电商扶贫效果前，先探究农牧户是否参与电商活动的行为是符合行为理论的。本理论是在进行农牧户参与电商的影响因素实证分析部分使用。

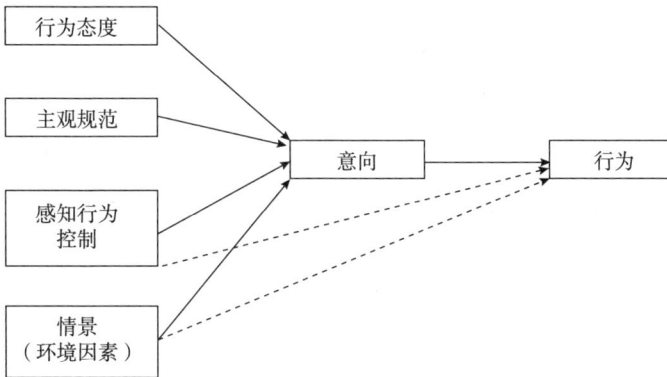

图 2-7　计划行为理论

（4）技术采纳决策行为理论。在互联网发展的今天，农牧户对互联网的应用程度、应用范围及技术采纳和接受行为是在有限理性人的视角下提出来的。农牧户技术采纳决策行为主要经历 4 个阶段：信息获取、方案比较、决策形成与决策调整（见图 2-8）。当农牧户获取到相关技术信息时，会对现有的几种方案进行比较，如果某一种方案对其有利，就形成了决策方案；反之，如果此种方案不合适，农牧户会对此方案进行调整，再次回到了信息获取环节，循环往复。但由于此过程中农牧户的自身资源禀赋限制和外部环境变化，农牧户不能达到完全理性。技术接受模型是由戴维斯（1989）率先提出的，它以理性行为理论为基础，试图解释和预测个体在经过了一段时间和系统交互后接受信息的情况，试图研究用户是怎样做出接受或拒绝信息系统的决策。

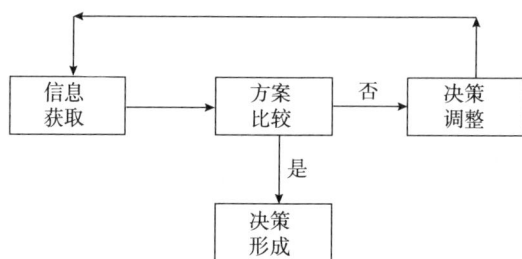

图 2-8 技术采纳行为过程

2.2.2.2 农畜产品流通渠道变革理论

流通渠道是指商品通过一系列的流通环节、途径、形式等，实现从生产领域到达消费领域的通道。流通渠道变革理论是对传统渠道结构理论的变革（斯特恩等，2001）。传统流通渠道结构理论认为，流通渠道是由一系列独立的机构与组织构成的，机构分工明确，目标独立且利益制衡，但流通渠道中的各环节是相互依赖的（王天祥，2014）。目前对流通渠道变革的研究主要是渠道系统变革、渠道模式变革、渠道行为变革和变革的影响因素及作用机理等方面（赵晓飞、李崇光，2012；赵晓飞、田野，2016）。农畜产品流通渠道各环节机构为了实现自身利益最大化，会尽可能满足下一个环节要求。值得注意的是，中间商是最关键的环节，因为农牧户或者加工商需要依靠中间商将自己的产品送达尽可能多的消费者手中；中间商依赖农牧户或者加工商为消费者提供农畜产品，从而实现其盈利目标；消费者依赖农牧户或者加工商为其生产所需的农畜产品，并依赖中间商将异地厂商的产品在适当的时间、适当的地点转移到自己的手中。由于渠道机构组织间的这种相互依赖性，流通渠道应被视为一个网络系统。在这个系统中，存在一系列为了拥有共同的"产品"，而相互联系和影响的子系统（厂商、批发商、零售商、消费者等）（杨嬛等，2014）。

农畜产品流通渠道主要有四个基本特征：整体性、有序性、相关性和开放性（杨慧，2004）。传统的渠道结构理论存在弊端，杨慧（2004）认为，传统渠道结构模式的先天弊端主要有以下几个方面：易于导致厂商对流通渠道的控制失灵；多层结构使渠道效率降低；多层次的渠道结构使渠道信息传递的真实性与准确性层层递减，严重影响了处于渠道两端的厂商与消费者之间的信息沟通与反馈；易于产生渠道冲突。

互联网技术的发展使厂商与消费者之间的信息沟通更加便利。在传统的流通渠道结构中，中间商作为农牧户或加工商与消费者信息交流通道的关键连接点，在一定程度上缩短了农牧户或加工商与消费者的时空距离。而电商的出现，大大缩短了农牧户或加工商与消费者的时空距离，农牧户或加工商与消费者的联系更为直接，农畜产品的流通渠道也更加顺畅（李东方，2016）。对于农畜产品交易来说，考虑到农畜产品自身的一些特性，如即时性、多样化、情感性等特点，以及运输成本及物流等方面存在的问题，农村电商将成为解决这一问题的最佳选择。

2.2.2.3　交易成本理论

交易成本（Transaction Costs）即为交易费用，著名经济学家罗纳德·科斯在《企业的性质》一文中首次提出"交易费用"的思想。所谓交易成本，是指企业进行各种交易活动的总支出，但由于交易活动的多样性，对应的交易成本也不尽相同，所以不同学者对于交易成本理论有不同的理解和完善（西德尼·G. 温特，2010）。

科斯认为，交易成本控制一个企业的命脉，降低交易成本是企业的终极目的，因而企业会采取形式各异的组织管理方法来实现最终的目标。此外，他还认为，市场和企业是两种不同的组织劳动分工的方式，也就是两种不同的"交易"方式，市场是由多个相互独立的生产经营个体组成，而企业是由一系列生产经营个体组成的整体。由此科斯解释了企业产生的原因：企业交易的交易成本低于市场交易的交易成本。企业的存在正是为了降低市场交易成本。

威廉姆森对交易成本理论进行了进一步的分析。他将交易成本分为事前交易成本和事后交易成本。他指出了两组影响市场交易成本的因素：第一组为"交易因素"，尤其指市场的不确定性和潜在交易竞争者的数量以及交易物品的技术特性；第二组为"人的因素"，指的是有限理性和机会主义。威廉姆森指出，机会主义行为、市场不确定性等因素都会提高市场的交易成本（威廉姆森、温特，2007）。

在电商发展中，交易成本理论的优势得以充分发挥。电商为产品销售提供了一种创新选择（杨爱君、范志方，2018）。农村电商将传统的农畜产品交易活动信息化、简便化，同时也降低了传统农畜产品交易中的交易成本，包括谈判成本、运输成本、信息成本等，简化了传统的农畜产品流通渠道，节约渠道建设成本，节省时间，提高交易效率，尤其农畜产品"上行"有明显体现。在传统的农畜产品交易活动中，农牧户最关心的是交易成本问题，在国家政策支持和鼓励农村电商发展的背景下，农牧户会越来越清晰地认识到电商低交易成本的优越性，从而更加坚定地发展农村电商（黄颖，2018）。

2.2.2.4　电商市场理论

市场衡量消费者与生产者、销售商的衔接程度，市场经济提供交易的适当条件。萨缪尔森将市场总结为三方面的问题即生产什么、如何生产及为谁生产（萨缪尔森，1992）。根据西方经济学理论，市场包括四种类型，分别为完全竞争、完全垄断、垄断竞争及寡头市场。目前电商市场属于网络市场经济模式，它指企业作为市场的中介商通过虚拟的网络平台将买卖双方聚集在一起，协调其供求关系并从中收取交易费用的商业运作模式。这种市场具备三种特征：市场扩大效应、信息反馈机制、赋能增能机制（林广毅，2016）。

（1）市场扩大效应。电商给传统产业带来了较大变革，主要表现在对实体经济的冲击方面，众多品牌的实体经营渠道由于销售量的原因在较短时间内消失，如服装行业的众多品牌、图书资料以及服务业等都出现了较为明显的变化，网络经济或者"线上经济"呈现出如火如荼的局面。这是不是意味着电商给市场经济带来了较大的冲击，并缩小了市场经济规模？从 2016～2017 年统计年鉴中的服务业、服装行业的规模以上企业数量、主营业务利润都在逐年增长可以看出，电商不是单纯的对传统市场的冲击，而是显示出整个市场的扩大效应。电商市场呈现的扩大效应主要是由于前面介绍的交易成本理论中涉及的电商市场中交易成本的降低和交易效率的提高。交易成本降低前文已有所表述，在这里就不过多赘述了，这里着重说一下电商市场呈现出来的效率提高。美国芝加哥大学的罗纳·科斯教授在其著作《社会成本问题》中谈到，交易要素中主要是交易费用与交易效率。在电商交易市场中，农牧户在购买农畜产品时，虽然居住地比较偏僻，但能够足不出户买到自己想要买的产品（包括生活用品、生产资料等），节约了交通费用等货币成本，节省了时间、体力等人力成本，同时能更便捷地获取产品信息，方便购买；而对于销售商和生产商来说，可较为便利、全面地看到消费者的反馈信息和交易信息，以及对某种产品的偏好等信息，进而提高交易效率。交易效率提高后，生产者或销售商会根据消费者的反馈信息有针对性地进行市场细分，为消费者提供最需要的、重复购买的产品，进而刺激消费者的需求，使需求量增加，产量或者供应量增加（见图 2-9）。根据供需曲线特点，当产量或者供应量增加，需求曲线会向右移动，表明电商市场呈现出扩大趋势。

（2）信息反馈机制。结合上述理论可以看出，由于电商的应用发展，生产厂商或销售商能够很容易接触到终端消费者（包括农牧民），消费者会及时通过网络反馈信息给销售商或者平台，并结合实物拍摄图片等形式进行互动、

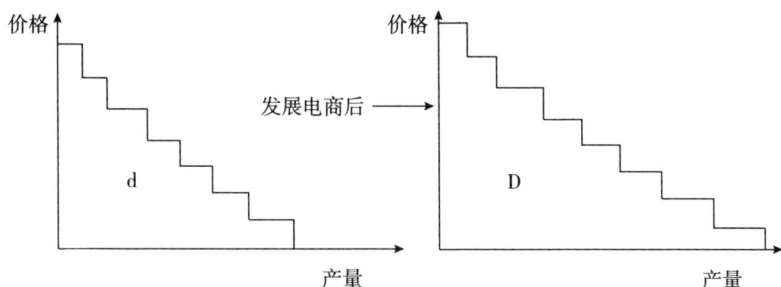

图 2-9　电商市场扩大效应示意图

反馈；这些信息除了生产商或者销售商能够看到外，会联动到其他消费者（有意愿购买的消费者）都能够看到，并作为购买决策参考依据。尤其是对农村牧区贫困地区的小生产者生产的标准化程度较低的农畜产品来说，怎么能够让消费者信任，口碑宣传是最好的促销方式。同时，反馈的信息能够激励贫困地区的小生产者（农牧户）按照消费者要求的标准生产所需要的产品，二者相互促进，相互鼓励，双方实现共赢。这是跟传统销售渠道相比最有力的优势，信息反馈机制的形成，能够促进消费者与销售商的有效沟通，降低了传统销售渠道消费者对其产品的不满意程度，避免了商家为了赢得消费者的青睐而采取的"美化"方式来不同程度地欺骗消费者，从而使电商最终实现了商家和消费者的相互信任，实现了更大的销量、更好的口碑，甚至形成从未谋面的朋友，并口碑宣传给身边熟悉的人，促进整个市场形成了良性发展，规范了行业的发展（见图 2-10）。

图 2-10　电商市场消费者信息反馈机制的形成示意图

（3）赋能增能机制。随着互联网的快速发展，电商为整体行业带来了前所未有的变化，其中包括互联网电商的发展给"草根"阶层赋予更多的能力，为更多的贫困户提供了更多的创业就业机会。本书也借鉴林广毅学者的赋能增能的说法（林广毅，2016），作为本书电商市场理论中增能赋能机制的理论内容。结合贫困地区农村牧区的特点，总结出电商的增能赋能机制表现在以下两个方面：

首先，电商为贫困户带来了与外界交流学习的机会，开阔贫困户的眼界，激发贫困户主动参与学习的兴趣和热情，促使贫困户积极参与电商的相关培训学习；同时，以"输血式"扶贫为基础，提高"造血式"扶贫的意识，并通过互联网与外界电商先进示范项目的交流学习，为贫困地区带来电商发展的新理念和新动能，进而在贫困地区形成了"电商领头羊"的新角色，带领众多贫困户脱贫致富，甚至有的先进分子在当地开设了电商公司，或吸引了其他相关产业链条的企业，给当地农牧户带来了众多就业机会。此外，在贫困户参与电商的培训中和实操中都会掌握一些电商操作的技能与方法，结合当地的特色农畜产品，增加了众多贫困户创业的机会。由此可见，电商为贫困户成功脱贫做出突出的贡献。

其次，电商提升了贫困户的人力资本。从西方经济学中的人力资本理论与人力资本的界定来看，西奥多·舒尔茨（1960年）认为人力资本最初是与教育紧密结合的产物，教育是增加人力资本存量的活动之一，通过教育可以改进人们工作和管理自己事物的能力。但是福格尔·恩格尔曼（1971）认为，人力资本的形成是多方面的，教育是其中的项目之一，人力资本保健事业的发展也同样重要。贫困地区多为较偏远的地区，保健事业并不受到当地贫困户的重视，尤其是贫困户中因病致贫、因残致贫比例较高，主要原因是贫困户就医较困难，缺乏医学常识。借助互联网，农牧户可以查询一些医疗保健方面的知识，保障家人的健康，通过电商购买一些育婴书籍或者保健品、药品等，提高婴儿出生健康的概率；同时，电商凭借人力资本的提升可以大大提高贫困户的劳动生产率，进而获得更多收益，使贫困户新增多种能力，包括获取知识和提高劳动效率的能力，从而起到增能赋能的作用，降低贫困程度（见图2-11）。

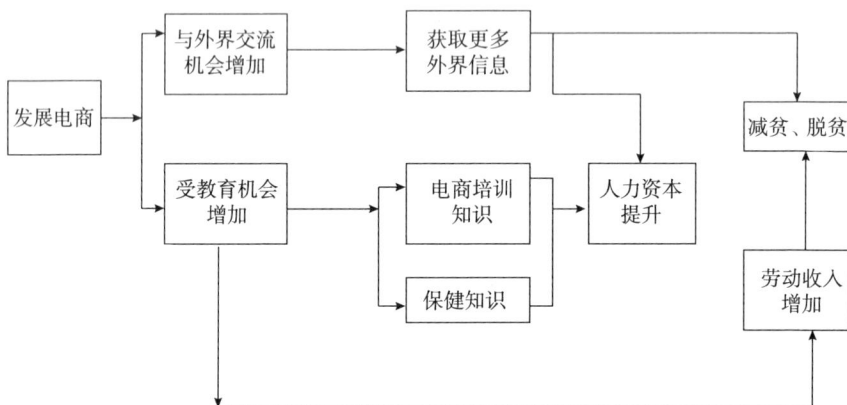

图2-11 电商增能赋能机制示意图

2.2.3 可持续生计理论

可持续生计分析框架（SLA）是由英国国际发展署（DFID）于 21 世纪提出来的，该理论框架主要是基于贫困性理论及规范化工作而发展起来的一种独立可推广的远期总体规划（Scoones I.，1998）。该理论主要用于解决发展中国家及地区居民的可持续生计问题。用"生计"的概念来表达农牧户的生产与生活状况，比收入的含义更广泛（费孝通，1998），"生计"的概念更能准确描绘农牧民的生产与生活的复杂性（李小云等，2007）。诺贝尔经济学家 Sen 对"生计"的定义更突出"可行能力"的重要性，其引入扩大了生计的概念，更重视人本身能力的发展（Martha G. Roberts、杨国安，2003）。DFID 将生计资本划分为自然资本、金融资本、人力资本、物质资本和社会资本五个部分，生计策略则是在这些生计资本基础上农牧户形成的生存、生活与生产的策略集，较为典型的就是可持续生计分析框架（见图 2-12），用来研究与解决农村贫困问题与环境问题（邰秀军等，2012）。

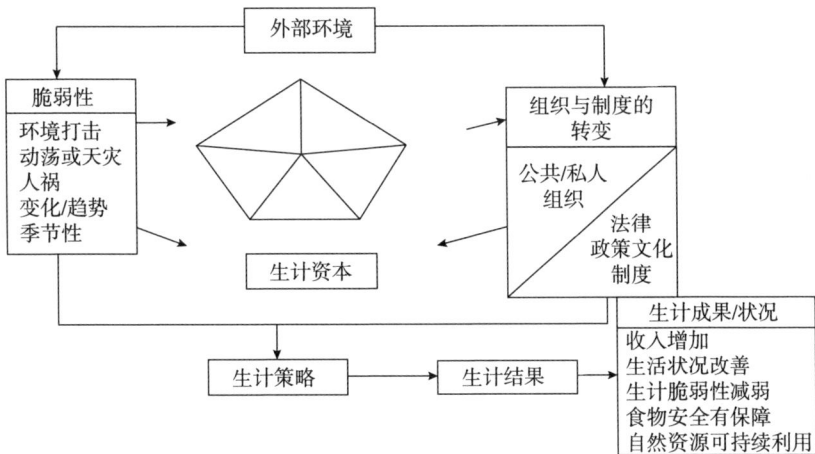

图 2-12 可持续生计理论框架

对于广大的农村牧区来说，贫困的表现形式是多样化的、多维度的。通过发展农村电商，一方面帮助贫困户解决市场信息获取难的问题，"丰收卖难"和销售渠道不畅通的问题，进而促进农牧民掌控订单权、市场定价权，提升贫困户的经济与社会地位；另一方面帮助贫困户获取各种信息（教育信息、健康信息等）、消费以及社会保障等，有利于贫困户提升自身能力（张岩、王小志，2016）。由此可见，贫困户的物质资本、金融资本、自然资本、社会资本以及人力资本五个生计资本不断改善，进而实现贫困户自身的可持续发展。

2.2.4 生态系统理论

生态理论框架（EST）是由 Bronfenbrenner 提出来的，该理论主要是用来检验贫困的减少程度以及某事件对扶贫的影响，按照时序，从外部到内部包含宏观系统（Mcrosystem）、外联系统（Exosystem）、中观系统（Mesosystem）和微观系统（Microsystem），具体如图 2-13 所示。该框架中的不同系统体现了影响因素的逐层递进关系以及佐证关系，由于农村电商与四个系统的密切关联，该系统框架能够很好地检验农村电商与贫困之间的关系。因此，以 EST 为理论框架，在宏观与外部系统中（在本书中统称宏观系统），主要包括地方产业、政府、大众传媒等因素，采用农村电商对贫困户扶贫效果的案例进行研究；在微观系统中，通过对贫困户进行实地调研获取市场准入、健康状况、受教育程度以及信息化程度等影响因素，来确定农村电商扶贫的作用机制（林海英等，2019）。

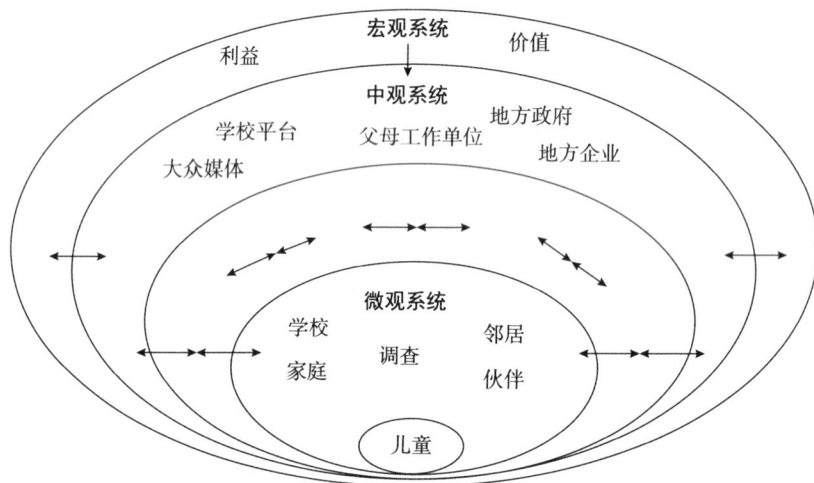

图 2-13 Bronfenbrenner's EST 框架

2.3　本章小结

　　本章主要针对已有文献和相关理论进行了详细梳理和全面回顾，为后文展开贫困户电商参与行为的影响因素分析、农村电商扶贫作用机制的理论推导以及农村电商扶贫效果的实证分析等内容奠定了理论基础。首先，相关概念部分介绍了信息技术相关概念，如信息化、"互联网+"、电商和农村电商，还介绍了贫困与反贫困相关概念、农村电商扶贫的概念，这些概念的介绍与厘清，对第 3 章的作用机制理论分析奠定了基础。其次，介绍了本书研究的理论基础：一是贫困治理相关理论，主要包括马克思主义贫困治理理论和习近平精准扶贫思想。二是农村电商扶贫理论，主要包括农牧户决策行为理论、农产品流通渠道变革理论、交易成本理论和电商市场理论。这些理论基础的介绍与分析为后续研究农村电商扶贫的作用机制和实证分析以及最后一章的对策建议的提出奠定了坚实的理论基础。三是可持续生计理论（DFID）和生态系统理论（EST）为本书中农村电商扶贫的作用机制的分析思路和整篇文章的框架提供了一定的借鉴。

第3章 农村电商扶贫的作用机制分析

结合前文的研究背景、研究意义和理论基础分析发现，内蒙古自治区开展农村电商具有一定的优势条件，农村电商扶贫是能够实现贫困主体获得感增强的关键扶贫方式。但是，在内蒙古自治区发展农村电商扶贫如何作用于贫困户？从哪些方面实现农村电商的贫困户扶贫效果？这些关键问题的理论推导与实践案例分析对发展农村电商扶贫、提高其作用效果具有一定的参考依据。

虽然内蒙古自治区发展农村电商是具有一定的基础和优势，但是整体农村牧区还是存在基础设施、贫困户思想意识、贫困户人力资本、资金与技术等方面的制约，尤其是在贫困地区仍然存在贫困户参与电商的积极性不高、贫困户的自身发展动力不足和合作意识不强等问题（林海英等，2019）。因此，本书强调在内蒙古自治区贫困地区要想实现贫困主体的获得感，并持续保持与增强，必须分析并建立农村电商扶贫的作用机制，将其与内蒙古自治区贫困地区的优势资源结合在一起才能充分发挥农村电商扶贫的作用效果。

农村电商扶贫的目的是要通过农村牧区电商的发展来带动当地经济的发展，帮助贫困家庭减贫脱贫（林广毅，2016），关键问题是如何推动农村电商的发展？如何确保农村电商的发展促进当地产业经济的发展？如何推动贫困主体参与其中，分享发展成果，实现能力的提升①？同时，不仅使贫困主体参与市场的机会增多，也可以通过当地的产业或者电商环境间接作用于贫困主体。根据汪向东学者的观点，贫困主体的获得感持续增强才是电商扶贫长效机制的核心和基础，而在贫困主体获得感中包含工业品"下行"，当然更重要的是农畜产品"上行"的销售问题，只有解决了农村牧区消费市场的供需问题，才能使贫困主体持续拥有获得感（汪向东，2017）。目前，内蒙古自治区的农村电

---

① 汪向东. 电商扶贫是什么，为什么，怎么看，怎么办？（上、中、下）[EB/OL]. 新浪博客，http：//blog. sina. com. cn/s/blog_593adc6c0102v74t. html，2014－10－06，http：//blog. sina. com. cn/s/blog_593adc6c0102v76l. html，2014－10－8，http：//blog. sina. com. cn/s/blog_593adc6c0102v7m3. html，2014－10－13.

商推动了农村牧区农畜产品"上行"①，贫困户通过网上销售农畜产品和特色产品，对接到网络终端消费者，不仅增加了网络信息获取能力，同时也提高了接触网络的能力，改变了原来在市场中的被动地位，得到了就业与创业机会，更重要的是增加了收入。

　　综合以上分析，汪向东、周海琴等学者已经阐明了农村电商扶贫的两大关键要素：市场和动力。在贫困的农村牧区发展电商有助于小生产者与更大市场进行对接，从而获得参与市场的机会和能力，改变原有市场地位的被动性，提高农牧户作为生产者的话语权地位。同时，由于贫困主体通过各种直接或间接的方式参与到农村电商的发展当中，获得了直接的经济效益，从而激发了其通过自身努力来实现扶贫的动力。电商扶贫是运用电商改善了贫困户的生产生活，促进了贫困地区的发展，主要包括帮助贫困户开网店、销售农畜产品、电商创业、在电商企业就业等内容，最终为贫困户节约支出、增加收入、提升人力资本。本书结合理论基础，以内蒙古自治区为研究案例区，以微观贫困户为研究对象，分别从贫困户的"增收""节支"和"赋能"的视角，结合理论与实际案例分析农村电商扶贫的作用机制。

3.1　农村电商扶贫的"增收"作用机制

3.1.1　理论分析

　　结合第二章理论基础与相关概念的介绍，贫困户参与电商主要包括：通过电商销售农畜产品、购买生活用品和生产资料，以及通过网络平台进行缴费、挂号等便民服务，在农村电商扶贫的"增收"作用机制分析中，运用理论模型主要针对贫困户农畜产品"上行"实现贫困户增收的问题进行理论推导和案例解析，因为在理论分析和实践分析中均发现农畜产品"上行"是贫困户"增收"的重要表现（聂凤英，熊雪，2017）。在农村牧区贫困户通过电商实现农畜产品"上行"的收益变化主要表现在销售量的增加和利润的增加（曾亿武，2018），进而使收入增加，获得更多收益。

---

　　①　基本数据和相关案例在第六章中有具体介绍。

决定某一商品的市场价格因素有很多，而经济学家们将其总结成供给和需求两大重要因素（高鸿业，2000）。本书中贫困户参与电商后家庭收入增加主要表现在销售量和利润两个方面。

依照行为经济学理论，农牧户在实施某种行为之前是理性的，且关注财富值的变化程度，对价格或潜在盈利机会有更快速的反应（Schultz，1964；丁际刚、兰肇华，2002）。农村电商兴起的经济本质是实现消费者和农村网商的双赢（曾亿武等，2018）。当参与电商后贫困户的净收益大于传统销售方式的净收益时，贫困户个体会选择电子商务销售。在农村牧区传统的销售模式是中间商收购，中间商在分销渠道中起到了连接贫困户和消费者的重要桥梁，因此中间商会利用信息与资源不对称优势，压低农畜产品收购价格，抬高农畜产品销售价格，从而获取高额利润。而电子商务市场剔除了中间商的作用，农牧户直接对接消费者，避免了双方的利益受损（Bakos，1998）。电子商务市场解决了信息资源不对称、分销渠道冗长的关键问题，在一定程度上缩短了农牧户与消费者的时空距离。电子商务通过传递有效的市场信息为贫困户提供有效的生产指导，有助于提升网商搜集和利用信息的能力，更好地引导生产（Baorakis et al.，2002），解除了滞销问题产生的根源，改善了贫困户自身市场地位，摆脱了中间商对价格制约的命运，增大了农畜产品销售的利润空间，进而实现电子商务"增收"的扶贫效果。

电子商务促进贫困户增收的内在逻辑还表现在销售量的增加。在网络市场发展过程中，电子商务为传统产业带来了较大变革，不是单纯地对传统市场的冲击，而是呈现出电子商务市场扩大效应（林广毅，2016）。众多研究也表明，电子商务能够促进贫困户扩大市场份额、挖掘潜在客户，以及开发新市场（Fraser et al.，2000；Baourakis et al.，2002；Montealegreet et al.，2007）。假定在传统销售方式中，农畜产品收购价格为 P_0，中间商等流通成本为 $C(n)$，n 代表中间商数量，此时对应的市场需求量为 Q，农畜产品市场价格为 P_1，即 $P_1 = P_0 + C(n)$；在电子商务市场中，农畜产品销售价格为 P_0'，流通成本为 $C(0)$，即没有中间商等分销渠道，此时对应的市场需求量为 Q'。中间商数量越多，流通成本越高，农畜产品市场价格越高（$P_1 > P_0'$），市场需求量 Q 明显小于 Q'。也就是说，在其他条件保持不变的情况下，电子商务市场促进了农畜产品市场需求量的增加。另外，搜寻成本的高低决定了消费者的购买成本和购买数量，搜寻成本越低，消费者购买选择越频繁（孙浦阳等，2017）。电子商务恰恰能够促进生产者和消费者之间的信息有效对接，消费者搜寻成本降低，让更多的消费者了解产品的内在价值与理念，加大了农牧户网商与消费者之间的购买粘性和口碑宣传度，将潜在消费者变为现实消费者，进而提高消费者的购买意愿，扩大其市场需求量。对于贫困户而言，市场需求量增加，销售量增加，农畜产品市场价格不再受中间商的压榨，提高了市场价格，流通成本又降低了，结合供需理论可知，农牧户的家庭纯收入是增加的，即体现了电子商务"增收"的扶贫效果。

如果部分贫困户在务农和不务农两方面做出选择时不选择务农，而是选择非农就业，这样贫困户同样获得了出租土地的经营性收入。自农村牧区发展电商以来，电商企业和服务业快速发展，为当地的贫困户提供了众多的就业与创业机会，在非农收入方面增加了工资性收入，使贫困户家庭总收入有所增加，实现贫困户的扶贫效果，减贫脱贫。

3.1.2　实践案例分析

"一把木耳"促进贫困户增收致富

木耳是扎兰屯市的特色产品之一，远近闻名。扎兰屯市是内蒙古自治区呼伦贝尔大草原南麓的一个县级市，是 2015 年内蒙古自治区第一批国家电商进农村综合示范县之一，农村电商的发展受到了业内人士的广泛关注，尤其张大妈"一把木耳"的故事，更是广为传诵。

张大妈是居住在扎兰屯市河西街道办事处回民村的一位贫困农民。黑木耳种植引导张大妈开启了创业路。2014 年，在参加了政府组织的黑木耳栽培技术培训班之后，张大妈毅然选择了种植黑木耳这个项目。由于资金和场地有限，便在自家院子里开始了创业之路。张大妈从三家借了 9000 元，请技术员帮助购买了 6000 袋黑木耳菌袋，开始种植黑木耳。了解到张大妈的家庭状况后，扎兰屯市黑木耳办带领技术人员对她家进行了跟踪式培训和技术指导。在张大妈的精心管理下，张大妈种植的黑木耳当年卖了 1.8 万元，不仅还上了外债，还净赚 9000 多元。

众筹相助，电商扶贫助推张大妈走上致富路。2015 年 1 月 26 日，扎兰屯市政府副市长陈秋霖邀请中国社会科学院信息化研究中心主任、国家"十三五"专家咨询委员会委员汪向东教授在扎兰屯市开展电商调研。在考察电商工作时，既认可扎兰屯市发展黑木耳帮助贫困农民脱贫致富的模式，更被张大妈的事迹所感动。在国家扶贫班友成基金会和特色淘宝的帮助下，张大妈筹集了资金 12.15 万元。张大妈有了资金，改变了地摆栽培的方式，建起了 300 多平方米的吊袋大棚，开始立体种植黑木耳。在 300 多平方米的大棚内，摆放了 10 层黑木耳菌袋，共计 2.2 万袋。张大妈视菌袋为珍宝，精心呵护，科学管理，吊袋黑木耳长势旺、产量高，晒干后黑木耳 2000 多斤。产品质量提高了，还要有销路。在扎兰屯市扶贫办、电商办等相关部门及社会各界好心人士的扶持帮助下，张大妈的黑木耳也打开了销路，通过电商公司将张大妈黑木耳销往全国各地。

随后，张大妈和他的儿子也在淘宝网开了"张大妈淘宝店"，开始网上销售。在张大妈的影响下，成立了木耳种植合作社，并将"一把木耳"作为产品品牌，利用电商办提供的电商销售技能，将"一把木耳"实现网络销售，善于琢磨的张大妈改变了以往的散装销售形式，通过人工挑拣，把黑木耳分成 5 个等级进行销售，价格从 45 元到 100 元不等，产品远销北京、山东、广东、海南等地。现在，张大妈的黑木耳插上了电商的翅膀飞向了全国各地，凭借外形美、口感好、绿色有机等优势，张大妈的黑木耳远近闻名、供不应求。2016 年、2017 年，张大妈"一把木耳"纯利润都达到 3 万多元。电商扶贫改变了这个曾经贫困的三口之家，也鼓舞了众多贫困户自己动手寻求创业门路、利用电商改变命运的决心。扎兰屯市电商扶贫成为新型的扶贫模式。

木耳合作社经营壮大产业发展。张大妈组织合作社村民合作经营，为合作社成员联系菌种、传播技术，拓展销路。合作社成员在张大妈的带领下，扩大了规模，销售量也提高了，增加了收入。

扎兰屯市政府对电商发展工作较为重视，将电商作为实施"互联网+"行动计划和大众创业万众创新的切入点，传统产业转型升级和新兴产业培育的新动能，改善人民群众生产生活方式的重要抓手，从而带动相关产业协同发展。在扎兰屯市类似于张大妈的案例还有很多，如"野菜姐""森林菇事""一片榛心""乡助""黑朵朵"① 等。

通过这些真实案例发现，电商能够快速发展与政府的支持和政策的倾斜是分不开的，电商对于贫困户在网上销售农特产品是可行的。正如前面的理论分析中体现的，在没有中间商的加入后，采用电子商务渠道销售，张大妈的"一把木耳"的利润空间增加了；在电商办提供技术支持后，产量增加了，又由于消费者购买的搜寻成本的降低，中间商销售渠道的减少，因此销售量也增加了，能够销往全国各地，销售范围也增加了；同时，这种电商扶贫模式带动

---

① 此内容来源于 2018 年暑期调研数据资料整理。

了其他贫困户的参与，进而实现脱贫致富，改善了当地贫困户的生活水平，激发了贫困户创业致富的热情，提供了多种就业渠道，促进当地的产业经济快速发展。目前，扎兰屯市电商呈现稳步发展的良好态势，2018 年上半年网上交易额 2.6 亿元，同比增长 23.8%；农畜产品"上行"交易额 3630 万元，同比增长 101%；速递物流 276 万件，较去年同期增加 59.2%；网店、微店 242 家（网店 107 家，微店 135 家），从业人员 3800 多人，带动贫困户就业 7600 多人。

结合调研数据发现，在扎兰屯调查的 88 户贫困户中，从事农畜产品"上行"的有 61 户，占总户数的比例为 68.5%①，"上行"销售的产品主要是扎兰屯市的特色产品，如木耳、榛子、野生蘑菇等，采用的电商销售平台主要是京东、苏宁易购、淘宝网、智惠网（当地创建的电商平台）、微信等形式，月销售量最高达 90000 元。通过电商发展农畜产品和特色产品"上行"，不仅能够解决产品销售渠道单一、销售难的问题，还能够增加贫困户家庭的收入，最终实现减贫脱贫。

3.2 农村电商扶贫的"节支"作用机制

3.2.1 理论分析

在农村电商扶贫的研究中，很多学者提出了贫困户参与农村电商能够减少相应的成本，具体表现在时间成本的降低、精力体力成本的降低、生活与生产资料交易成本的降低等方面。结合调研实践发现，本书中涉及的成本降低主要表现在两个方面，一是贫困户通过电商平台来购买生活和生产资料节约的交易成本，通过便民服务的提供节约了时间和精力体力成本；二是贫困户通过电商平台去销售产品比传统的销售方式节约交易费用和时间精力体力成本。将这两部分成本称为交易成本和劳动力成本，通过节约这两部分的成本来增加贫困户相对收入，最终实现减贫脱贫。具体情况如下：

第一类交易成本节约，即贫困户通过电商平台来购买和销售生活和生产资

---

① 该部分数据来源于 2018 年暑期调研数据整理。

料节约的交易成本，主要表现在两个方面：

一方面，购买生活与生产资料节约的成本。农村电商可以为贫困户生产经营所需的生产资料提供更丰富的选择。随着农村网购的兴起，越来越多的贫困户开始尝试并习惯网购，这其中就包括购买农业生产所需的种子、化肥、农药、农机等生产资料，以及其他生产经营活动所需的物资。虽然农村地区最主要的生产资料——农资电商进程才刚刚开始，但是事实显示，农资电商的发展有利于降低购买农资产品的费用。据阿里研究院的数据显示，2016 年 3 月~4 月，在为期一个月的"农村淘宝春耕大战"中，来自 27 个省份 300 个县 1.4 万个村的贫困户购买了超千万份的农资，节约了近亿元开销①。从长远发展趋势来看，政府在农村牧区发展电商时，会加大对农资电商的扶持力度，通过规范农资等生产资料的网上购买渠道，来实现生产经营性成本的降低。具体见后续对参与农村电商的贫困户作为消费者节约交易费用的理论模型的分析。

另一方面，与传统的销售方式相比，贫困户通过电商平台销售农畜产品，面对的销售对象、顾客群体比较广泛，不会由于农畜特色产品流通渠道的信息不对称而产生农畜特色产品积压严重或腐烂严重的问题。如果农畜产品借助电商平台去销售，贫困户可以选择恰当的时机，将自己生产的农畜产品通过电商企业或电商平台及时销售。通过电商平台销售农畜产品，避免经过多级中间商渠道，有效降低了销售成本，使最终消费价格甚至低于大多数实体零售商，从而有效降低了销售与消费之间的相互搜寻成本（孙浦阳等，2017）。由此可见，电商平台既解决了农畜产品的销售渠道问题，又能为贫困户节约交易成本，增加了销售收入的同时降低了贫困程度，电商扶贫的发展起到了一定的正向效果。

第二类购买生活用品和服务型产品节约的劳动力成本。由于我国经济发展长期存在二元性，导致大部分农村，尤其是交通不便的偏远乡村的商品市场发展较为滞后，很多村民的消费品采购往往只局限于村里的小卖部或镇上的小商店，不仅费时，而且可选范围较窄，同等质量的产品价格也较电商平台上偏高。但是，随着"互联网+"、物流行业的快速发展，地区性的电商企业逐步加大农村牧区市场的投入和布局，农村电商发展迅速，贫困户们对网购也产生了浓厚的兴趣。伴随着网购条件的成熟，贫困户们可以借助电商平台购买自己所需要的产品，并且价格不比城市居民花费高，与原来相比除节约了购买生活资料的成本外，贫困户通过网络购物还省去了大量的时间和精力，甚至节约了

---

① 数据来源于阿里农产品电商白皮书（2015 年发布）。

不少差旅费。

　　结合经济学理论中效用论和成本论，对农村电商扶贫的贫困户"节支"作用机制主要从经济成本和劳动力成本两方面进行理论模型分析。在经济学理论中涉及的成本包括显成本和隐成本，显成本是指生活与生产资料交易时节省的成本；隐成本是指贫困户参与电商时节省的劳动力成本，此时的劳动力成本包含了时间成本和精力体力成本。以下分别从节约劳动力成本和交易成本两方面进行理论模型分析。

3.2.1.1　节约劳动力成本的理论模型分析

　　效用是表示消费者在消费商品时所感受到的满足程度。基数效用论是解决消费者产生购买行为后所获得的效用，消费者对于购买的某种商品获得的心理满足感越大，效用越大（蒙亮，2017）。基数效用论主要区别了总效用和边际效用，总效用是某一定时间内消费者的效用总和，对于消费者来说总效用是一直处于增加的状态；而边际效用主要是消费者对于增加一单位商品的消费所获得的效用量的增量，边际效用一般是遵从递减的规律（高鸿业，2000）。但本书中涉及的购买生活用品和服务型产品时节约的劳动力成本体现在贫困户参与电商时的效用增加，主要表现在：劳动力的时间成本越小，也就是说闲暇时间越多，劳动力的精力体力越多，非农就业时间就越长，非农收入越大，劳动力的效用就越大，而不存在边际效用和购买数量与次数的关系。利用劳动力供给曲线来表示，横轴是贫困户劳动力的时间 H，纵轴是贫困户的非农收入 Y，具体如图 3-1 所示。

　　根据西方经济学中的劳动力要素市场供需理论可知，贫困户会将在参与电商后节省的时间和精力体力进行再分配，也就是进行时间配置和劳动力供给。假设贫困户的总时间为 H_t，直线 EY_0 代表贫困户的预算线，当劳动力的价格（工资）上升后，预算线会绕着 E 点顺时针旋转到 EY_1 和 EY_2，分别与无差异曲线相切于 B、C 点。均衡点 B 和 C 对应的闲暇时间为 H_1 和 H_2，从而相应的劳动供给量分别为（$H_t - H_1$）和（$H_t - H_2$），进而得出了劳动力供给曲线为 PEP，对应的无差异曲线的斜率绝对值表示贫困户闲暇时间和收入的边际替代率，即劳动者保持效用水平不变的情况下，为多享受一单位闲暇时间而愿意放弃的收入数量。由于贫困户在参与电商的购买、网络缴费以及挂号等便民服务，贫困户的闲暇时间由初始的 H_0 变为 H_1、H_2，根据图 3-1 的分析看出，在拥有 H_1 和 H_2 的闲暇时间时，贫困户所对应的效用值都大于初始效用值，即 $U_1 > U_0$，$U_2 > U_0$，这表明贫困户在享受电商带来便利后或参与电商购买后，节

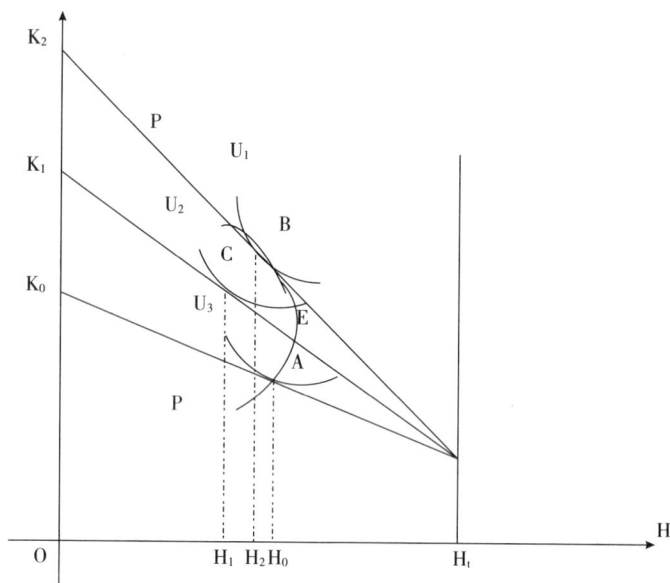

图 3-1　基于劳动力供给曲线的农村电商扶贫的"节支"作用机制

约了时间成本，有更多的精力与体力去获取更多的收入，从而会增加贫困户的效用值。但是根据 PEP 劳动力曲线"向后弯曲"的特点，贫困户的闲暇时间为（$H_t - H_2$）时效用值最大，这当然跟贫困户在闲暇时间获取的非农收入是有直接关系的，贫困户利用闲暇时间参与电商企业的生产环节，非农收入增加。如果非农收入越多，贫困户的生活满意度就越高，贫困户的贫困程度就会降低，最终实现了农村电商扶贫的"节支"效果。

3.2.1.2　节约交易成本的理论模型分析

本部分针对贫困户作为消费者在电商平台上购买生活和生产资料节约的交易成本进行理论模型的推导。消费者购买物品的最终目的是从物品中获得满足。经济学家称这种满足为效用，是消费者的一种主观评价。不同消费者为了得到某种商品所愿意支付的最高价格，成为支付意愿和保留价格。而消费者总是想以尽量低的价格购买商品，因为价格下降会使消费者的福利状况得以改善。消费者剩余就是消费者的保留价格与市场价格之间的差额。把一个消费者购买某种商品所有数量的差额累积起来，就是消费者的个人总消费者剩余，把购买某种商品的所有消费者剩余加起来，就得到一个市场的总消费者剩余。在本书中由于贫困户通过电商平台购买生活和生产资料时，所购买商品的价格与市场价格之间存在差异，市场价格是统一的，贫困户在最优购买量之前的保留价格高于市场价格，从而形成了消费者剩余。

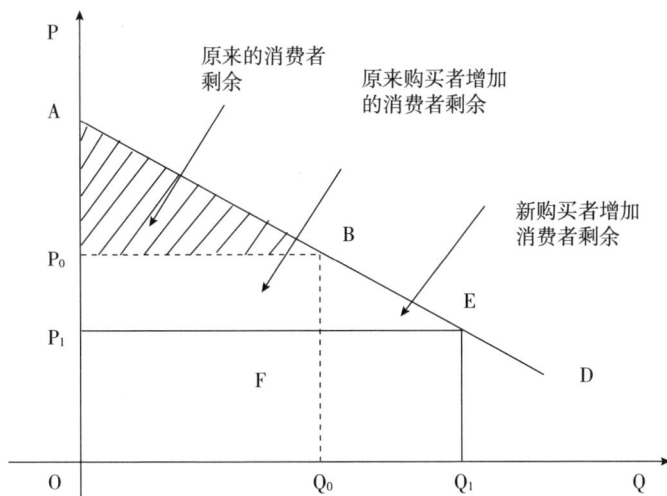

图 3-2　基于消费者剩余的农村电商扶贫的"节支"作用机制

如图 3-2 所示，根据供需理论，贫困户通过电商平台购买的生活或生产资料等产品供给量相对农村牧区实体店来说更大，选择更多样化，价格相对原来是下降的。调研实践显示，贫困户尤其在春耕期间需要购买大量的生产资料（种子、化肥等），而贫困户的现有资金有限，就会考虑对周边市场的实体店赊账或者贷款购买，这样就会产生相应的利息和手续费以及运输费等费用，贫困户家庭支出成本就会增加。反过来，贫困户在电商平台上购买，部分平台会免费为贫困户提供贷款和运输等服务，为贫困户节约了相应的成本，间接体现在平均生产资料上的价格就会下降。因此，对于贫困户来说，在电商平台上购买的产品价格会由 P_0 降低到 P_1，在购买量不变始终保持 Q_0 时，贫困户的消费者剩余如图中的阴影部分 ABP_0 的面积增加到 $ABFP_1$ 的面积，增加的消费者剩余是 P_0BFP_1；随着贫困户的熟知和口碑宣传效应的扩大，新的购买者也会加入市场，因为他们都愿意选择在较低价格下购买商品，此时的市场需求量由 Q_0 增加到 Q_1，消费者剩余也相应地增加 BFE 的面积，此时，消费者的福利水平和生活水平是有所提高的。

消费者剩余的增加主要是由价格下降引起的，而根据成本的计算公式可以看出，贫困户在电商平台购买生产和生活资料时，节约的成本公式为：

$$C' = (P' - P) \times Q \tag{3-1}$$

其中，C′表示贫困户在电商平台购买的生活与生产资料时节约的成本；P′表示保留价格，即贫困户愿意支付的最高价格；P 表示贫困户购买的实际价格。由式（3-1）可知，实际购买价格由 P_0 下降到 P_1，保留价格对同一部分消费者来说是不变的，总的购买量由 Q_0 增加到 Q_1，贫困户总的节约成本就会增加，跟消费者剩余的结论是一样的。

交易成本的节约不仅体现在网络购买环节上，同时还体现在网络销售上。从前文中的分析可以发现，贫困户通过电商实现农畜产品"上行"时，中间商数量减少，流通成本降低，节约的流通成本成为交易成本的重要组成部分。

因此，贫困户在参与网络购买与网络销售时均能够节约成本，进而实现福利水平的提高，实现减贫脱贫。

3.2.2 实践案例分析

"E 农贷"助力农资电商节支

内蒙古自治区农村牧区新型农村经营主体面临的"融资难、融资贵"的问题日渐突出，如何强化金融服务方式的创新，创新出比较适合农村牧区贫困户的金融产品，将金融服务的水平提高，解决新型农村经营主体面临的"融资难、融资贵"的问题？扎兰屯市农村信用合作联社联手"智惠网"利用"金融机构+互联网+农户"的方式，打造出差异化的金融惠农产品"E 农贷"，大大降低了贫困户融资成本，提升自身抗金融风险能力，扩大了农村金融使用规模和覆盖面。"智惠网"——农村电商和县域网络经济的综合服务平台，利用互联网工具为农村牧区的生产生活提供"最后一公里"物流运输、普惠金融服务、信息化建设等服务。"智惠网"商城坚持以严格的品质把控为指导方针，提供农村牧区所需的生产资料、石油、农机农具、家电通信、日用消费品等。

"E 农贷"是"智惠网"与扎兰屯农村信用合作联社联合打造的助农惠农产品，通过互联网整合供应链取替中间环节的能力，把节约的成本以利息方式补贴给贫困农牧民，使贫困户享受 0 利息金融惠农服务。"E 农贷"的核心优势表现在以下方面：①便捷。贫困户通过"智惠网"或者村级服务站申请贷款，信用社网上初审资格，"智惠网"平台消费，智惠物流及时送货到家。②安全。"智惠网"保证贷款金融用于农业生产消费，大数据评估信用，提高金融机构风险管控效率，全程可追溯。③节支。贫困户使用"E 农贷"可享受无息政策，实现贷款 0 利息。"智惠网"组织销售生产资料、生活用品，减少中间环节，降低价格，保证产品价格绝对优势，免费送货，降低贫困农牧民生产生活成本。④循环。贫困户一次授信循环使用三年。

其中，节约成本是"E农贷"深受贫困户欢迎的主要原因。在呼伦贝尔的扎兰屯市，总耕地面积达 359 万亩，是种植面积规模较大的地区之一，贫困户家庭在春耕期间的生产资料成本数额较大，根据 2018 年调研数据显示，扎兰屯市贫困户家庭最高耕地总面积为 368 亩，按照每亩购买化肥和种子等生产资料需要 420 元来计算①，共计需要 154560 元/年。这对于很多贫困户家庭来说，购买生产资料的资金不足，只能采取"赊账+多付费"的形式来解决资金不足的问题。

扎兰屯市农村信用合作联社利用"智惠网"电商平台取替中间环节的特点以及整合供应链资源的优势，结合农村金融信贷在生产生活方面的使用需求，在传统金融机构与农牧户之间用互联网平台服务做嫁接，2017 年开始以扎兰屯部分农村牧区试点开始尝试"E农贷"与"智惠网"合作，为扎兰屯市的贫困户提供农牧业生产资料（种子和化肥等）购买成本贷款，使贫困户的贷款年利率由之前的 9 厘降低至 3.5 厘，贫困户利用手机在"智惠网"电商平台上购买农牧业生产资料。由于担心贫困户对于网络购买的产品不放心和品牌不熟悉，"智惠网"电商平台将贫困户常用的农牧业生产资料的品牌集中起来，全部在"智惠网"电商平台销售，这样做既打消了贫困户的疑虑，又能让贫困户体会网购带来的便利。在"智惠网"电商平台购买的农牧业生产资料会由"智惠网"包邮，利用当地的"四通一达"物流运输公司送货到家，这样节约了两部分成本：一部分是运输成本，贫困户在周边市场实体店购买的农牧业生产资料还需要花运费运送到家，调研中发现，贫困户如果需要将农牧业生产资料（化肥）运送到指定地点，还需要付每一袋化肥 3 元钱的运输成本。另一部分是赊账多付的费用，由于很多贫困户在春天购买农牧业生产资料时资金不足，只能赊账，秋天再还款。例如，贫困户购买化肥，经销商会收取贫困户 5 元/袋的赊账费，按照从春天到秋天间隔 5 个月的时间，经过财务管理的年均终值计算公式（荆新等，2018）算出贫困户贷款购买一袋化肥平均111.16 元，而贫困户赊账买一袋化肥产生的成本为 118 元，每一袋化肥为贫困户节省了 6.84 元，对于种植大户来说当年节省购买成本高达 15000 元左右，节约成本比率达 10% 左右。

---

① 该部分数据主要是根据农牧户调研和访谈数据计算得来的。

"E 农贷"受到了贫困户的高度认可，2017 年做出了 3500 万元的规模，为贫困户生产生活节约了 10% 的成本，这是市场化解决金融成本的一次突破。在 2017 年试点成功的基础上，2018 年信用社领导加大对"E 农贷"的利率支持力度与投入规模，继续与"智惠网"合作，为贫困户提供免息的服务，并为简化手续，提供一次性授信可以三年循环使用的创新服务，为农村提供生产生活的零金融使用成本，同时对需求在 3 万元以下信用良好的农民提供免抵押、免担保服务，解决了一直困扰农村牧区贷款担保难的问题。2018 年 9 月新政策实施以来，仅一个月时间农民自动报名申请使用金额在 6000 万以上，直接为农民节约 600 万元的利息支出。由此可见，"E 农贷"解决了贫困户融资问题、生产资料的购买问题，同时为贫困户参与电商提供了保证，并使贫困户在利用电商购买后节约了部分支出。

3.3 农村电商扶贫的"赋能"作用机制

3.3.1 理论分析

结合第二章理论基础中的人力资本理论，首先界定一下赋能，它主要包括受教育水平、专业知识、经营技能、健康投资能力和幸福感赋能等方面，以下内容均是结合这几个方面阐述的。随着"淘宝村"的大量涌现，农村牧区的电商活动也如火如荼地发展起来，带动了一大批贫困户自主学习开展电商活动，贫困户自身对电商交易技能的掌握和应用是基础，因为没有掌握这些操作技能，不仅会增加搜寻成本，还会影响收入的增加。由于人的趋利性特点，贫困户会积极主动参与当地政府组织的电商技能培训，包括互联网的认知、网络销售技巧及营销手段等，贫困户的主要目的就是要实现家庭利益的增长。由于利益驱使，贫困户会积极主动获取电商销售的机会，掌握市场动态，这样更有利于电商销售操作技能的掌握，实现整体发展能力的提升，即人力资本的提升。同时，贫困户利用互联网查询一些健康知识和健康投资渠道等，提高了贫困户健康水平。这些新的电商技能对于贫困户来说尤为重要，贫困户通过参与电商活动，提升自身发展能力，实现脱贫致富，阻止返贫现象的出现。由此可见，电商扶贫能够提升贫困户自身生存技能和内生发展动力，人力资本有所提高，从而实现电商扶贫的赋能效果。

人力资本的提高最直接的外在表现就是劳动者工资的变化（梅翔，2018）。劳动者工资差别的原因很大程度上是因为在不同劳动者之间存在技术水平和受教育程度等方面的差别，根据美国具有不同教育水平的男性劳动力年均收入（见表 3-1）可以看出，劳动力的年均收入跟受教育程度有直接关系。

表 3-1　1970 年美国具有不同教育水平的男性劳动力的年均收入

单位：美元

年龄 受教育程度	25~34 岁	35~44 岁	45~54 岁	55~64 岁
初中毕业	6235	7393	7384	6745
高中毕业	8138	9673	10201	9466
大学毕业	10679	15714	17668	17004

资料来源：D. 白劳德等 . 劳动经济学［M］. 北京：科学普及出版社，1989：105.

个人具有一定的技能或受过相关知识的培训，可以持久地获得高收入，这些技能对个人来说是有价值的，就像教育、保健和接受培训等人力资本投资的形式，跟其他形式的投资一样，技能培训、教育投资和健康投资均表现为劳动力技能熟练和不熟练两种类型，体现在供需规律中 W、L 的变化图（见图 3-3）。

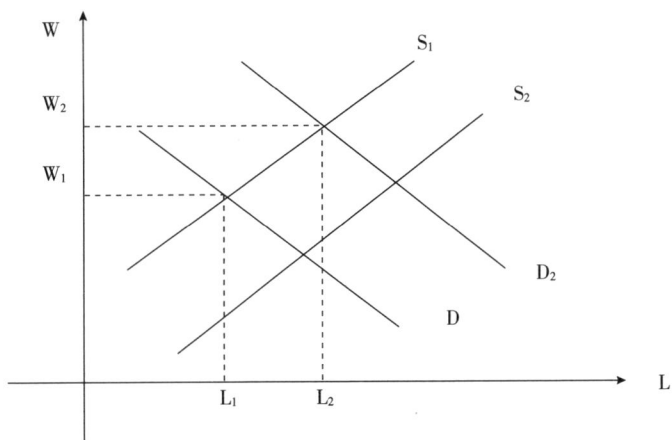

图 3-3　熟练劳动力和不熟练劳动力的工资差异

从图 3-3 劳动力的供给和需求曲线来看，S_1 和 S_2 表示熟练和不熟练劳动力的供给曲线，D_1 和 D_2 表示熟练和不熟练劳动力的需求曲线，从图 3-3 中可知，增加教育投资、健康投资和技能培训会增加劳动力的均衡工资，使劳动力变成具有异质性的群体。人力资本的形成及其存量的增加主要靠人力资本投资来进行，劳动力自身素质如知识结构、技能状况、生理与心理健康状况等构成了人力资本的实体。按照人力资本投资的主要形式有正规教育、职业技术培训、健康保健以及劳动力迁移四个方面，因此人力资本投资主要取决于教育投资（正规教育和职业技术培训）、健康投资和迁移流动，教育投资和健康投资是提高人力资本的重要影响因素（高鹏飞，2018）。因为在调研中发现，所调查的贫困户受教育程度普遍偏低，受教育年限较少（均值 4.12），而从事农村电商，对职业技能要求较高，受教育年限、职业技能培训和健康程度都是反映该贫困户劳动力的人力资本质量的因素，所以，在分析电商扶贫"赋能"效果的作用机制时其实是对人力资本提升进行理论分析。

基于"成本—收益"理论对农村电商扶贫的"赋能"作用机制进行具体分析。本书中涉及的贫困户接受教育、技能培训及健康知识获取与学习是需要成本的，根据舒尔茨的人力资本理论，人力资本在货币形态上表现为提高人力素质的各项支出，如教育支出、职业技能培训支出和卫生保健费用支出等，同时包括时间成本的支出（刘仙梅，2010）。虽然内蒙古自治区农村牧区的示范县从电商发展初期到现在，每年都不同程度地培训贫困户一些电商操作技能和网店经营技巧，主要是一些基础性培训，增值性培训较少，这些培训大部分是免费的，但是受时间和场所的限制，并不能实现全面、深入的电商操作技能培训。由于贫困户想快速掌握电商操作技能和物流运输技巧进行网络销售、健康保健投资等，他们会自己花钱学习相关知识，从而提高人力资本。综合考虑，这里涉及的人力资本投资的四个方面都可以用时间来界定，即用受教育年限、职业技能培训的时间、健康投资时间或者无病时间和迁移流动时间来表示人力资本投资的大小，时间越长，表明人力资本投资额越大。

如图 3-4 所示，为了便于说明问题，将人力资本投资的供给曲线表示为图中的向右上方倾斜的直线 S，D 表示人力资本的需求曲线，横轴（H）表示贫困户为提高人力资本所付出的时间，横轴由左到右代表着贫困户在人力资本上的投入时间越长，人力资本投入越大，成本就越大，即 H_2 对应的成本大于 H_1 对应的成本；纵轴表示贫困户的边际收益（I）；当 S 与 D 相交于点 A 时，表示此时人力资本投资的边际收益（I）与边际成本（R）相等，对应的 H_2 表示供求均衡状态下的人力资本投资水平。按照"成本—收益"理论分析，贫困户想快速掌握相关技能进行网络销售、健康保健投资等行为时，会加大投入时间，因为加大投入时间虽然会使投入成本增加，但收益也是增加的。图中的阴影部分面积的变化，是随着人力资本投入时间由 H_1 增加到 H_2 时，对应的贫困户的收益由面积 CEH_1O 增加到 CAH_2O，增加面积为 EAH_2H_1，即消费者剩余（CS）是增加的，这个增加的面积就是因为人力资本投入时间增加，由于参与电商活动带来的人力资本投资额增加，同样也会提高由于人力资本投资增加而带来的收益，进而实现电商扶贫的"赋能"效果。

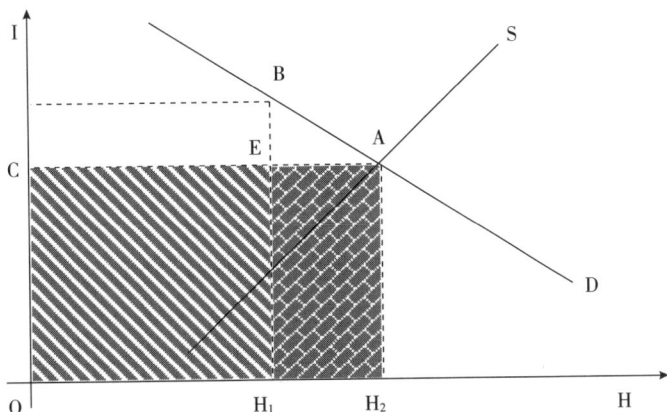

图 3-4　基于"成本-收益"的农村电商扶贫的"赋能"作用机制

3.3.2　实践案例分析

电商培训助力贫困户"赋能"[①]

内蒙古自治区通辽市奈曼旗是国家级重点扶贫县、2016 年国家级电商进农村综合示范县，奈曼旗积极抢抓国家推进"互联网+"工程的战略机遇，大力培育示范主体，推进创新模式，按照"政府引导、企业搭建、市场运作、服务群众"的思路，大力推动电商发展。2016 年，奈曼旗紧抓国家级电商进农村综合示范旗的有利契机，进一步发展电商进农村牧区工作。截至目前，奈曼旗本土电商企业达到 60 家，嘎查（村）级电商服务站达到 486 个，电商从业人员达到 1500 人，交易额达到 2.3 亿元；建设电商扶贫村 15 个，电商示范村 8 个，培

---

① 资料来源于内蒙古自治区通辽市奈曼旗电商办。

训贫困人口 1019 人次，帮助建档立卡贫困户实现销售 23.9 万元，增收 8.76 万元，电商交易额达到 1.6 亿元。电商培训能够助力贫困户"赋能"，提高人力资本，进而掌握操作技能脱贫而不返贫。具体表现在以下三个方面：

第一，奈曼旗为了打造区域性电商扶贫服务中心，以"电商进农家·致富你我他"为主题，采取"支部+电商+扶贫"模式，在全旗 75 个建档立卡贫困村中选择具有特色产业基础的村，确定贫困户和贫困人口，实施电商扶贫工程。建设电商扶贫服务中心，在中心开展网上购物、人员培训，主要培训网上开店、网上赚钱等电商相关技能；帮助具备网购技能的贫困户开设网店，推行电商"技术到户"，扶持他们自己创业，实现贫困人口人均增收 1000 元以上，做到电商精准扶贫；每个电商扶贫服务中心辐射周边 7~8 个扶贫村，形成区域性电商扶贫聚集区。

第二，通过奈曼旗"品农网"直接与贫困户对接，帮助贫困户开设网站、网店、微店，教授电商销售技能和物流运输技巧，利用电商形式营销推广，拓宽贫困户种植、养殖产品销路，达到增收致富目的。目前，已开设网站 50 个、网店 120 个、微店 150 个，主要销售本地农特产品，包括小米、荞麦、甘薯粉条、民族食品和手工艺品等，实现 50 个贫困户 160 名贫困人口人均增收 500 元以上。

第三，利用三种形式让贫困户通过网络赚钱。一是淘宝赚钱系统，为淘宝商家提供推广服务；二是手机赚钱系统，为手机 APP 商家提供推广服务；三是微商赚钱系统，为微信商户提供推广服务，带动 50 名贫困人口学会网上赚钱技能，实现人均增收 500 元以上。

多种形式的电商脱贫致富都是由于政府等相关部门为贫困户提供了大量的培训，贫困户自身积极主动利用自己的时间学习相关知识。据统计，奈曼旗针对贫困户开展以农畜产品网销、网购平台介绍为主的普及式培训；针对想通过电商创业的人员开设以各大电商平台的店铺注册、定位、装修、运营推广及客服管理为主的电商创业基础班及精英班；针对农村电商服务站信息员开设以平台销售、物流软件应用、农村信息服务、农产品销售技巧等内容为主的技能培训班。通过推进电商培训进农村、进机关、进社区、进企业、进学校等，加强对电商的推广普及，转变理念，营造良好的社会氛围和群众基础，逐渐形成广泛的用户群体。截至目前，奈曼旗累计开设各类电商培训 52 场、4388 人次，内容涵盖移动电商应用、电商运营推广、农畜产品电商营销推广等方面。通过培训，推动近 52 户传统商户实现电商应用，新孵化各类网商 25 户。全面和及时的培训工作提高了贫困户的人力资本，将电商技能赋予贫困户，使贫困户随着培训次数的增加，操作技能越发熟练。当贫困户掌握的电商操作技能达到一定标准时，人们开始自己从事电商销售和电商购买。同时，很多因病致贫的贫困户通过在网络上查找生病的原因、如何预防等知识以及医疗保险投资等信息，人力资本得到大幅提升，电商赋能且不返贫成为现实。

　　综上所述，以微观贫困户为研究对象的农村电商扶贫的作用机制主要体现在电商及服务业的发展、网络销售、网络购买生活与生产资料及服务型产品、参与市场的机会、参加交流的机会、学习各种电商技能和健康投资的机会。如图 3-5 所示，首先，贫困户通过参与电商与服务业发展，推动了农畜产品"上行"，增加了创业和非农就业的机会，进而提高了经营性收入，从而增加了家庭总收入；其次，贫困户通过网络销售农畜产品和网络购买生活、生产资料及服务型产品等，节约了交易成本和劳动力成本；最后，贫困户通过参与市场（定价、销售等）的机会、参加交流的机会及学习各种电商技能和健康投资的机会，掌握了电商等相关操作技能，提升了学习能力，加强了健康投资能力，锻炼了买卖能力，有了这些能力，贫困户的整体人力资本有所提升，进而增加了收益。

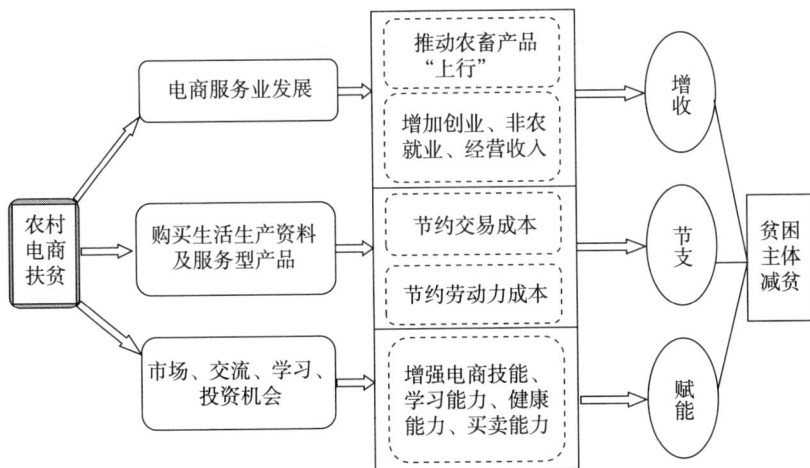

图 3-5　农村电商扶贫的作用机制框架

3.4　本章小结

　　本章以内蒙古自治区为研究案例区，以微观贫困户作为研究对象，结合理论推导与案例解析对农村电商扶贫的微观作用机制进行分析。首先，运用供需理论对农村电商扶贫的"增收"作用机制进行理论分析，并结合实践案例进一步说明农村电商扶贫的"增收"作用机制；其次，运用劳动力供给、消费者剩余理论对农村电商扶贫的"节支"作用机制进行理论分析，并结合实践案例进一步说明农村电商扶贫的"节支"的作用机制；最后，运用《劳动经济学》中的"成本—收益"理论从理论上分析农村电商扶贫的"赋能"作用机制，并结合实践案例进一步说明农村电商对贫困户具有一定的"赋能"效果，能够促进人力资本的提升。本章农村电商扶贫的作用机制的分析为后续实证分析奠定基础。

第4章 调查样本区电商发展概况、样本选择及典型性分析

本章以内蒙古自治区作为调查样本区，首先对内蒙古自治区农村电商发展的现实基础进行分析，其次对调查样本选择及数据来源、调查问卷及调查方法、问卷的信度与效度、样本村及样本贫困户家庭基本特征等内容进行详细分析，最后对调查样本区的典型代表性进行对比分析，为后续实证分析和政策建议的提出奠定基础。

4.1 内蒙古自治区农村电商发展的现实基础

4.1.1 内蒙古自治区农村电商发展现状

随着互联网普及率不断提高，电商快速发展，越来越多的贫困户通过电商实现了脱贫致富（汪向东、王昕天，2015）。而我国的贫困户大部分集中在农村牧区，因此农村牧区是主要的扶贫基地（周海琴、张才明，2012；接家东，2017）。正是鉴于电商给部分农村牧区带来的巨大变化，自2014年以来，商务部和财政部共同开展了电商进农村综合示范工作。截至2018年底，国家商务部共批准1016个县作为电商进农村综合示范县，并逐年向西部民族贫困地区倾斜。其中，2014年的56个国家级示范县中7个属于西部贫困地区，占比12.5%；2015年的200个示范县中94个示范县属于西部贫困地区，占比47%；2016年的240个示范县中164个示范县属于西部贫困地区，占比68.33%；2017年的260个示范县中144个属于西部贫困地区，占比55.38%，其中237个为国家级贫困县，占总数的91.2%，重点贫困和欠发达革命老区县23个，占总数的8.8%；2018年的260个示范县中有205个为国家级贫困县，占总数

的 78.8%，欠发达革命老区县 17 个，占总数的 6.5%。目前，内蒙古自治区自 2015 年实施电商进农村综合示范项目以来，拥有国家级农村电商示范县共 47 个，全国排名第八，其中国家级贫困县占比高达 80.9%。内蒙古自治区政府筹集中央资金和地方内贸专项资金 8.6 亿元发展农村电商，发展基础较好。截至 2018 年底，全区建设并投入使用县级电商公共服务中心 43 个，乡镇（苏木）、村（嘎查）两级电商服务站 4069 个；35 个示范县对县城到村物流资源进行了整合，累计建立县级物流配送中心数量 37 个，乡镇（苏木）快递网点数量 593 个；示范县共计收件 18693.3 万件，发件 5547.1 万件，快递物流价格比 2015 年平均下降 40%；农村电商累计培训人员 34.2 万人次，电商带动就业 3.8 万人；农村电商累计实现网络零售额 170.6 亿元，新增网销单品 6157 个，网购金额 783.2 亿元①。本书分析了内蒙古自治区农村电商扶贫的现实基础，指出其存在的主要问题，为政府及相关部门制定电商发展规划提供参考，进而更好地推动内蒙古自治区农村电商扶贫快速、健康发展，使其发挥出更大的成效。

4.1.1.1 出台了促进农村电商发展的规划和政策

在国务院、商务部、财政部等部委的高度重视下，内蒙古自治区人民政府对农村电商也给予了高度重视，内蒙古自治区人民政府及相关部门相互协作，相继出台了一系列支持农村电商发展的政策，为农村电商的发展营造了良好的政策环境。

（1）顶层设计方面。2015 年，内蒙古自治区商务厅制定了《内蒙古自治区 2015 年电商进农村牧区综合示范工作总体方案》《关于加快发展农村牧区电商的意见》，推动农村牧区电商发展，为农村电商发展提供指引；与此同时，印发《农村电商工作指引》和《农村电商服务规范》，提出如何操作的实操建议；编印《历年电商政策汇编（1996—2015 年）》，为示范地区管理和应用电商提供政策指导和服务。2016 年 8 月，内蒙古自治区人民政府印发了《关于推进农村牧区电商加快发展的实施意见》，从宏观层面阐述了农村牧区电商发展的目标和主要任务，并且明确了各相关部门的具体职责。2017 年，内蒙古自治区人民政府发布关于《推动实体零售创新转型实施方案》，指出促进零售企业线上线下融合发展，鼓励线上线下优势企业通过战略合作、交叉持股、并购重组等形式整合市场资源，培育线上线下融合发展的新型市场主体。2018 年 6 月 4 日，内蒙古自治区商务厅发布了《内蒙古自治区商务发展"十

① 数据来源于内蒙古自治区商务厅（http://www.nmgswt.gov.cn）。

三五"规划》，该规划中谈到，推动农村牧区电商发展，选择具有一定规模的
涉农涉牧电商服务平台、拥有一定数量电商服务网点、已有一定辐射能力的专
业电商企业作为农村牧区电商试点承办企业，支持其依托现有实体网点，发展
面向农村牧区生活服务业的电商，将发展农村牧区电商作为精准扶贫、稳定脱
贫的重要手段①。2018 年 8 月 4 日，内蒙古自治区人民政府办公厅印发《推进
电商与快递物流协同发展的实施意见》，推进电商与快递物流协同发展，有利
于快递物流转型升级、电商提质增效，有利于技术标准衔接统一、供应链协同
创新，有利于扩大消费、提升用户体验，更好适应和满足网购消费者美好生活
需要②（表 4-1）。这些政策的制定与发布充分体现出政府相关部门对农村电
商的重视程度，也为农村电商快速发展提供良好的发展环境。

表 4-1　农村电商发展的规划和政策一览表

年份	政策名称	制定部门
2015	《内蒙古自治区 2015 年电商进农村牧区综合示范工作总体方案》	内蒙古自治区商务厅
2015	《关于加快发展农村牧区电商的意见》	内蒙古自治区商务厅
2016	《历年电商政策汇编（1996—2015 年）》	内蒙古自治区商务厅
2016	《关于推进农村牧区电商加快发展的实施意见》	内蒙古自治区政府
2017	《推动实体零售创新转型实施方案》	内蒙古自治区政府
2018	《内蒙古自治区商务发展"十三五"规划》	内蒙古自治区商务厅
2018	《推进电商与快递物流协同发展的实施意见》	内蒙古自治区政府

资料来源：内蒙古自治区政府网站整理。

（2）法律法规保障方面。为了促进电商持续健康发展，规范市场秩序，
保障电商活动中各方主体的合法权益，全国人大常委会对《中华人民共和国
电商法（草案）》于 2016 年 12 月进行第一次审议，于 2018 年 6 月进行第三
次审议，至 2018 年 8 月 31 日，《中华人民共和国电商法》，在第十三届全国人
民代表大会常务委员会第五次会议通过审议，对电商经营者、电商平台经营、
电商促进等方面的法律责任和法律履行进行了明确规定，努力营造电商创新发
展的市场环境，充分发挥电商在推动高质量发展、满足人民日益增长的美好生
活需要等方面的促进作用③。

---

① 内蒙古自治区商务厅，《内蒙古自治区商务发展"十三五"规划》。
② 内蒙古自治区政府办公厅政策发布（http：//www. nmg. gov. cn/）。
③ 中国人大网（http：//www. npc. gov. cn/）。

（3）农村基础设施建设方面。2013年3月，内蒙古自治区通信管理局印发《内蒙古自治区"宽带中国2013专项行动"实施方案》，方案制订了农村宽带普及计划，持续推进农村牧区宽带网络建设，扩大宽带网络覆盖范围，实现新增500个行政村通宽带。2016年3月，内蒙古自治区交通运输厅印发了《内蒙古自治区农村牧区公路及街巷硬化工程质量监督指导意见》，对农村公路建设情况的监督工作做了具体的规定，对农村道路的质量进行严格把控。2016年4月，内蒙古自治区人民政府印发了《关于促进快递业发展的实施意见》，其中明确了全区快递业发展的指导要求、发展目标、主要任务和保障措施等内容，为内蒙古自治区快递业发展提供了有力的政策支持。2017年2月，内蒙古自治区人民政府印发了关于《内蒙古自治区信息化发展"十三五"规划》的通知，提出要显著增强电信普遍服务能力，使农村牧区享受基本电信和广电服务，到2020年，行政村通宽带比例达到98%以上。在内蒙古自治区人民政府印发的《关于推进农村牧区电商加快发展的实施意见》中提到，到2020年底，全区农村牧区电商交易规模年均增长30%，其中农畜产品网络销售额年均增长20%；旗（县）、乡镇级农村牧区电商综合服务平台站点覆盖率分别达80%、60%，村级电商服务点覆盖率达50%；培训农村牧区电商人员20万人次[①]。2018年6月，内蒙古自治区人民政府办公厅为贯彻落实《国务院办公厅关于推进电商与快递物流协同发展的意见》（国办发〔2018〕1号）精神，进一步提高全区电商与快递物流协同发展水平，发布《关于推进电商与快递物流协同发展的实施意见》，推动配送车辆规范运营和便利通行，提升电商快递末端服务能力，保障农村电商与快递物流协同发展，促进农村牧区电商发展[②]。

（4）农畜产品品牌化与标准化建设方面。2016年12月，内蒙古自治区人民政府印发了关于《内蒙古自治区"十三五"品牌发展规划》的通知，提出要根据各盟市区域产业特点和品牌建设基础，确立2020年各地区品牌发展目标，明确培育品牌的重点领域，建立符合内蒙古自治区产业特点的品牌价值评价体系。继《国务院关于大力发展电商加快培育经济新动力的意见》与《电商"十三五"发展规划》之后，为了完善网络零售标准体系，加快重点领域标准建设，推动网络零售持续创新和规范发展[③]，2017年11月21日商务部办公厅、国家标准委办公室印发了《网络零售标准化建设工作指引》。

（5）电商人才培育方面。内蒙古自治区商务厅印发的《关于联合实施农

---

① 内蒙古自治区人民政府《关于推进农村牧区电商加快发展的实施意见》。
② 内蒙古自治区人民政府《关于推进电商与快递物流协同发展的实施意见》。
③ 内蒙古自治区商务厅（http://www.nmgswt.gov.cn）。

村牧区青年电商培育工程的通知》，主要涉及农村电商人才的培育目标、具体实施举措，明确了职责分工，并提出了相关的工作要求。对 2015 年和 2016 年批复的国家组织开展 71892 人次的电商培训，教学指导示范旗（县）懂电商、能实操、会管理。会同共青团开展农村牧区电商创新创业大赛，选拔吸引社会资本的项目，营造电商进农村牧区氛围，发现本土化人才。

4.1.1.2　农村电商基础设施建设快速发展

（1）农村牧区道路建设逐渐完善。近年来，为响应中央提出的建设"四好农村路"的重要指示，全区各相关部门加大工作力度，确保"村村通油路"的目标得以实现。据统计，哪一年全区新改建农村牧区公路 7.3 万千米，新增通沥青水泥路嘎查（村）5996 个，目前 11565 个嘎查（村）公路网通畅率达 96%，所有的苏木乡镇通客运班车，嘎查（村）通班车率达 98.3%。贫困户出行、收取快递等交通运输的问题得到有效解决，同时农牧区交通运输基本公共服务均等化水平也在不断提高。

（2）农村三级物流网初具雏形。物流是电商发展的基础和前提，物流的通达程度关乎着电商的发展，如何解决打通农村快递"最后一公里"的问题，首先就是要支持、建立、完善县、乡、村三级物流配送体系。内蒙古自治区人民政府及相关部门高度重视农村物流体系的建设，采用"县级电商运营中心+乡镇服务点+村级服务站"的方式，积极引导物流企业与第三方合作，因地制宜建设乡镇（苏木）快递综合服务中心，满足"农畜产品进城"与"网销品下乡"双向通道的需要。依托便民连锁超市、农家店、邮政便民服务站、村邮乐购站、农畜产品购销代办站等发展农村物流服务网点，推动行政村（嘎查）快递综合服务站点建设。截至 2018 年，邮政管理部门已建成旗（县）综合快递集散中心 29 处，其中农村电商示范旗（县）快递物流集散中心基本实现全覆盖，771 个乡镇中快递服务已覆盖 716 处，乡镇快递网点覆盖率达到 95% 以上，快递下乡覆盖率已达 92.9%，较 2016 年末增长 16 个百分点①。

（3）农村互联网普及率稳步提升。内蒙古自治区农村牧区人口密度低、村民居住分散，普通宽带接入布线的费用高、维护难，信息接入的"最后一公里"成为农村牧区信息化的一个突出瓶颈。在"宽带中国"的战略背景下，内蒙古自治区人民政府协同三大网络运营商加大互联网的建设力度，不断提高网络普及程度，特别是农村牧区的网络覆盖率。截至 2017 年底，内蒙古自治

---

① 数据来源于内蒙古自治区邮政管理局（http://nm.spb.gov.cn/）。

区通宽带村（嘎查）达到8445个，比2016年增加881个村。农村互联网接入用户呈现明显的上升趋势（见图4-1）。随着网络覆盖范围在农牧区的逐步扩大，互联网正在真实地改变着每个贫困户的生产与生活。

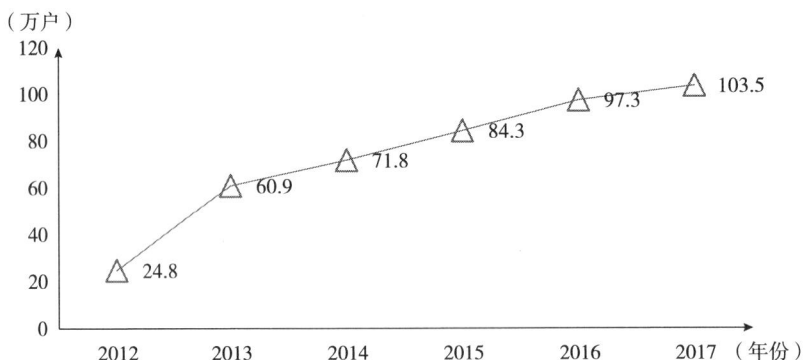

（万户）

图4-1　2012~2016年农村互联网接入用户变化趋势

资料来源：《内蒙古统计年鉴》。

4.1.1.3　示范县引领农村电商的发展

目前，内蒙古自治区四批国家级农村电商示范县经过近四年的探索，取得了阶段性示范成效，主要体现在电商平台、电商服务站的建设以及电商的培训等方面。

（1）示范县的带动作用明显。自2015年以来，内蒙古自治区有47个旗（县）被国家商务部批准为"电商进农村综合示范县"（以下简称为"示范县"），具体名单如表4-2所示。其中，国家级贫困县占比高达80.9%。2015年（第一批）有8个示范旗（县），2016年（第二批）有20个示范旗（县），2017年（第三批）有10个示范旗（县），2018年（第四批）有9个示范旗（县）①。2018年底，农村电商示范县的网络交易额（自营和第三方）累计达到953.8亿元，其中网络零售额为170.6亿元，网路购买额达783.2亿元。调研数据显示，非示范县与示范县的贫困户对电商的了解程度、使用频率有很大区别。99%以上的示范县的贫困户听说过电商，其中有77.07%以上的贫困户从网上购买过生活或生产资料。示范县的农村电商服务站点的建设为贫困户解决了"不

---

①　由于2018年示范县发展还不到一年，效果并不明显，后文关于示范县发展的效果数据只统计2015年~2017年示范县的情况。

会买、卖"的难题，42.68%的电商服务站负责网络推广销售本地特色化农畜产品，解决了"卖难"的问题。非示范县的贫困户对电商的了解程度和使用频率都相对较低。

表 4-2　2015~2018 年电商进农村综合示范县名单

年份	盟市	示范县	国贫县（☆） 非国家级（△）	国家级（★） 自治区级（▲）	合计
2015	呼和浩特市	和林格尔县	△	★	8
	包头市	土默特右旗	△	★	
	呼伦贝尔市	扎兰屯市	△	★	
	乌兰察布市	凉城县	△	★	
	兴安盟	科右中旗	☆	★	
	锡林郭勒盟	正蓝旗	△	★	
	赤峰市	巴林右旗	☆	★	
	巴彦淖尔市	五原县	△	★	
2016	呼和浩特市	清水河县	△	★	26
		托克托县	△	★	
	包头市	固阳县	△	▲	
	呼伦贝尔市	阿荣旗	☆	★	
		莫力达瓦莫力达瓦 达斡尔族自治旗	☆	▲	
	赤峰市	敖汉旗	☆	★	
		翁牛特旗	☆	★	
		林西县	△	★	
		巴林左旗	☆	★	
		克什克腾旗	△	★	
	乌兰察布市	商都县	☆	★	
		察哈尔右翼前旗	☆	★	
	锡林郭勒盟	东乌珠穆沁旗	△	★	
		太仆寺旗	☆	▲	
	鄂尔多斯市	达拉特旗	△	★	
		杭锦旗	△	▲	
		鄂托克旗	△	▲	

续表

年份	盟市	示范县	国贫县（☆） 非国家级（△）	国家级（★） 自治区级（▲）	合计
2016	通辽市	科尔沁左翼中旗	△	★	26
		奈曼旗	☆	★	
		开鲁县	△	★	
		扎鲁特旗	△	★	
	兴安盟	突泉县	☆	★	
		扎赉特旗	☆	★	
		乌兰浩特	△	★	
	巴彦淖尔市	乌拉特前旗	△	★	
		杭锦后旗	△	▲	
2017	呼和浩特市	武川县	☆	★	10
	赤峰市	喀喇沁旗	☆	★	
		宁城县	☆	★	
		阿鲁科尔沁旗	☆	★	
	通辽市	科尔沁左翼后旗	☆	★	
		库伦旗	☆	★	
	锡林郭勒盟	太仆寺旗	☆	★	
		苏尼特右旗	☆	★	
	兴安盟	科尔沁右翼前旗	☆	★	
		阿尔山市	☆	★	
2018	乌兰察布市	四子王旗	☆	★	9
		察哈尔右翼后旗	☆	★	
		察哈尔右翼中旗	☆	★	
		兴和县	☆	★	
		化德县	☆	★	
		卓资县	☆	★	
	锡林郭勒盟	正镶白旗	☆	★	
	呼伦贝尔市	莫力达瓦莫力达瓦达斡尔族自治旗	☆	★	
		鄂伦春自治旗	☆	★	

资料来源：国家商务部（http：//www.mofcom.gov.cn/）；内蒙古自治区商务厅（http：//www.nmgswt.gov.cn）；国家扶贫开发办公室（http：//www.cpad.gov.cn/）；内蒙古自治区扶贫开发办公室（http：//www.nmgfpw.gov.cn/）。

（2）农村电商平台便利化。在政府和市场的合力推动下，农村电商平台得到快速发展。各示范县大多选择借助于第三方电商平台，引进阿里巴巴、苏宁易购、京东、邮政、乐村淘、赶街网等全国性、区域性平台，通过在平台上开设农畜产品特色馆，将本地特色农畜产品销售出去，从而提升当地贫困户参与电商带来的收益。另有示范县打造了本土平台，科右中旗、正蓝旗、巴林右旗、土右旗、五原县、突泉县根据当地实际情况，依托龙头企业电商平台，培育县域品牌，分别建立了具有地方特色的草原淘宝、大元上都、巴林桥、敕勒川商城、河套购、品味突泉等本地电商平台。同时，还有部分示范县采用自建平台的形式开展农村电商，具有典型特点的兴安盟突泉县的"品味突泉"自建平台，获得贫困户好评。截至 2017 年 6 月，内蒙古自治区全区第一、第二批国家级电商进农村牧区综合示范旗（县）交易情况良好：农畜产品实现线上消费金额 16542774 元，工业消费品实现线上消费金额 10793592 元，生产资料实现线上消费金额 2750221.5 元；农畜产品线上销售金额 1039310.5 元，工业消费品线上销售金额 382284.09 元，生产资料线上销售金额 674700 元，累计新增农产品网销单品 6505 个，培育了"玉米加农炮""敕勒川"等一批互联网畅销品牌①。

（3）农村电商服务站覆盖广泛。农村电商服务站是农村电商公共服务体系建设的一项重要内容，是突破农村牧区信息瓶颈，为农村牧区群众提供电商基础服务，实现农畜产品"上行"、工业品"下行"双向流通的一个重要节点通道。自 2015 年以来，内蒙古自治区 47 个国家级示范县都在进行农村电商服务站建设。2016 年，28 个国家级综合示范旗（县）投入使用的县级电商服务中心数量 24 个（占比 86%），其中有 13 个县级电商服务中心与县级物流配送中心共享场地和站点，投入使用的乡镇级电商服务站 88 个，其中承担乡镇级物流服务点功能的网点 60 个，投入使用的村级服务网点 982 个，其中承担村级物流服务点功能的网点 827 个；21 个示范县（占总示范县的比率为 75%）对县城到村的物流资源进行了整合，建设县级物流配送中心 19 个、乡镇快递网点 140 个，实现收件 3403.5 万件，发件 922.8 万件。2017 年，农村电商呈现出快速的发展趋势。截至 2017 年 12 月，38 个国家级综合示范旗（县）投入使用的县级电商服务中心数量 30 个（占比 80%），较同期增长率为 25%；乡镇级电商服务站 2583 个，较同期增长率为 129%；35 个示范县（占总示范县的 92%）的县级物流配送中心实现收件 6818 万件，较同期增长率 100.3%，发件 2150 万件，较同期增长率为 133.1%。2018 年，全区建设并投入使用县

---

①　数据来源于内蒙古自治区商务厅（http：//www.nmgswt.gov.cn）。

级电商公共服务中心 43 个，乡镇（苏木）、村（嘎查）两级电商服务站 4069 个；35 个示范县对县城到村物流资源进行了整合，累计建立县级物流配送中心数量 37 个，乡镇（苏木）快递网点数量 593 个；示范县快递收件量 18693.3 万件，快递发件量 5547.1 万件，快递物流价格比 2015 年平均下降 40%（见图 4-2）。

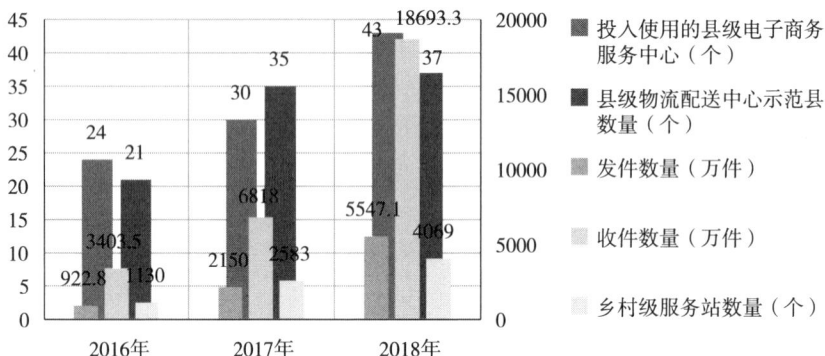

图 4-2　农村电商服务站成效

资料来源：内蒙古自治区商务厅（http：//www.nmgswt.gov.cn）。

（4）农村电商培训工作逐渐开展。农村电商在快速布局、高速增长的同时，电商人才的缺口也在逐渐加大，成为电商进农村工作的重点和难点。培育电商人才不仅要对电商相关工作人员加强培训，更重要的是对贫困户进行电商培训，对返乡农民工、返乡创业大学生等群体进行互联网思维和专业知识的培训。2018年底，电商进农村牧区示范县建档立卡贫困村 2512 个，电商服务站覆盖建档立卡贫困村 1648 个，覆盖率 65.6%，累计培训建档立卡贫困户 3.4 万人次，带动建档立卡贫困户就业 10587 人[1]，营造了浓厚的电商进农村牧区发展的氛围。

4.1.2　内蒙古自治区农村电商发展存在的问题

综观前文所述，内蒙古自治区农村电商发展具有一定的基础，便利了贫困户生产和生活，贫困户收入结构以及支出方式发生了变化，政府相关部门充分发挥农村电商的快速带动作用，为农村牧区的发展带来了较大变化。但是事物的发展具有两面性，而农村电商是新生事物，内蒙古自治区农村电商起步又较

---

① 　数据来源于内蒙古自治区商务厅（http：//www.nmgswt.gov.cn）。

晚，尤其在配套资金使用、基础设施配备、人才培养、品牌建设等方面都存在着一些不可避免而又亟待解决的问题。只有将这些问题厘清并解决，才能为贫困户开展电商扶贫提供一定的基础，推动贫困户积极参与电商，有效促进电商扶贫的顺利开展。

4.1.2.1　资金投入力度较大，使用率不高

2015 年李克强总理提出"互联网+"行动计划，并推进电商进农村综合示范项目，示范项目同时与电商扶贫相关联。内蒙古自治区政府重点支持电商扶贫工作，筹集中央资金和地方内贸专项资金 8.6 亿元在 47 个旗（县）开展电商进农村综合示范，大部分农村电商示范县的申请倾向于国家级贫困县，但本身国家级贫困县的经济并不发达，财政较困难。配套资金给部分旗（县）级财政带来了更大的压力，导致农村电商配套资金迟迟不能到位。而国家投入的专款专项资金在大部分农村电商示范县表现出资金使用效率低，2015 年、2016 年和 2017 年国家级电商示范县对国家拨付的 2000 万元的资金 80% 使用在建产业园区、示范中心、村级服务站等方面的硬件设施建设中，并未将资金利用在电商平台引进和农畜产品品牌的塑造上，在一定程度上延缓了农村电商发展的速度。同时，还存在另外一种极端，2016 年部分旗（县）对国家拨付的 2000 万资金使用还不到 10%[①]。农村电商示范县在资金利用时出现不合理现象，表明该示范县对农村电商的方向并不明确，进而限制了电商对农村牧区发展的明显推动作用，甚至一些深度贫困县没有获得电商发展为贫困户带来的红利，阻碍了农村电商扶贫的进程，并未发挥出应有的成效。

4.1.2.2　快递配送不畅，物流建设仍是短板

"工业品下乡"需要物流，"农畜产品进城"也需要物流，物流是发展农村电商的必备硬件需求。首先，从"工业品下乡"来说，内蒙古自治区贫困户居住较分散，消费能力弱，增加了农村牧区物流配送的成本，"最后一公里"的物流配送费用也随之增加，导致链条终端贫困户在取快递时需要支付额外的费用。调研显示，有一部分地区实现了"最后一公里"物流配送问题，如巴彦淖尔市的五原县、兴安盟的突泉县和呼伦贝尔的扎兰屯市。五原县和突泉县是采取自建物流公司的形式，政府将"四通一达"物流公司[②]的快递全部从县级转到自建物流公司中，自建物流公司将工业品配送到贫困户所在的村

---

① 数据来源于内蒙古自治区商务厅组织的电商示范县绩效考评汇报会。

② "四通一达"是指中通、申通、圆通、汇通和韵达物流公司。

(嘎查)；扎兰屯市是让网购消费者按照规定填写地址，物流公司将会按地址送到村级服务站或嘎查服务站中。但是大部分示范县还是没有办法在村中就收取快递，只能去距离家最近的邮局或者县城收取快递。由此，贫困户网购收取快递的不便利性导致大家对网购的兴趣逐渐降低，从而限制了农村电商的发展。其次，从"农畜产品进城"来说，农畜产品鲜活易腐、利润率低，特别是内蒙古自治区的特色农畜产品，如牛羊肉、香瓜、奶酪等一些生鲜特色产品，需要冷链运输，而冷链物流运营成本高、商品腐损率高，导致我国冷链流通率较低。数据显示，我国的蔬菜、水果冷链流通率仅占10%，肉类冷链流通率仅占20%，海鲜、生鲜冷链流通率也只占30%[①]，而内蒙古自治区农畜产品冷链流通在几家快递公司有此项业务，但针对农村牧区费用非常高。"最后一公里"问题仍是困扰内蒙古自治区农村电商发展的瓶颈。物流的通达性越高，农村电商发展越快，贫困户参与农畜产品"上行"的积极性与主动性越强，电商扶贫的效果越好。

4.1.2.3 村级电商服务站作用不凸显，工作人员服务意识不强

在电商进农村综合示范项目建设过程中，要求在示范县建立县级、乡镇级以及村级"三级"农村电商服务站点，各层级服务站点都有相应的职责和权力。村级电商服务站包括两方面的服务内容：一是通过互联网帮助贫困户购买生活、农资用品，帮助贫困户销售特色农畜产品；二是为贫困户提供延伸服务，如通信业务办理、车票预订、医院预约挂号等。由调研数据可以发现，通过网络购买商品的贫困户仅有13.37%是通过电商服务站的工作人员购买的，大部分贫困户是通过其他方式实现网上购买的，且调研中70.4%的贫困户所在村里有村电商服务站，但是去过村电商服务站的贫困户仅占65.32%。由此说明，村级电商服务站并未真正为贫困户的生产与生活提供便利。2018年暑期调研中发现，部分村级电商服务站存在摆设的现象，并未发挥其本应有的作用。村级服务站应该设在人流量比较多的场所，但各个村级服务站99%放在本村的商店；示范县会为村级服务站配备人员、电脑设备等，但是85%的商店只是负责为贫困户取快递、交话费等，只有约15%的工作人员会为贫困户现场指导购买生活用品，帮助贫困户销售特色农畜产品等。村级服务站配备的工作人员98%是该商店的老板，该工作人员对电商相关工作的热情并不高，兴趣不浓厚，服务意识也不高，导致众多贫困户不愿意去村级服务站，甚至对本村设置

---

① 资料来源于中国商务新闻网（http://www.comnews.cn/）。

的村级服务站一点不了解。因此，调研数据显示，61.81%的贫困户自己从网上购买，而只有13.37%的贫困户选择让村级电商服务站的人员帮忙购买（见表4-3）。可见，村级服务站利用率并不高。

表4-3 贫困户不同网购方式的比例

内容	自己上网买	让亲戚、邻居、朋友帮忙买	让电商服务站的工作人员帮忙买
人数（人）	259	104	56
比例（%）	61.81%	24.82%	13.37%

资料来源：农村电商贫困户调研数据。

4.1.2.4 农村电商人才匮乏，年轻人较少

人才是一个地区发展的根本，也是农村电商发展必不可少的一环。从农村电商政府工作人员来说，一方面，政府部门工作人员大多懂农村却不懂电商，缺少懂电商又懂农村的相关人才；另一方面，在旗（县）级农村电商相关事务归经济和信息化办公室或者电子商务发展办公室负责，负责人只有1~2名，内蒙古自治区电商刚刚起步，急需许多懂电商的专业化人才来组织调配，因地制宜解决农村电商发展的瓶颈。调研发现，贫困户的平均年龄为52.6岁，老年人占一半以上，因此，在农村牧区发展电商，必须寻找一些感兴趣的年轻人来支撑，只有有热情、有兴趣、又懂电商的这类年轻群体才能带动农村牧区电商的快速发展，才能促使贫困户真正参与到电商中来，进而起到扶贫的作用。但实际上农村牧区经济和文化环境较为落后，大多数具有专业技能的大学毕业生不愿意留在农村牧区，从而出现了农村电商工作人员流动性大的局面，留不住运营人才成为电商人才匮乏的主要原因，结合乡村振兴战略将人才留在农村牧区，才更能有效发挥电商扶贫的成效。

4.1.2.5 初级农畜产品产业链标准化低，品牌化程度低

初级农畜产品产业链包括供应链、生产链和价值链。从供应链角度来说，内蒙古自治区农畜产品品种多样，很难建立统一的标准。现阶段贫困户通过网络销售农畜产品仅仅做到了外观标准化。从生产链角度来说，贫困户的农畜产品生产加工大多是粗加工，产业链条较短。网络平台销售农畜产品，需要提供食品经营许可证，而单个贫困户不能作为食品生产许可证申请主体，且无法获得食品质量安全准入标志。在农畜产品生产加工过程中，没

有可追溯体系，很难使消费者相信其为安全农畜产品，所以单个贫困户很难直接通过正规的网络平台将其粗加工的农畜产品推向市场。调研数据中显示，网络销售的贫困户中 11.05% 有自己的品牌，而 88.95% 并未有自己的品牌，也没想过要建设品牌。

品牌是农畜产品打开网络市场的一扇大门。只有地区品牌和市场品牌相配合，才能更好地发挥品牌的作用，通过网络将农畜产品推向市场。内蒙古自治区物产丰富，如呼伦贝尔的木耳、蘑菇、蓝莓、榛子，通辽的牛肉干，锡林郭勒盟的牛羊肉、奶制品，巴彦淖尔的葵花籽、枸杞、"灯笼红"香瓜，赤峰市的敖汉免淘小米等。但到目前为止，内蒙古自治区地理标志产品仅 26 种①，而内蒙古自治区的特色农畜产品有 797 种，缺少地区公共品牌，且已经申请地理标志的产品并不被大众熟知，当地政府并未有效利用地理标志产品为贫困户带来收入的变化。农畜产品品牌化不仅需要地区品牌，产品品牌也必不可少。在产品品牌方面，一家一户的无品牌的小作坊形式很难直接将农畜产品推向市场，这就需要企业利用其自身的标准化的生产、仓储物流、售后服务、营销推广等优势，将质优物美的农畜产品通过网络推向更广阔的市场。由此可见，内蒙古自治区农畜产品品牌的影响力尚显不足，真正具有竞争力的品牌较少，这恰恰是制约农村电商发展、农畜产品"上行"的瓶颈之一，只有解决好品牌化、标准化问题，农畜产品"上行"才能顺利开展，才能解决贫困户"卖难、卖便宜"的难题，进而发挥出农村电商扶贫的真正效果。

4.2　调查样本选择与数据来源

本书的数据资料主要来源于微观贫困户调研数据、村（嘎查）领导或者信息员的调查与访谈数据、统计数据以及文献资料。本书的研究基于项目组 2017 年和 2018 年连续两年在内蒙古自治区进行的贫困户调研数据。内蒙古自治区有国家级贫困县 30 个，占内蒙古自治区旗（县）总数的 29%。2015 年以来，内蒙古自治区有 47 个旗（县）被国家商务部批准为"电商进农村综合示范"县②，其中国家级贫困县占比高达 77.4%。样本区域按照内蒙古自治区的东、中、西部来选取，结合电商发展情况，主要是结合是否为国家级或者内蒙

---

① 数据来源于国家质量监督检验检疫总局（http://www.aqsiq.gov.cn/）。
② 47 个国家级电商示范县中有 9 个是 2018 年 5 月批准的，故调研并未选择。

古自治区区级示范县进行的，西部地区选择了呼和浩特市、包头市和巴彦淖尔市，中部地区选取了乌兰察布市和锡林郭勒盟，东部地区选择了兴安盟、通辽市和呼伦贝尔市，每个盟市具体调研样本有效问卷数量如图4-3所示。以每个盟市随机选择1~4个旗（县），每个旗（县）随机选择2~3个乡镇（苏木），每个乡镇（苏木）随机选择2~3个村（嘎查）的原则进行调查，具体调查过程和调查方法在4.3.2部分阐述。本次调查共调查了8个盟市、18个旗（县）、51个乡镇（苏木）以及61个村（嘎查），得到了516份贫困户调查数据，有效样本为506份，样本有效率为98.06%。其中，18个旗（县）均为贫困县（含国家级、自治区级），有14个旗（县）为农村电商示范旗（县），占调研旗（县）的比重为77.8%，包括不同年份的自治区级和国家级的农村电商示范县，89%的示范旗（县）为贫困旗（县）（见表4-4）。对61个村（嘎查）还进行了村整体情况的调查，主要是通过访问村（嘎查）的信息员、书记、队长等熟悉村内情况的相关人员了解相关信息。

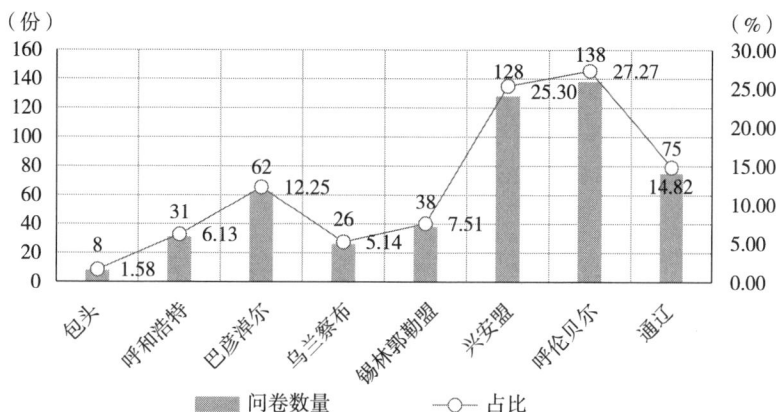

图4-3 调研地区样本分布情况

资料来源：农村电商贫困户调查数据。

本书涉及的数据主要考虑两个方面：一方面，调查样本区选择内蒙古自治区的国贫县或区贫县，因为内蒙古自治区本身作为国家西部大开发的扶贫攻坚的重要主战场，同样也面临着艰巨的扶贫开发任务，深度贫困县亟须脱贫。本书研究的是农村电商如何进行扶贫以及扶贫效果如何，但由于电商发展具备一定的硬环境（基础设施、物流、网络等）和软环境（贫困户的认知与人才队伍）的条件，因此为了能够保证数据的可获得性、典型性以及可行性，确保研究的可信度，本书的调查对象为国家级和自治区级贫困县。另一方面，在国务院办公厅发布的关于电商进农村综合示范项目的文件中通知，从 2014 年开始，财政部、商务部、国务院扶贫办各部委联合进行电商进农村综合示范项目。内蒙古自治区截至目前有 47 个国家示范县，调研数据选择了 14 个电商示范县，包括国家级和自治区级示范县，占总调研样本数的 77.8%；样本中既是电商示范县又是贫困县的旗（县）数量占比高达 88.89%。同时，本书中也调查了一部分非电商示范县和非贫困县电商发展情况，是为了确保数据样本的全面性和多样性特点。本次调研数据样本量 506 份，也满足了样本量的普适性和代表性的要求。

表 4-4　调研样本地区分布

调研年份	盟市	旗（县）数量	旗（县）	乡镇（苏木）	村（嘎查）	有效问卷数量	旗（县）类型	占比（%）
			西部					
	包头	1	固阳县	2	5	8	▲	2.71
	呼和浩特	3	土默特左旗	1	1	3	▲■	1.02
			清水河县	3	3	18	▲2016	6.10
			武川县	1	2	10	▲2017	3.39
			中部					
	乌兰察布	1	察哈尔右翼后旗	4	5	26	▲2018	8.81
	锡林郭勒盟	2	正蓝旗	4	3	25	▲2016	8.47
			阿巴嘎旗	2	1	13	▲■	4.41
2017			东部					
	兴安盟	2	突泉县	4	2	25	▲2016	8.47
			扎赉特旗	3	3	32	▲2016	10.85
	呼伦贝尔	3	莫力达瓦达斡尔族自治旗	1	2	12	▲2018	4.07
			鄂伦春自治旗	2	2	38	▲2018	12.88
			扎兰屯市	4	3	25	▲2015	8.47
	通辽	1	科尔沁左翼后旗	5	2	60	▲2016	20.34
	总计	13	—	36	34	295	—	100.00

调研年份	盟市	旗（县）数量	旗（县）	乡镇（苏木）	村（嘎查）	有效问卷数量	旗（县）类型	占比（%）
2018	呼伦贝尔	1	扎兰屯市	5	5	63	▲2015	29.86
	通辽	1	奈曼旗	3	8	15	▲2016	7.11
	兴安盟	1	突泉县	3	7	71	▲2016	33.65
	巴彦淖尔	1	五原县	4	7	62	▲2015	29.38
	总计	4	—	15	27	211	—	100.00

注："2015、2016、2017、2018"分别表示2015年、2016年、2017年、2018年国家级电商示范县；"▲"表示国家级或自治区级贫困县；"■"表示非电商示范县。

资料来源：农村商务贫困户调查数据。

4.3 调查问卷设计与调查方法

4.3.1 调查问卷设计

本书的研究涉及两种类型的调查问卷：农村电商村调查问卷和农村电商贫困户调查问卷。其中，农村电商村调查问卷共发放61份，回收问卷为61份，有效问卷率为100%，由于农村电商村问卷在调研过程中涉及行政村的村长或村支书及信息员等相关人员，故难度系数较大。农村电商村问卷主要包括村内基本情况和非农就业外部环境两部分。在村内基本情况中主要包括村常驻总户数、常住人口数、60岁以上老人数、村劳动力（15~64岁）人数、村到乡镇政府的通路情况、村内三年内被征用土地数量、村内个体经营户和企业总数、村内的合作社数量、村里开展的农机服务次数和村民人均年收入情况；在非农就业外部环境中主要包括贫困户数量以及原因、农牧户经营面积（最高、最低和平均）、村内的快递、仓储设施、电商服务站及服务站的配套设施、村内的代买代卖农产品和生活日常用品以及农资产品等情况、村里电商企业数量和村里哪类人群最先接触电商等问题（见表4-5）。

表 4-5　农村电商村（嘎查）调查问卷

主要部分	主要内容	具体内容
第一部分	村（嘎查）内基本情况	①村（嘎查）常驻总户数、常住人口数、60 岁以上老人数、村劳动力（15~64 岁）人数 ②村（嘎查）到乡镇政府的通路情况、村内三年内被征用土地数量、本村内个体经营户和企业总数、村内的合作社数量、村里开展的农机服务次数和村民人均年收入
第二部分	非农就业外部环境	①贫困户数量以及原因、农牧户经营面积（最高、最低和平均） ②村（嘎查）内的快递、仓储设施、电商服务站及服务站的配套设施、村（嘎查）内的代买代卖农产品和生活日常用品以及农资产品等情况 ③村（嘎查）里电商企业数量和开展电商时村（嘎查）里哪类人群最先接触电商及发展电商政府还需要提供哪些支持

资料来源：附录 1。

农村电商贫困户调查问卷主要涉及受访者家庭基本信息和特征、受访者家庭收入与支出情况、家庭资产及信息化基本情况普查和农村电商发展四部分内容（见表 4-6）。在进行电商贫困户调查问卷设计时主要是围绕本书的研究内容来展开，一是农村电商发展状况，包括家庭基本信息、家庭资产及网络信息化情况；二是农村电商扶贫效果的实证分析，围绕农村电商的"点"作用机制，来检验农村电商是否具有"增收""节支"和"赋能"的效果及其作用效果大小，内容设计主要是贫困户对农村电商的认知情况、贫困户对电商的利用情况、贫困户使用电商开展农村旅游情况和电商给贫困户带来的收获四部分。电商认知情况主要考察贫困户对电商以及电商村级服务站的认知；电商利用情况主要是考察贫困户利用电商购买情况与销售情况，包括购买生活用品和生产资料等的频率（次/月）、年份、网站（平台）、购买方式和购买理由，同时还包括购买后物流运输以及收取快递情况，而在贫困户利用电商销售情况中不仅涉及上述内容，还增加了网络销售的店铺成本以及是否拥有品牌等相关问题。在电商利用中贫困户选择"否"的选项后，会有相关原因的询问，以做到所有问题都有依有据。

表 4-6 农村电商贫困户调查问卷内容分布

主要部分	主要内容	具体内容
第一部分	受访者与其家庭基本特征	①受访者基本特征（性别、年龄、是否为户主、是否建档立卡贫困户、家中是否有村干部、上学年数、务农件数、健康状况、家庭总人数以及劳动力总数） ②是否贫困、贫困原因 ③共同生活的家庭成员基本信息
第二部分	受访者家庭收入与支出情况	①受访者家庭种植业的收入与支出情况 ②受访者家庭养殖业的收入与支出情况
第三部分	家庭资产及信息化基本情况普查	①家庭固定资产的情况（车辆、电脑及智能手机等） ②使用网络的方式、目的、上网时长
第四部分	农村电商部分	①贫困户对农村电商认知情况 ②贫困户对电商利用情况（贫困户购买情况与贫困户销售情况） ③贫困户使用电商开展农村旅游情况 ④电商给贫困户带来的收获

资料来源：附录 2。

4.3.2 调查方法

本书调查组成员两年时间内先后两次共实地调研了 8 个盟市，并从旗（县）、乡镇（苏木）、村（嘎查）、贫困户四个层面展开抽样调查。分层抽样的方法可以概括为以下四个步骤：

首先，调查组成员对内蒙古自治区的全部电商进农村综合示范县的经济发展、电商发展、行政区划、地理区位等方面进行了比较分析，同时结合笔者以往对扶贫的相关研究，对内蒙古自治区 30 个国贫县进行资料收集与考察，最终根据对电商示范县和贫困县相关资料的介绍与自身的了解，选定本次将要进行调研的 8 个盟市，分别为西部的包头市、呼和浩特市和巴彦淖尔市，中部的乌兰察布市和锡林郭勒盟，东部的兴安盟、通辽市和呼伦贝尔市，并对调研区域进行相关了解，确定此次调研预达目标。

其次，在开展调研前，调查组会提前与所在旗（县）的电商办取得联系，与当地电商办进行为期一天的座谈和访谈了解各乡镇发展情况后，再进行乡镇（苏木）层的选择，根据各个旗（县）贫困户居住数量、经济发展情况、电商的普及程度及电商典型做法，从 8 个盟市中 18 个具有代表性的旗（县）下选取了 51 个乡镇（苏木）进行具体调研。

再次，根据家庭种植业、养殖业收入水平、村级服务站建设情况、网络覆盖程度等因素从 51 个乡镇（苏木）中筛选出 61 个行政村（嘎查）作为此次调研区域。

最后，从 61 个行政村（嘎查）中随机调研 516 家贫困户，发放问卷 516 份，最终收回的有效问卷数为 506 份，有效率为 98.06%。

采用上述抽样方法，可以在确保问卷真实性和有效性的同时，保证所选样本的代表性。针对调研样本的典型代表性在本章 4.7 节中给出事实依据。

4.4　问卷的信度和效度

调查问卷提供的微观调研数据是实证分析的基础，必须保证该问卷具有一定的稳定性和可靠性，这一目标的实现就需要对问卷进行信度与效度的检验。

4.4.1　问卷的信度

问卷的信度是检验其是否真实，检验结果是否体现出数据的一致性与稳定性。信度分析的目的是如何控制和减少随机误差。调查问卷的信度分析主要包括两层含义：一是相同个体在不同时间或不同情境下得到的结果是否一致；二是相同条件下不同个体获得问卷的一致性，通过减少随机误差来提高问卷调查结果的真实性。也就是说，信度分析主要是检验调查问卷中分指标之间以及分指标与总指标之间是否具有一定的一致性，分指标之间越相关，表明问卷的一致性越好，信度就越高。较为常见的信度检验方法是美国学者提出的克隆巴赫（Cronbach）信度系数法（Cronbach's Alpha）。Cronbach's Alpha 系数越高，表明问卷的内部一致性越好，信度就越高。

本书将研究内容分成 7 个维度，分别是家庭基本信息和特征（Ⅰ维度）、家庭收入与支出情况（Ⅱ维度）、家庭资产及信息化基本情况普查（Ⅲ维度）、贫困户对农村电商认知情况（Ⅳ维度）、贫困户对电商利用情况（Ⅴ维度）、贫困户使用电商开展农村旅游情况（Ⅵ维度）和电商给贫困户带来的收获（Ⅶ维度）。通过每一维度的 Cronbach's Alpha 系数来考察数据的一致性与可靠性。

采用 Amos23.0 对样本数据进行信度的检验发现，样本数据的信度检验的总量表系数为 0.735，每一个维度的信度检验系数都大于 0.6，说明问卷的信度是可以接受的，能作为下文中相关问题的研究来使用（见表 4-7）。

表 4-7　调查问卷信度系数

	Ⅰ维度	Ⅱ维度	Ⅲ维度	Ⅳ维度	Ⅴ维度	Ⅵ维度	Ⅶ维度	总量表
信度系数	0.788	0.701	0.809	0.656	0.782	0.715	0.633	0.735

资料来源：调查样本数 Amos23.0 分析结果整理。

4.4.2　问卷的效度

问卷的效度通常是指问卷的有效性和正确性，即问卷能够测量出所要实现的测量目标的相关程度。效度通常是问卷调查研究中的重要特征，效度越高，表明问卷调查结果越接近真实性，也就越能真实反映出问卷调查的目的。问卷效度反映了它对问卷的系统误差的控制程度，包含两个层次的含义：一是问卷测验的目的；二是问卷测验结果的准确性。本书对调查问卷的效度检验采用验证性因子分析方法。

表 4-8　调查问卷的效度分析

	标准化因素负荷量 Std. FL	收敛效度 AVE	区别效度						
			Ⅰ维度	Ⅱ维度	Ⅲ维度	Ⅳ维度	Ⅴ维度	Ⅵ维度	Ⅶ维度
Ⅰ维度	0.539~0.768	0.621	**0.788**						
Ⅱ维度	0.530~0.879	0.633	0.816	**0.796**					
Ⅲ维度	0.782~0.901	0.751	0.808	0.864	**0.867**				
Ⅳ维度	0.806~0.837	0.642	0.632	0.659	0.711	**0.801**			
Ⅴ维度	0.651~0.779	0.501	0.646	0.747	0.706	0.689	**0.708**		
Ⅵ维度	0.618~0.921	0.534	0.658	0.711	0.723	0.559	0.667	**0.731**	
Ⅶ维度	0.660~0.825	0.587	0.675	0.709	0.738	0.556	0.639	0.658	**0.766**

注：对角线粗体为 AVE 之开根号，下三角为维度之皮尔森（Pearson）相关。

资料来源：调查样本数 Amos23.0 分析结果整理。

采用 Amos 23.0 软件对问卷 7 个维度的题项进行验证性因子分析，以检验模型的可行性、各变量之间的收敛效度与区分效度，检验结果如表4-8所示。家庭基本信息和特征（Ⅰ维度）、家庭收入与支出情况（Ⅱ维度）、家庭资产及信息化基本情况普查（Ⅲ维度）、贫困户对农村电商认知情况（Ⅳ维度）、贫困户对电商利用情况（Ⅴ维度）、贫困户使用电商开展农村旅游情况（Ⅵ维度）和电商给贫困户带来的收获（Ⅶ维度）7个维度的标准化因素负荷量均大于0.5，各题项间的组成信度均大于0.7，平均变异抽取量（AVE）均大于0.5，且其开根号后的值大于该变量与其他变量间的相关系数，所有结果均在可接受范围内，证明各维度间具有较高的收敛效度与区分效度。

4.5　样本村（嘎查）问卷基本特征分析

本书对61个样本村（嘎查）进行了村（嘎查）整体情况和整体电商发展情况的调研与访谈。因为村整体发展情况对电商扶贫的顺利开展以及贫困户电商认知和参与电商有直接关系，因此，本书对村问卷进行了分析。

4.5.1　样本村（嘎查）基本特征分析

4.5.1.1　样本村（嘎查）贫困及其原因分析

调查样本数据统计结果显示，贫困户占常住人口数比重分布不均衡。贫困户占常住人口数的比重在（0，10%]的村（嘎查）数量为23个，占总样本村的37.70%；贫困户占常住人口数的比重在（10%，20%]的村（嘎查）数量为16个，占总样本村的26.23%；贫困户占常住人口数的比重在（20%，50%]的村（嘎查）数量为14个，占总样本村的22.95%；贫困户占常住人口数的比重在50%以上的村（嘎查）数量为8个，占总样本村的13.12%（见表4-9）。

表4-9　贫困户占常住户数比重分布情况

分组	村（嘎查）数	占比（%）
（0，10%]	23	37.70
（10%，20%]	16	26.23

分组	村（嘎查）数	占比（%）
(20%，50%]	14	22.95
50%以上	8	13.12
合计	61	100.00

资料来源：农村电商村调查数据整理。

　　贫困户户数分布情况与上述指标变化趋势一致，其中每村（嘎查）贫困户数量在（0，50］范围内的有 31 个，占比 50.82%；每村（嘎查）贫困户数量在（50，100］范围内的有 21 个，占比 34.43%；每村（嘎查）贫困户数量在 100 以上范围内的有 9 个，占比 14.75%。由此数据分析可见，贫困户数量在 100 户以下的村子占 85.25%，可见国家与地方政府在扶贫攻坚中的成绩是显著的，贫困人口逐年减少（见表 4-10）。

表 4-10　村贫困户数量分布

分组	村（嘎查）数	占比（%）
(0，50]	31	50.82
(50，100]	21	34.43
100 以上	9	14.75
合计	61	100.00

资料来源：农村电商村调查数据整理。

　　对所调研村贫困户致贫原因进行分析发现，因病致贫是最主要的致贫原因。其中，因病致贫比重在（0，20%］范围内的有 13 个村，占比 21.31%；因病致贫比重在（20%，40%］范围内的有 26 个村，占比 42.63%；因病致贫比重在（40%，80%］范围内的有 11 个村，占比 18.03%；因病致贫比重在 80%以上的有 11 个村，占比 18.03%；因病致贫比重在 40%以上的村（嘎查）数量达到了调研样本村的 36.06%。

　　因残致贫比重在（0，20%］范围内的有 49 个村，占比 80.33%；因残致贫比重在（20%，40%］范围内的有 5 个村，占比 8.19%；因残致贫比重在（40%，80%］范围内的有 4 个村，占比 6.56%；因残致贫比重在 80%以上的有 3 个村，占比 4.92%。可见，因残致贫并不是农村牧区主要的致贫原因，因残致贫的比重低于 20%的占比 80.33%，这跟前文分析农村牧区贫困户健康状况一般的程度较高有一定关联。

其他致贫原因主要包括因学致贫、因婚致贫、缺劳动力、缺资金、缺土地等，其他致贫原因比重在（0，20%]范围内的有30个村，占比49.18%；其他致贫原因比重在（20%，40%]范围内的有10个村，占比16.39%；其他致贫原因比重在（40%，80%]范围内的有13个村，占比21.31%；其他致贫原因比重在80%以上的有8个村，占比13.12%。可见因学致贫、因婚致贫和缺劳动力是造成农村牧区贫困的关键原因（见表4-11）。

表4-11 贫困户致贫原因分布情况

致贫原因	分组	村（嘎查）数	占比（%）
因病致贫	（0，20%]	13	21.31
	（20%，40%]	26	42.63
	（40%，80%]	11	18.03
	80%以上	11	18.03
	合计	61	100.00
因残致贫	（0，20%]	49	80.33
	（20%，40%]	5	8.19
	（40%，80%]	4	6.56
	80%以上	3	4.92
	合计	61	100.00
其他致贫	（0，20%]	30	49.18
	（20%，40%]	10	16.39
	（40%，80%]	13	21.31
	80%以上	8	13.12
	合计	61	100.00

资料来源：农村电商村调查数据整理。

4.5.1.2 样本村（嘎查）整体人均年收入分布情况分析

调查样本村整体人均年收入分布情况并不均衡，人均年收入低于8000元的村（嘎查）有37个，占总样本村的60.65%，说明贫困户人均年收入偏低。其中，整体人均年收入在（0，4000]范围内的村（嘎查）有12个，占比19.67%，主要是来自于乌兰察布市和兴安盟的部分调查村（嘎查），这跟乌兰察布市和兴安盟深度贫困县较多的实际相吻合；整体人均年收入在（4000，8000］范围内的村（嘎查）有 25 个，占比 40.98%，主要集中在锡林郭勒盟和呼伦贝尔市的部分调查村（嘎查）；整体人均年收入在（8000，12000］范围内的村（嘎查）有 15 个，占比 24.59%，主要是集中在巴彦淖尔市和呼伦贝尔市的部分调查村（嘎查）；整体人均年收入在 12000 元以上的村（嘎查）有 9 个，占比 14.76%，主要集中在呼和浩特市和包头市的部分调查村（嘎查）。总体上看，调查样本村整体人均年收入普遍不高（见图 4-4），其原因是样本村是贫困县所属行政村。

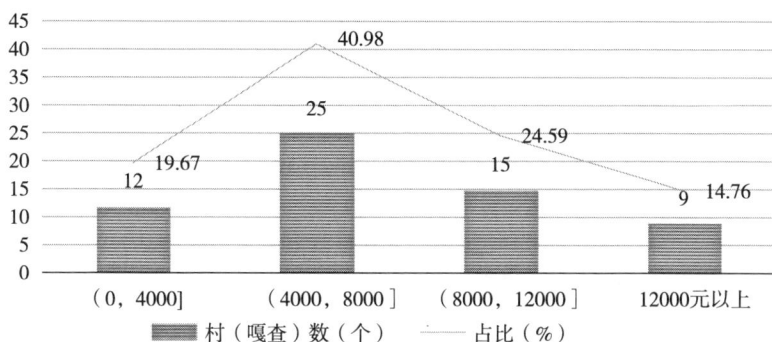

图 4-4　贫困户人均年收入分布情况

资料来源：农村电商村调查数据整理。

4.5.2　样本村（嘎查）电商发展情况分析

对样本村（嘎查）电商发展情况的分析主要包括村（嘎查）农业技术推广支出（农牧业技能培训、电商培训等）情况、村（嘎查）通路情况、村（嘎查）电商服务站分布情况以及村（嘎查）物流公司（快递）通达情况。

4.5.2.1　村（嘎查）农牧业技术推广支出分布情况

农牧业技术推广支出（以下简称农技推广支出）对贫困户的技能提高与种植、养殖兴趣的培养具有一定促进作用，但数据显示，调查样本村（嘎查）对农技推广支出并不乐观，甚至有 72.13% 的村（嘎查）在农技推广方面没有任何支出；农技推广支出在（0，5000］元范围内的村（嘎查）有 5 个，占总样本村的 8.19%；农技推广支出在（5000，10000］元范围内的村（嘎查）有

6个，占总样本村的9.84%；农技推广支出在10000元以上的村（嘎查）有6个，占总样本村的9.84%。总体来看，农村牧区村委会等部门对农牧业技术推广宣传及培训并不重视，贫困户对农牧业技术方面的知识并不知如何获取，同时，贫困户对农牧业技术等知识的需求也不高，导致贫困户的农牧业技能也较低（见图4-5）。

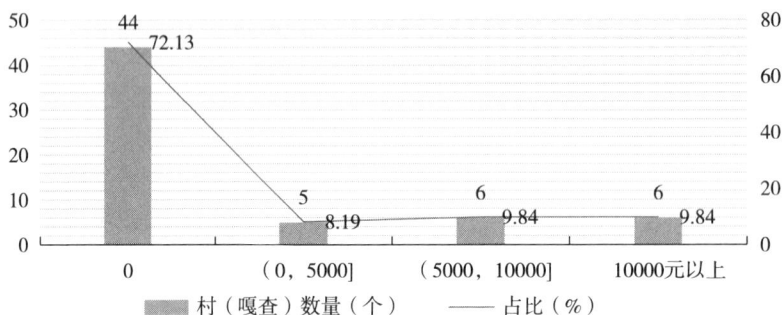

图4-5 村（嘎查）农技推广支出分布情况

资料来源：农村电商村调查数据整理。

4.5.2.2 村（嘎查）道路分布情况

村（嘎查）通路情况是保证农村牧区电商与物流顺利开展的前提条件，通路情况的好坏直接决定着物流是否通达，物流通达能够促进农村牧区电商扶贫发展。有51个调查样本村（嘎查）通水泥路，占总样本的83.61%；仅有3.28%的村是砂石路；还有8个调查样本村（嘎查）通柏油路，占总样本的13.11%。就目前调研样本区的通路情况来看，总体状况良好，因为水泥路可以使汽车等交通工具顺利到达，保证了物流能够送达到村（嘎查），贫困户能够获得更多的便利（见图4-6）。

4.5.2.3 村（嘎查）电商服务站分布情况

在电商进农村综合示范项目中，国务院办公厅联合财政部、商务部等部门为国家级电商示范县拨款2000万元，其中就包括示范县在各个行政村建立村级电商服务站，同时为村级服务站配备工作人员、电脑、网络和办公场地等。该村级电商服务站主要为贫困户提供便捷化服务，如代卖农畜产品，代买生产、生活所需用品，给贫困户进行电商培训，为贫困户从事电商活动提供资金支持，推广本地农畜产品，提供种植、养殖的相关信息等。在调查样本区中，

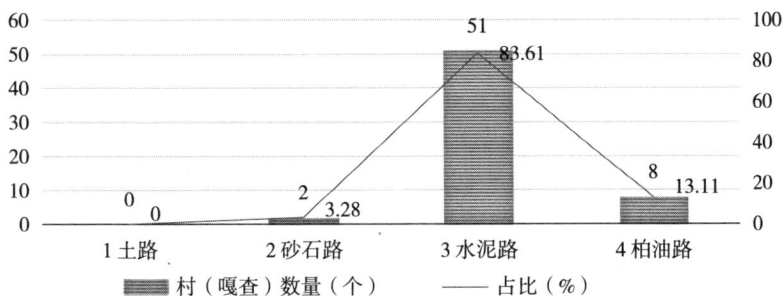

图 4-6　村 (嘎查) 道路分布情况

资料来源：农村电商村调查数据整理。

43 个村 (嘎查) 有村级电商服务站，占总样本的 70.4%；29.6% 没有村级服务站，主要原因是调查区域和数据来源中有 4 个调查旗 (县) 不是电商示范县 (见表 4-12)。在调查与访谈中发现，电商示范县中村级电商服务中心的覆盖率达到 89.9%，甚至有一部分 2015 年的示范县已经是 100% 全部覆盖了村级电商服务站，如巴彦淖尔的五原县和呼伦贝尔的扎兰屯市。

表 4-12　村 (嘎查) 电商服务站分布情况

	村 (嘎查) 数量 (个)	占比 (%)
有村级服务站	43	70.4
没有村级服务站	18	29.6
合计	61	100.00

资料来源：农村电商村调查数据整理。

村级电商服务站的办公场地、人员等配套情况总体比较好，在调查样本区中办公场地、工作人员、网络以及计算机的配备情况都超过了 50%。其中，配备办公场地的有 33 个村 (嘎查)，占总样本的 54.10%；配备工作人员的有 33 个村 (嘎查)，占总样本的 54.10%；配备电脑的有 39 个村 (嘎查)，占总样本的 63.93%；配备网络的有 45 个村 (嘎查)，占总样本的 73.73% (见图 4-7)。在调查与访谈中发现，配备的办公场所基本上是村商店、村内闲置房屋，配备的工作人员多数是村商店的负责人，90% 以上具有高中以上学历，这些人员对电商了解比较多，并且具有较强的电商认知和服务意识，对村 (嘎查)

贫困户的电商参与具有一定的带动作用，能推动电商扶贫的顺利开展。

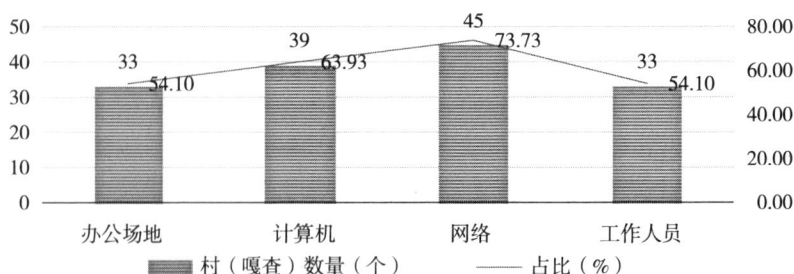

图 4-7 村（嘎查）电商服务站配备情况

资料来源：农村电商村调查数据整理。

4.5.2.4 村（嘎查）物流快递通达情况

物流快递的发展能够快速推动电商扶贫的发展，尤其是在农村牧区，如果物流快递不能较为方便地运送到贫困户居住所在地，贫困户就很难便利地收取、邮寄快递，这样就影响了贫困户参与电商的积极性。在调查样本村中，能邮寄或收取快递的村（嘎查）有45个，占总样本的73.80%；不能邮寄或收取快递的村（嘎查）有16个，占总样本的26.20%（见表4-13）。在调研与访谈中发现，能够收取或邮寄快递的村（嘎查）多数是电商示范县，这与国家政策有直接关系；不能在本村收取快递的16个村（嘎查）可以在乡镇中收取快递，有一部分邮寄到村里需要贫困户自己另附费用（每件3元），但贫困户不是很情愿支付此费用，因此，要提高贫困户参与电商扶贫的积极性，物流等基础设施全覆盖是关键。

表 4-13 村（嘎查）收取或邮寄快递分布情况

	村（嘎查）数量（个）	占比（%）
能邮寄或收取快递	45	73.80
不能邮寄或收取快递	16	26.20
合计	61	100.00

资料来源：农村电商村调查数据整理。

在能够邮寄或收取快递的样本村（嘎查）中，基本上不同种类的快递公司均有。其中，邮政物流快递是农村牧区较为常见的快递，也是价格较为便宜的快递，因为在部分村（嘎查）中收取快递时不需要额外增加从县城到乡镇再到村里的费用。在调查样本村中，41 个村（嘎查）有邮政物流快递，占总样本比重为 67.21%；29 个村（嘎查）有申通物流快递，占总样本比重为 47.54%；28 个村（嘎查）有中通物流快递，占总样本比重为 45.90%；25 个村（嘎查）有圆通物流快递，占总样本比重为 40.98%；13 个村（嘎查）有顺丰物流快递，占总样本比重为 21.31%；21 个村（嘎查）有其他物流快递，占总样本比重为 34.43%，其他物流快递主要是韵达、百世和天天快递以及一些旗（县）自建物流，如兴安盟突泉县的白马物流（见图 4-8）。

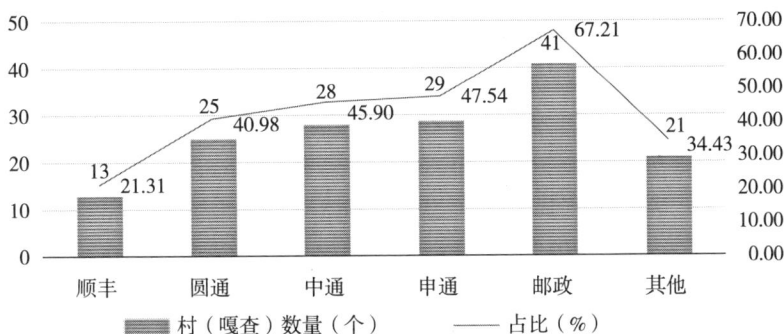

图 4-8　村（嘎查）物流快递种类分布情况

资料来源：农村电商村调查数据整理。

4.6　样本贫困户家庭基本特征分析

贫困户家庭的诸多基本特征会对是否参与农村电商、电商扶贫效果产生一定的影响，因此，本书结合已有文献资料和调查问卷内容对贫困户家庭基本信息进行介绍，主要包括贫困户的个体特征（性别、年龄、受教育程度、健康状况、劳动力占比）、贫困户电商应用情况及收入与支出结构变化情况，为后续实证分析和研究结论提供事实依据。

4.6.1 贫困户的个体特征分析

贫困户的个体特征主要包括受访者性别、年龄、受教育年限以及务农时间，如表 4-14 所示。

表 4-14 贫困户个体特征基本信息

个体特征	数量（户）	占比（％）	最大值	最小值	均值
年龄（岁）			82	25	52.6
30 岁及以下	9	1.78	30	25	27.14
31~45 岁	45	8.89	45	32	36.45
46~55 岁	178	35.18	55	47	45.61
56~65 岁	154	30.43	65	56	55.12
66~75 岁	85	16.80	75	67	65.11
76 岁及以上	35	6.92	82	75	73.94
性别			1	0	0.68
男性	344	68.07	—	—	—
女性	162	31.93	—	—	—
受教育年限			19	0	4.12
文盲	103	20.36	0	0	0
小学文化	287	56.72	5	1	3.83
初中文化	96	18.97	9	6	7.76
高中及以上	20	3.95	19	10	12
务农时间 Y（年）			65	0	27.4
$0 \leqslant Y < 10$	42	8.27	9	0	4.25
$10 \leqslant Y < 20$	81	16.01	19	10	13.73
$20 \leqslant Y < 30$	149	29.53	29	20	23.30
$30 \leqslant Y < 40$	137	27.03	39	30	33.46
$40 \leqslant Y < 50$	62	12.20	49	40	42.91
$50 \leqslant Y < 60$	30	6.04	58	50	51.76
$Y \geqslant 60$	5	0.92	65	60	61.71

资料来源：农村电商贫困户调查数据整理。

受访者男性占比 68.07%，女性占比为 31.93%，男性比女性多。受访贫困户年龄的均值为 52.6，处于较大的年龄阶段，30 岁及以下的人数较少，占样本总数的 1.78%，31~45 岁占 8.89%，46~55 岁占 35.18%，56~65 岁占 30.43%，66~75 岁占 16.80%，76 岁及以上占 6.92%，总体看来，受访贫困户基本以中老年人为主，46 岁以上的贫困户占比高达 89.33%。受访贫困户受教育年限均值为 4.12 年，表明受访者受教育年限较低，文盲人数占样本总数的 20.36%，小学文化的人数占样本总数的 56.72%，初中文化的人数占样本总数的 18.97%，高中及以上人数占样本总数的 3.95%，所以受访贫困户大多处于中低受教育水平，只有少数部分属于高等学历。贫困户务农时间均值为 27.4 年，这跟受访者年龄较高有直接关系，0~9 年的占样本总数的 8.27%，10~19 年的占样本总数的 16.01%，20~29 年的占样本总数的 29.53%，30~39 年的占样本总数的 27.03%，40~49 年的占样本总数的 12.20%，50~59 年的占样本总数的 6.04%，60 年及以上的占样本总数的 0.92%。上述数据反映出本次调查的贫困户在个体特征方面具有的共同特点是：贫困户的年龄集中于中老年阶段，受教育程度低，务农时间较长。

健康状况是影响贫困户人力资本的主要指标之一，在受访的贫困户中，身体健康状况良好的共有 106 人，占 20.95%；身体健康状况一般的共有 262 人，占 51.78%；身体健康状况差的共有 138 人，占 27.27%（见表 4-15）。这里的数据分析结果与贫困分析中的结论是一致的，因病致贫是贫困户贫困的主要原因。

表 4-15　贫困户健康状况及劳动力占比

健康状况	人数（人）	占比（%）	劳动力占比	户数	占比（%）
良好	106	20.95	(0, 1/4]	265	52.37
一般	262	51.78	(1/4, 1/2]	185	36.56
差	138	27.27	(1/2, 3/4]	50	9.88
总计	506	100.00	(3/4, 1]	6	1.19
			总计	506	100.00

资料来源：农村电商贫困户调查数据整理。

贫困户家庭劳动力占比是指贫困户家庭中从事农牧业的劳动力的比重，按照法律规定是 15~64 岁的劳动力的数量占家庭总人口的比重，通常用百分比表示。统计结果显示，劳动力家庭占比为 1/4 及以下的有 265 户，占 52.37%；劳动力家庭占比为 1/4~1/2 的有 185 户，占 36.56%；劳动力家庭占比为 1/2~3/4 的有 50 户，占 9.88%；劳动力家庭占比为 3/4 以上的有 6 户，占 1.19%（见表 4-15）。该数据表明，贫困户家庭劳动力占总人数的 50% 以下的共有 450 户，占总调研样本的 88.93%，说明农村牧区贫困户家庭劳动力人数并不充足，处于较低的水平，这与前文分析中的劳动力缺少的结论相吻合。

4.6.2 贫困户农村电商的应用情况分析

4.6.2.1 贫困户手机上网成为主流

由于移动互联网的方便性，网民中使用手机上网的比例持续攀升，据 CNNIC 统计显示，截至 2017 年 12 月，手机上网人数达到 7.5265 亿人，占网民总规模的比例高达 97.5%。调研数据呈现出相似的情况，如图 4-9 所示，贫困户中选择手机上网的达到 65.61%，而选择使用计算机上网的贫困户占比仅为 11.46%，两者相差悬殊，可见贫困户手机上网逐渐取代计算机上网。

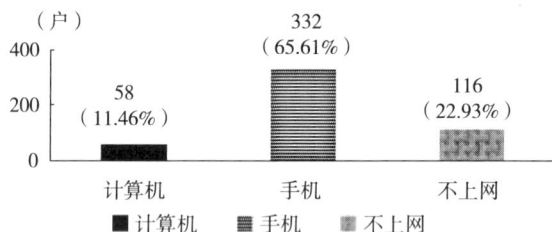

图 4-9　贫困户上网的主要方式

资料来源：农村电商贫困户调查数据。

4.6.2.2 电商交易活动与年龄密切相关

电商是新生事物，接受新生事物需要一个适应的过程，而贫困户中较为年轻的群体适应电商较快。调研数据显示，贫困户所处年龄阶段不同，网购方式也有所差异。如图 4-10 所示，被调查者平均年龄高达 52.6 岁，25~45 岁的贫困户中通过网络进行过商品交易的占比 99.06%，46~65 岁的贫困户中通过网络进行过商品交易的占比 89.29%，66~75 岁的贫困户中通过网络进行过商品交易的占比 43.26%，而 76 岁及以上的贫困户通过网络进行过交易的仅仅占

7.96%。由此可知，年轻人群体较快地适应了电商，能够较熟练地利用网络。在发展农村电商时，优先培训年轻人对其进行电商相关知识的培训，优先培养年轻人接触电商是关键。

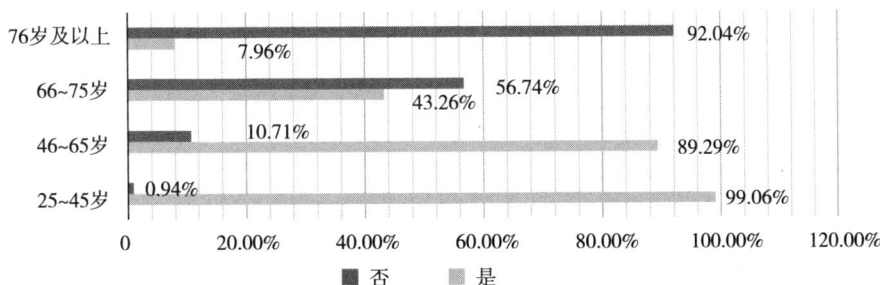

图 4-10 不同年龄段贫困户通过网络进行商品交易情况
资料来源：农村电商贫困户调查数据。

在网购方式上，青年贫困户与中老年贫困户行为选择方式不同。25~45 岁贫困户倾向于自己上网购买商品，占比高达 97.41%，选择让亲戚、邻居、朋友帮忙买的贫困户比例为 1.33%。46~65 岁以及 66 岁及以上的贫困户网购方式既呈现出相同的特点，又表现出不一样的特质：让亲戚、邻居、朋友购买的占比均高于自己上网买的占比，66 岁及以上的贫困户网购方式的差别明显大于 46~65 岁的贫困户网购方式的差别。46~65 岁的贫困户中选择让亲戚、邻居、朋友帮忙买的比例为 32.50%，选择自己上网买的占比 56.69%；66 岁以上的贫困户 98.24%选择让亲戚、邻居、朋友和服务站工作人员帮忙买，只有 1.76%选择自己上网买（见图 4-11）。

4.6.2.3 衣着类网络消费是第一大品类，农资消费也逐渐兴起

在网购品类方面，服饰鞋帽类商品成为贫困户网络消费的第一大品类。84.03%的网购贫困户经常在网上购买服饰鞋帽类商品；经常购买 3C 产品、家居用品、个护化妆的贫困户占比相差不大，分别为 20.10%、17.35%、16.01%；27.63%的网购农牧户开始在网上购买农业所需生产资料；在网上经常购买食品饮料的贫困户比例为 80.60%；在网上购买图书音像制品的贫困户占比最少，为 5.58%（见图 4-12）。在种植面积较大的河套平原和呼伦贝尔地区，对农业生产资料需求较大，由于物流配送以及移动支付等问题凸显，贫困户在网络上购买农业生产资料较少，但由于电商的快速发展以及手机移动支付

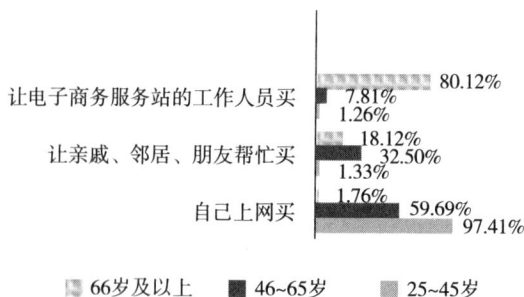

让电子商务服务站的工作人员买 80.12%
7.81%
1.26%

让亲戚、邻居、朋友帮忙买 18.12%
32.50%
1.33%

自己上网买 1.76%
59.69%
97.41%

66岁及以上　46~65岁　25~45岁

图4-11　不同年龄段贫困户网购方式

资料来源：农村电商贫困户调查数据。

的便捷性，在网络上购买农业生产资料（农业种子、化肥等）已经成为贫困户选择的主要渠道之一。2018年8月，在内蒙古自治区巴彦淖尔市的五原县和呼伦贝尔的扎兰屯市，贫困户对于网上购买农业生产资料的流程熟知、兴趣很浓厚，五原县主要以购买种子为主，扎兰屯市主要以购买化肥为主。由于在扎兰屯市的地方性自建电商平台——"智慧网"上提供了化肥的销售，这些化肥都是贫困户熟知的品牌，且该平台销售直接给贫困户提供送货到家以及农业生产资料贷款3.5%（较低利率）的服务，因此，贫困户不仅可以放心购买，又不用担心购买生产资料时资金短缺的问题，对贫困户来说是"双赢"。该做法主要是减弱贫困户对网络的疑虑，增强贫困户对农村电商的信赖程度和对网络购买的兴趣。

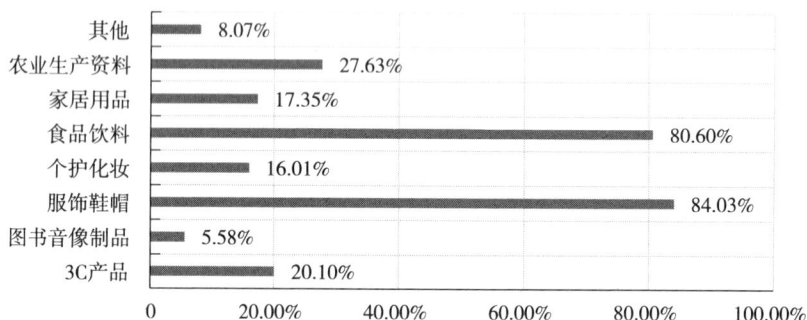

其他 8.07%
农业生产资料 27.63%
家居用品 17.35%
食品饮料 80.60%
个护化妆 16.01%
服饰鞋帽 84.03%
图书音像制品 5.58%
3C产品 20.10%

0　20.00%　40.00%　60.00%　80.00%　100.00%

图4-12　贫困户网购产品分布

资料来源：农村电商贫困户调查数据。

4.6.2.4　价格便宜是驱使贫困户网购的主要因素

网购有其先天的优势：价格便宜、品类多样、购物时间不受限制。在农村电商发展的初级阶段，网购的价格优势首先吸引了广大的贫困户。如图 4-13 所示，由于网购价格便宜而选择网购的贫困户比例为 68.56%；认为购买时间自由是网购的主要原因的贫困户占比 27.56%；因为网购能买到实体店买不到的东西、节省体力的农牧户占比分别为 19.86%、31.06%。

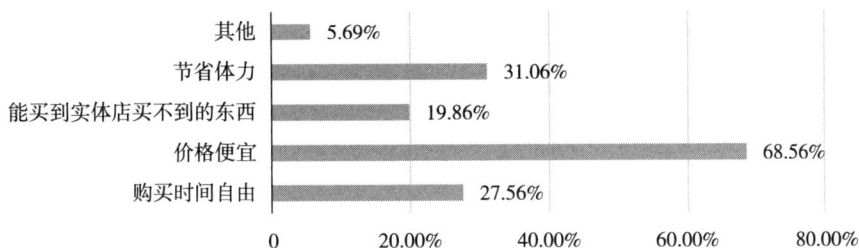

图 4-13　贫困户网购原因

资料来源：农村电商贫困户调查数据。

4.6.3　贫困户家庭收支构成分析

4.6.3.1　贫困户家庭收入构成分析

（1）贫困户家庭收入基本情况。贫困户家庭收入作为增收扶贫效果的因变量，为了保障其可靠性与准确性，以及调研可开展性，在对贫困户家庭总收入进行调查时，共调查家庭成员外出务工收入、种植业收入、养殖业收入和非生产性收入四个部分。家庭成员外出务工收入以家庭成员职业类型、工作月数和月收入来计算，即家庭成员的工资性收入；种植业收入以家庭种植农作物的亩数、平均亩产及销售价格来计算；养殖业收入以养殖活畜和产出畜产品来计算；非生产性收入以政府补贴收入、财产性收入来计算。此处对家庭收入进行样本描述统计分析，为后续实证分析奠定基础。

笔者对收入的分析主要是按照调研年限进行区分，连续三年的贫困户家庭收入基本情况类似，2015 年、2016 年和 2017 年中低等收入群体所占比重接近，2015~2017 年家庭年收入在 36000 元及以下的占比分别为 78.64%、

59.66%、42.66%。从收入均值来看，2017 年家庭年收入为 2.7658 万元，高于 2016 年（2.6486 万元）和 2015 年（2.5024 万元），随着时间的变化，贫困户收入是呈现出缓慢上升的趋势，这也是精准扶贫攻坚战的成果（见表 4-16）。

表 4-16　贫困户家庭总收入基本情况

年份	家庭年收入（元）	数量（户）	占比（%）	最大值（元）	最小值（元）	均值（元）
2015	（0，12000]	100	33.90	12000	360	4618.431
	（12000，24000]	64	21.69	24000	12300	17958.68
	（24000，36000]	68	23.05	36000	24436.68	29882.83
	（36000，48000]	35	11.86	48000	36021.2	42539.02
	（48000，60000]	15	5.08	53904.32	48378	53904.32
	60000 以上	13	4.41	70000	60046	65573.01
	合计	295	100.00	—	—	—
2016	（0，12000]	85	28.81	12000	480	5583.01
	（12000，24000]	50	16.95	24000	12027	11340.58
	（24000，36000]	41	13.90	36000	24060.57	21024.37
	（36000，48000]	56	18.98	47313.95	36064	31020.07
	（48000，60000]	35	11.86	60000	48660	40983.93
	60000 以上	28	9.49	70905	60483.6	66232.02
	合计	295	100.00	—	—	—
2017	（0，12000]	28	13.27	12000	650	6912.14
	（12000，24000]	30	14.22	24000	12800	19434
	（24000，36000]	32	15.17	36000	24600	32516.25
	（36000，48000]	22	10.43	48000	36050	43831.82
	（48000，60000]	16	7.58	60000	52000	57906.25
	60000 以上	19	9.00	71000	61500	67601.16
	合计	211	100.00	—	—	—

资料来源：农村电商贫困户调查数据整理。

（2）贫困户家庭收入结构分析。根据前文所述，贫困户家庭收入结构主要是包含外出务工收入、种植业收入、养殖业收入和非生产性收入四部分，具体如表 4-17 所示。此部分分析主要是发现贫困户的主要收入来源，并分析发展电商扶贫的必要性，同时也为后续实证分析和政策建议提供依据。

表 4-17　贫困户家庭收入结构分布情况

贫困户家庭收入类型	各类型收入占总收入比重（%）分组	2015 年		2016 年		2017 年	
		数量（户）	占比（%）	数量（户）	占比（%）	数量（户）	占比（%）
种植业收入	（0，20%]	44	14.81	50	16.84	37	17.54
	（20%，50%]	72	24.24	97	33.00	16	7.58
	（50%，80%]	92	31.31	107	36.36	88	41.71
	（80%，100%]	86	29.12	41	13.80	61	28.91
	合计	295	100.00	295	100.00	211	100.00
养殖业收入	（0，20%]	271	91.92	266	90.07	185	87.68
	（20%，50%]	16	5.56	17	5.72	12	5.69
	（50%，80%]	7	2.53	3	1.01	3	1.42
	（80%，100%]	5	1.68	9	3.20	1	0.47
	合计	295	100.00	295	100.00	211	100.00
非生产性收入	（0，20%]	111	37.71	14	49.83	106	50.24
	（20%，50%]	83	28.28	74	25.08	51	24.17
	（50%，80%]	5	8.42	23	7.74	30	14.22
	（80%，100%]	75	25.59	51	17.34	14	6.64
	合计	295	100.00	295	100.00	211	100.00
外出务工收入	（0，20%]	152	51.52	179	60.61	103	48.82
	（20%，50%]	40	13.64	29	9.76	50	23.70
	（50%，80%]	45	15.15	52	17.51	25	11.85
	（80%，100%]	58	19.70	36	12.12	33	15.64
	合计	295	100.00	295	100.00	211	100.00

资料来源：农村电商贫困户调查数据整理。

种植业收入是贫困户家庭收入的主要来源，2015~2017 年种植业收入占比大于 50% 的样本贫困户数量占比分别为 60.43%、50.16%、76.62%；养殖业收入并不是家庭年收入的主要来源，2015~2017 年养殖业收入占比大于 50% 的样本贫困户数量占比分别为 4.21%、4.21%、1.89%，这跟本书所调研地区

90%为农区有一定的直接关系；非生产性收入虽然作为家庭收入的主要来源，但是收入并不多，2015~2017年非生产性收入占比大于50%的样本贫困户数量占比分别为34.01%、25.08%、20.86%，因为本书中的非生产性收入主要是跟农牧业相关的一些政府补贴性收入，如粮食直补、保险补贴等，只作为家庭收入的一部分，但不是主要收入；外出务工收入应该是家庭年收入的重要组成部分，但是由于现在农村牧区老龄化严重，家庭共同成员逐年减少，因此贫困户家庭外出务工①收入也变少，2015~2017年外出务工收入占比大于50%的样本贫困户数量占比分别为34.85%、29.63%、27.49%。由上述数据可知，贫困户家庭收入结构主要是以种植业、养殖业收入为主要来源，但目前的农畜产品品牌化与标准化程度低，农畜产品带来的收入并不高，这也是目前农村牧区贫困的主要根源，由此可知，发展电商，促进农畜产品品牌化和标准化，从而扩大销售范围，促进贫困户主要收入来源的提高。

贫困户家庭成员外出务工的职业类型如图4-14所示，贫困户职业为村干部的占样本总数的3.16%，为务农的占样本总数的52.96%，为打零工的占样本总数的27.27%，为工人的占样本总数的4.15%，为教师/幼师的占样本总数的2.37%，为司机的占样本总数的0.99%，为个体的占样本总数的1.58%，为服务员的占样本总数的4.94%，为妇联的占样本总数的0.99%，为会计的占样本总数的0.59%，为其他的占样本总数的0.99%，所以贫困户大多以替其他农牧户务农、打零工为主，这与贫困户的受教育程度和年龄结构有直接关系。综合上述数据，受访贫困户大多从事不稳定的打工工作，且收入水平处于中低水平，农村牧区贫困户在从事农忙之后还有很多业余时间进行收入的补充，说明贫困户可以有更多的时间从事电商相关工作及其培训，提升个人能力，从而获得更多的电商方面的收入。

4.6.3.2 贫困户家庭支出构成分析

（1）贫困户家庭支出基本情况。贫困户家庭支出作为节支扶贫效果的因变量，为了保障其可靠性与准确性，以及调研可开展性，将贫困户家庭支出分为种植业支出、养殖业支出以及非生产性支出三部分。种植业支出主要由物化成本和人工成本两部分构成，其中物化成本包括施肥、灌溉、除草、农药，均采用频次亩数亩均费用来计算，农膜和种子按照每年费用计算；人工成本指每

---

① 这里强调一点：实际调研与访谈中发现，贫困户在农村牧区的外出务工收入多数是利用空闲时间从事一些与务农相关的工作或者体力活，如自己家的农活干完后去一些大户家干农活、体力活，在后面分析中可以发现，贫困户中，外出务工类型中务农和打零工的占80.23%。

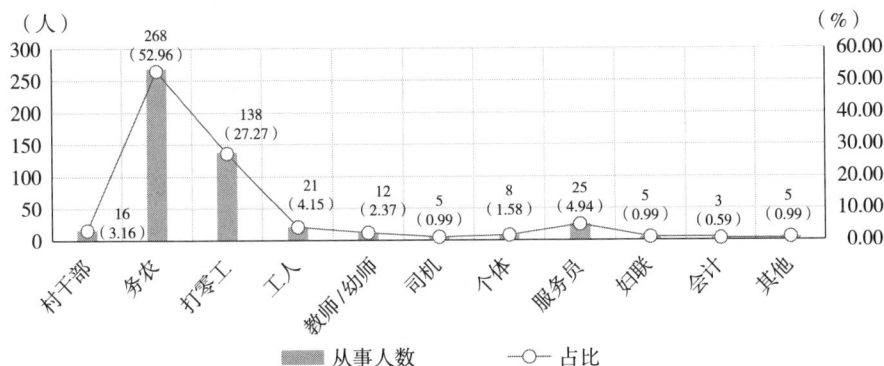

图 4-14　样本贫困户外出务工职业特征分布情况

资料来源：农村电商贫困户调查数据整理。

年雇工费用。养殖业支出主要由幼畜购进费、饲料费、圈舍维修费、防疫费、兽药费、保险费等组成。非生产性支出主要包括食品支出、衣着类支出、教育支出、礼金支出、医疗费用支出、大型家电支出、交通支出、通信支出以及赡养老人支出等（见附录 2）。

连续三年的贫困户家庭支出基本情况类似，2015 年、2016 年和 2017 年支出群体所占比重与收入群体接近，2015~2017 年家庭年支出在 36000 元以上的贫困户占比分别为 22.03%、37.97%、41.23%。从支出均值来看，三年支出基本上维持在相似水平，但 2017 年明显高出前两年的支出，跟收入增加有一定关系（见表 4-18）。

表 4-18　贫困户家庭总支出基本情况

年份	家庭年支出（元）	数量（户）	占比（%）	最大值（元）	最小值（元）	均值（元）
2015	（0，12000]	96	32.54	8072.00	272.16	3491.53
	（12000，24000]	60	20.34	16144.00	11498.80	10576.76
	（24000，36000]	72	24.41	27216.00	24474.13	20591.42
	（36000，48000]	39	13.22	37232.03	36288.00	36159.5
	（48000，60000]	18	6.10	40751.67	36573.77	48751.67
	60000 以上	8	2.71	64432.00	60394.78	50573.2
	合计	295	100.00	—	—	—

续表

年份	家庭年支出（元）	数量（户）	占比（%）	最大值（元）	最小值（元）	均值（元）
2016	（0，12000]	90	30.51	11926.00	130.00	3584.01
	（12000，24000]	52	17.63	24000.00	12065.00	14501.58
	（24000，36000]	41	13.90	35910.00	24871.60	25700.24
	（36000，48000]	53	17.97	47946.04	36239.20	41810.01
	（48000，60000]	32	10.85	59984.50	48152.13	49589.13
	60000 以上	27	9.15	69829.00	60094.44	60130.02
	合计	295	100.00	—	—	—
2017	（0，12000]	28	16.59	9282.00	491.40	3950.54
	（12000，24000]	30	19.43	18354.00	9676.80	17107.23
	（24000，36000]	32	22.75	27426.00	18597.60	27441.14
	（36000，48000]	22	13.27	36498.00	27253.80	43479.93
	（48000，60000]	16	18.96	52570.00	48312.00	50095.51
	60000 以上	19	9.00	70642.00	46494.00	61636.50
	合计	211	100.00	—	—	—

资料来源：农村电商贫困户调查数据整理。

（2）贫困户家庭支出结构分析。根据前文所述，贫困户家庭支出结构主要包含种植业支出、养殖业支出、非生产性支出三部分，同时，本书还单独考虑了电商方面的支出①，具体如表4-19所示。

种植业支出是贫困户家庭的主要支出，其中2015～2017年种植业支出占比大于50%的样本贫困户数量占比分别为59.60%、50.33%、59.71%。而养殖业支出并不是家庭年支出的主要部分，2015～2017年养殖业支出占比大于50%的样本贫困户数量占比分别为7.24%、8.42%、6.17%。非生产性支出仅是部分贫困户家庭的主要部分，如社会网络在农村牧区较大的贫困户礼金支出较多，子女正在学龄期间的家庭教育支出较多，家里老人年龄较大的家庭赡养老人以及医疗支出较多，2015～2017年非生产性支出占比大于50%的样本贫困户数量占比分别为36.87%、26.10%、25.11%。电商支出包含两部分：一是电商销售支出，主要是贫困户在从事农畜产品"上行"时涉及的网络店

————————

① 由于本书研究电商扶贫的成效、问题以及实证分析中均涉电商销售的成本，因此，本书在表4-19中单独列出了电商购买支出和电商销售成本。

铺等相关成本，以及宽带费用、流量费用、促销费用、物流成本、网店设计费、产品包装费用以及工作人员工资等支出；二是贫困户家庭从事电商购买生产资料或生活用品支出。2015～2017年电商支出占比大于50%的样本贫困户数量占比分别为19.86%、36.03%、45.50%。近几年，由于物流公司的竞争和政府的补贴，物流运输费用降低，电商销售支出降低，但调查数据中显示，贫困户电商支出呈现出递增趋势，这与2015年电商进农村综合示范项目及贫困户的电商认知提高有一定的关联，这些现象都与调研实际相吻合。

表 4-19 贫困户家庭支出结构分布情况

贫困户家庭支出类型	各类型支出占总支出比重（%）分组	2015 年		2016 年		2017 年	
		数量（户）	占比（%）	数量（户）	占比（%）	数量（户）	占比（%）
种植业支出	(0, 20%]	42	14.31	53	17.85	36	17.06
	(20%, 50%]	77	26.09	94	31.82	49	23.22
	(50%, 80%]	97	33.00	114	38.55	59	27.96
	(80%, 100%]	78	26.60	35	11.78	67	31.75
	合计	295	100.00	295	100.00	211	100.00
养殖业支出	(0, 20%]	251	85.02	256	86.70	179	84.83
	(20%, 50%]	23	7.74	14	4.88	19	9.00
	(50%, 80%]	19	6.57	15	5.05	4	1.90
	(80%, 100%]	2	0.67	10	3.37	9	4.27
	合计	295	100.00	295	100.00	211	100.00
非生产性支出	(0, 20%]	108	36.53	145	48.99	110	52.13
	(20%, 50%]	78	26.60	69	23.23	48	22.75
	(50%, 80%]	29	9.93	25	8.42	29	13.74
	(80%, 100%]	79	26.94	52	17.68	24	11.37
	合计	295	100.00	295	100.00	211	100.00
电商支出	(0, 20%]	154	52.36	115	38.89	58	27.49
	(20%, 50%]	82	27.78	74	25.08	57	27.01
	(50%, 80%]	50	17.00	81	27.61	73	34.60
	(80%, 100%]	8	2.86	25	8.42	23	10.90
	合计	295	100.00	295	100.00	211	100.00

资料来源：农村电商贫困户调查数据整理。

4.7 样本村（嘎查）及贫困户家庭典型性特征分析

4.7.1 样本村（嘎查）典型性分析

内蒙古自治区东西跨度大，地区性差异显著，东部、中部、西部贫困户致贫因素与贫困形成机理存在显著差异，贫困人口区域分布不均衡，中、东部地区贫困人口居多。为保证本书研究的科学性，采用分层抽样法对内蒙古自治区东部、中部、西部贫困乡村进行抽样调查。样本村抽样调查结果显示，贫困户致贫的主要因素包括因病致贫、资金短缺，因残致贫、因学致贫、因灾致贫、劳动力短缺等，这与内蒙古自治区扶贫开发办公室发布的《扶贫情况通报（2011—2019）》观点一致，该通报认为，"就业岗位不足、资金短缺、劳动力不足是制约内蒙古自治区脱贫工作的重要因素"；《2018年政府信息公开工作年度报告》中"内蒙古自治区贫困地区分布不平衡，致贫因素中因病致贫凸显"等观点也与样本村调研分析结论观点一致。总体来看，调查样本村的生产、生活、生态环境类型、贫困特征及贫困类型基本涵盖内蒙古自治区乡村总体基本特征，样本村调查结果具有典型代表性，可以作为表征内蒙古自治区乡村进行分析与研究。

4.7.2 样本贫困户家庭典型性分析

调研样本贫困户家庭个体特征与内蒙古自治区贫困户家庭整体特征一致性较强，1953~2010年，六次全国人口普查数据显示，内蒙古自治区农村牧区人口年龄结构40~50岁、30~40岁、30岁以下年龄组人口数量逐渐较少，截至2010年各年龄组分别占总人口的比例为36.6%、24.8%、6.9%；而50~60岁、60~70岁年龄组人口数量逐渐增加，截至2010年各年龄组分别占总人口的22.7%、9.0%。截至2017年，农村牧区人口中男女比例约为2:1，文盲、小学文化、初中文化、高中及以上人口数占总人口数的比例分别为3.6%、20.3%、59.7%、16.4%。贫困户健康状况一般及以上的占比为72.73%，跟内蒙古自治区总体贫困户健康水平和慢性病的比重75.44%基本上呈现出一致的趋势，而调查数据中贫困户的健康水平 20.95% 低于内蒙古自治区整体的健康水平 45.68%，主要原因是在暑期进行调研时被调查贫困户多以年龄较大的老年人为主。总体上可以看出，样本家庭特征与内蒙古自治区农村牧区家庭基本特征相似性较强。

调查样本 2015 年、2016 年、2017 年农牧户家庭收入与支出情况与内蒙古自治区人民政府于 2018 年 6 月印发的《2017 年度自治区扶贫办政府信息公开工作报告》基本情况相吻合，报告显示 2015~2017 年，贫困人口数量逐年减少，贫困户人均收入逐渐增加。在贫困户家庭收入方面：内蒙古自治区 2012 年贫困户人均收入为 3760 元，2017 年贫困户人均收入为 7745 元；在贫困户家庭支出方面：2012 年贫困户家庭支出为 2251 元，2017 年贫困户家庭支出为 6652 元。可以看出，调查样本家庭收入与支出情况与内蒙古自治区贫困户基本情况相当。

基于以上分析，样本贫困户可以作为内蒙古自治区农村牧区贫困户家庭个体的典型代表进行分析。

4.8　本章小结

本章包括调查样本区电商发展概况、样本选择和典型性分析。具体结论为：

（1）首先，对内蒙古自治区农村电商发展现实基础进行了梳理，包括发展现状及存在的问题；其次，对调查样本选择与数据来源进行了详细介绍，包括调查样本分布以及样本数据选择原因等；再次，介绍了调查问卷设计与调查方法，利用 Amos23.0 软件对调查问卷的 7 个维度进行信度与效度检验，发现该组调查问卷数据符合规定的信度与效度标准；最后，对问卷中的 61 个样本村整体发展情况和村整体电商发展情况以及 506 个贫困户家庭基本信息情况进行描述性统计分析。本部分的分析主要是为后续第 5 章进行农村电商扶贫效果的实证分析奠定研究基础。

（2）结合扶贫情况通报、政府工作报告及内蒙古自治区扶贫信息系统，对比分析了调查样本数据与内蒙古自治区整体情况的一致性，说明调查样本数据具有典型代表性。

此部分内容为后续的实证分析和政策建议提供基础数据和事实依据。

第5章 内蒙古自治区农村电商
扶贫效果的实证分析

内蒙古自治区是我国贫困人口的聚集区，是扶贫攻坚的主战场（包玉华，2019）。截至 2018 年底，我国农村居民开设的活跃网店超过 66 万个，"淘宝村"数量为 3202 个，年销售额超过 2200 亿元，充分展示了贫困落后地区借助电商实现跨越式发展的巨大潜力，农村电商发展对农村牧区经济社会发展乃至乡村振兴战略的实施具有重要作用与意义。然而，自 2015 年国家实施电商进农村综合示范项目后，农村电商是否起到了扶贫的作用？扶贫效果如何？是否能够增加收入、节省支出和提高人力资本？具体的作用效果大小如何？虽然本书第 3 章从理论上分析发现贫困户参与农村电商具有一定的扶贫效果——"增收""节支"和"赋能"，但仍然需要结合微观调研数据从实证角度进一步检验。鉴于此，本章内容基于第 3 章农村电商扶贫的作用机制的理论分析和第 4 章调查样本区电商发展概况、样本选择及典型性分析，实证检验贫困户农村电商扶贫的效果。

5.1 农村电商扶贫效果的研究进展

农村电商扶贫于 2014 年纳入国家扶贫开发体系，所谓电商扶贫，是以电商为手段，以内生性、普惠性为特征的一种创新开发扶贫模式。电商扶贫通过拉动网络消费、网络创业，推动贫困地区产业转型升级，对提高贫困户收入和改善生活水平具有重要的带动作用和实践意义（魏延安，2015）。学者们从理论和实践上分析了农村电商扶贫的作用效果：

国外的电商扶贫主要是体现在信息沟通技术（ICTs）扶贫。Hamelink（1997）认为，信息沟通技术带动经济发展，是扶贫的基础，随后学者们对 ICTs 扶贫的作用效果展开多角度、多领域研究，并以时间为轴线对比新旧 IC-Ts 对扶贫贡献的大小，清晰地刻画了 ICTs 的扶贫机理（Adeya，2002）。研究结果显示，利用 ICTs 和 Web 接入对扶贫作用显著（Orlikowski、Iacono，2001），一方面能够为贫困地区的农民提供更为丰富和全面的信息，减少信息不对称带来的损失（Heeks、Bhatnagar，2004）；另一方面有助于农户参与市场定价，降低交易成本，确保贫困农民的利益，特别是对于一些偏远贫困地区的扶贫效果更明显。

国内在电商兴起之初，就有学者将其与扶贫相联系，认为贫困地区可以借助电商发展来提高区域经济水平（吴敏春，2002），之后"电商扶贫"成为学者研究的热点（汪向东，2011）。研究结论显示电商扶贫效果显著（周海琴，2012；郭彪，2013；魏延安，2015），主要体现在：一是能够提高区域的创新、创业能力（熊雪、聂凤英，2017）；二是对于农户家庭具有"增收""节支""赋能"的作用（林广毅，2016；张申鹏，2016），能够增强贫困户的获得感与幸福感（张瑞东、蒋正伟，2015；张鸿，2018）。基于以上研究，电商扶贫被认为是精准扶贫和稳定脱贫的重要扶贫方式（汪向东，2018），特别是对于深度贫困地区具有良好效用（王金杰，2019；张夏恒，2019；周克全等，2016）。

国内外学者有关农村电商扶贫效果的研究成果对本书的研究具有借鉴意义，但综观国内外学者的研究可发现：①国内外学者对农村电商扶贫效果的作用方向并不一致，甚至出现相反的观点，需要进一步验证；②国内外众多学者对农村电商扶贫的研究少有根据微观调研数据进行扶贫效果的实证分析，大多数学者仅从宏观层面和理论案例层面上对农村电商扶贫效果进行研究。基于此，本书结合大量微观调研数据，实证检验与测度农村电商的扶贫效果，通过贫困户参与电商活动所获得的收入变化、支出变化以及人力资本变化，客观地测度农村电商扶贫的效果。研究成果可为国家重点推进电商扶贫提供有力抓手和有效手段，考察农村电商大量财政投入是否取得成效、农村电商示范项目是否推动了农村经济的发展、是否助力脱贫攻坚等关键问题，旨在为制定有针对性的政策提供参考依据。

5.2　农村电商"增收"扶贫效果的实证分析

5.2.1　农村电商对贫困户收入影响的方差分析

根据前面章节的介绍，本书在实证分析农村电商增收扶贫效果之前，对贫困户参与农村电商与收入进行方差分析。方差分析主要是研究一个或多个因素对实验结果的影响和作用，即当因素选择不同的取值或分组时对结果有无显著影响。本部分主要是利用方差分析来判断贫困户参与电商后是否对收入具有一定的影响。在研究贫困户参与电商时，以贫困户网络销售额（元/月）和网购频次（次/月）作为贫困户参与电商的指标，收入指标选择的是调查问卷中的种植业收入、养殖业收入、非生产性收入加总得出的家庭年收入。鉴于此，本书的因变量为贫困户家庭年收入，自变量包括三个分组（Group），其中一组是参与网络购买（IB），二组是参与网络销售（IS），三组是前两种都未参与（NI）。运用 Stata14.0 对农村电商与收入进行方差分析，分析结果如表 5-1 所示。

表 5-1　农村电商与收入的多因素方差分析（ANOVA）结果

分组变量（Group）	均值	标准差	频数	F-Value	Prob>F
网络购买（IB）	10.8	1.405	386	1.05	0.012
网络销售（IS）	3115.2	7851.36	216	5.07	0.003 ***
两者未参与（NI）	0	0	116	1.52	0.452
R-squared					0.354
F-Value					2.56
Prob>F					0.001
Number					506

注：*** 表示 1%的显著水平。

资料来源：农村电商贫困户调研数据。

方差分析结果显示，R-squared 为 0.354，表明模型的拟合优度较好。P 为 0.001，表明农村电商对贫困户家庭年收入有显著作用。贫困户中参与过网络购买的有 386 户，占总样本的 76.3%；参与过网络销售的有 216 户，占总样本的 42.7%；二者均未参与过的占 22.9%。网络销售（IS）对贫困户家庭收入在 1%显著性水平下具有显著作用，而网络购买（IB）对贫困户家庭年收入不具有显著作用，该结论与第 3 章中的分析是相吻合的，两者都未参与的对收入的影响不显著。由此可知，农村电商对贫困户家庭收入具有一定的影响，进而为后续影响程度大小的验证奠定了基础。

5.2.2　研究方法

为了验证农村电商的贫困户收入效应，本书采用处理效应模型（Treatment

Effect Model，TEM）进行实证检验与分析。

农村电商的参与和发展与户主的受教育程度以及国家政策支持都是有直接关系的，户主受教育程度越高，贫困户参与电商越积极，家庭年收入越高（梁祎等，2018；马宏，2018）。但是本书在研究农村电商对收入的影响时，发现二者可能会相互影响，即产生内生性问题。为了消除内生性带来的样本选择偏差，本部分将农村电商参与和贫困户收入进行联合估计，因为解决以不可测变量选择问题的另一种方法遵循的 Heckman（1979）样本选择模型的传统，直接对处理变量进行结构建模。为此，本书选择处理效应模型（TEM）两步估计方法（Maddala，1983），在消除内生性的同时，实证分析农村电商对贫困户收入的影响。

TEM 主要依据以下两步法展开：

第一阶段：建立农村电商参与行为决策方程，这一部分主要采用 Probit 模型来识别贫困户参与农村电商的主要影响因素，第一阶段模型的计算公式为：

$$P(Z_i = 1 | x_1, x_2, \cdots, x_i) = \Phi(\beta_0 + \beta_1 x_1 + \beta_2 x_2 + \cdots + \beta_i x_i) \quad (5-1)$$

其中，$\Phi(x)$ 为标准正态累积分布函数；Z_i 为内生选择变量，即贫困户是否参与农村电商（参与 = 1，未参与 = 0）；X_i 代表第 i 种影响农村电商参与行为的因素；β_i 为回归系数；β_0 为常数项。

在第一阶段回归的基础上，进一步得出自选择偏差的估计值，生成 Mills 逆转化率（λ），计算公式如下：

$$
\begin{cases}
\Lambda_i = \dfrac{\varphi(\hat{\beta}x_i)}{\Phi(\hat{\beta}x_i)}, & z_i = 1 \\[4mm]
\dfrac{\varphi(\hat{\beta}x_i)}{[1 - \Phi(\hat{\beta}x_i)]}, & z_i = 0
\end{cases}
\quad (5-2)
$$

第二阶段：将 Mills 逆转化率（λ）作为选择性偏差修正项，以自变量的形式引入贫困户年收入方程中，以 OLS 估计量得到无偏的系数估计值。公式如下：

$$y_i = \beta z_i + \rho\sigma\lambda_i + \alpha X_i + \varepsilon_i \quad (5-3)$$

其中，z_i 为贫困户是否参与电商的预测值；λ_i 代表是否存在内生选择偏差；为减轻遗漏重要解释变量引发的内生性问题，本部分在以往研究的基础上，引入一些控制变量 X_i，以使研究结论更稳健；ε_i 为误差项。

5.2.3 数据来源与变量选择

5.2.3.1 数据来源

结合农村电商扶贫的"增收"作用机制理论分析及上述方差分析结果可知，农村电商的贫困户参与网络销售对增加收入具有显著影响，因此，本部分使用的数据是选择 506 份贫困户中参与网络销售的 216 份样本，这部分数据是已经剔除无效或缺失样本后的微观调研数据，其中 2017 年调研的贫困户进行网络销售的有 96 户，占总贫困户样本数的 44.44%；2018 年调研的贫困户进行网络销售的有 120 户，占总样本数的 55.56%。样本数据的描述统计在第 4 章中已有所体现，在此不做赘述。选择参与网络销售的贫困户作为本部分的样本，重点考虑增收效果是取决于贫困户参与农村电商的哪个环节，也就是说，重点考察网络销售是否促进贫困户增收，进而为推动农畜产品"上行"提供事实依据。

5.2.3.2 第一阶段的变量选择与说明

（1）被解释变量。被解释变量为贫困户是否参与电商，参与 = 1，未参与 = 0。对原始问卷中的数据进行梳理，若贫困户的网络销售额（元/月）大于 0，则表示该贫困户参与电商，并将其记为 1，否则记为 0。

（2）解释变量确定及研究假说。行为经济学结合经济运作规律和心理分析，研究市场上人类的复杂行为（GeroSchwenk、Guido Möser，2009）。行为经济学认为人的行为是有限理性的，行为会与心理产生互动，进而影响行为结果。行为经济学理论发展至今，已经形成了计划行为理论和理性行为理论两大基础理论，即 Fishbein 和 Ajzen 提出了理性行为学（TRA）和计划行为学（TPB），计划行为理论在理性行为理论的基础上增加了知觉行为控制，认为人的情绪、个人特征、对事物主观态度的内部因素和外生因素共同影响人对行为的主观态度和控制认知，进而影响人的行为意图，最终形成行为。众多观点一致认为个体参与行为取决于个体的行为意向，而行为意向又是由态度、主观因素和感知行为共同决定（Wooldridge J. M.，2002）。如此看来，对于在农村牧区开展电商，贫困户是否参与电商这一行为是由其主观和客观影响因素决定的，因此，在研究贫困户参与电商行为时，以主观和客观因素作为指标框架体系是符合行为理论的。

随着电商进农村综合示范工作的开展，贫困户对电商的认识也越来越多，依赖也越来越强。实践证明，发展电商会给当地的贫困户收入带来显著变化，节省了生活性和生产性支出，能够为贫困户赋能（汪向东、张才明，2011；林广毅，2016；汪向东、王昕天，2015）。从精准扶贫战略实现来看，农村电商无疑是策略首选，尤其对于内蒙古自治区来说更为有效。调研数据显示，内蒙古自治区贫困户参与电商的积极性并不高，因此探究其影响参与电商的因素是关键，只有这样才能实现贫困户脱贫致富，达到精准扶贫的最终目标。结合行为经济学理论、前人研究文献（张益丰，2016；穆燕鸿，2016；崔丽丽，2016；马译波，2017；周静等，2018）和内蒙古自治区实际，总结影响因素包括基础设施因素、电商认知因素、个人特征因素、社会网络因素、资源禀赋因素 5 个方面。以上影响因素作为第一阶段的解释变量，具体分析如下：

1）基础设施因素。基础设施因素对贫困户参与农村电商行为具有显著影响。基础设施因素主要包括农村电商公共服务中心建设情况、村级服务站点是否健全、物流或者快递是否直接达村、本村宽带是否覆盖、拥有电脑或智能手机情况、该村离最近镇政府的距离等。基础设施越全面、越便利，即贫困户所在村能顺利连接互联网、是电商示范县并拥有公共服务中心、村级服务站设备齐全、物流设施便利或快递可直达村、收发快递很便利、距离最近镇政府越近、该贫困户家庭拥有电脑或智能手机，越能便利地进行网购或网销，贫困户参与电商越频繁。

2）电商认知因素。电商认知因素主要是贫困户是否听说过电商、每年去几次村级服务站、去村级服务站都做什么（买卖东西、缴费、收取快递、学习电商相关知识）3 个变量。调研数据显示，去过村级服务站的贫困户参与电商购买与网络销售占 35.09%，由此可见，去村级服务站的次数越多，贫困户参与电商活动越多。

3）个人特征因素。个人特征因素包含贫困户的年龄、性别和网购经验。调研数据显示，25~45 岁的贫困户中通过网络进行过商品交易的占比 99.06%，46~65 岁的贫困户中通过网络进行过商品交易的占比 89.29%，66~75 岁的贫困户中通过网络进行过商品交易的占比 43.26%，而 76 岁以上的贫困户通过网络进行过交易的仅占 7.96%。贫困户女性占比越高、年龄越高、网购经验越丰富，越容易接触新鲜元素，参与电商积极性越强。

4）社会网络因素。社会网络因素主要包含社会示范或邻里示范作用、家中成员是否有村干部等社会创新成员、非农就业人数等。开展电商的社会或邻里示范作用能够帮助贫困户迅速积累经验、快速接受新鲜事物，很容易见到实效，贫困户对电商的参与积极性明显增加；家中有社会创新成员或贫困户家庭中非农就业人数越多，贫困户家庭越容易拓宽信息和技能的获取渠道，更利于开展电商活动（徐广兰、李艳军，2017）。

5）资源禀赋因素。资源禀赋因素主要包含贫困户家庭非农收入、种植规模、贫困户参与电商培训等变量。贫困户非农收入占家庭总收入比重越大，越有空闲资金购买电脑或连接互联网，越愿意接触新鲜事物，生活消费越高，对生活品质要求越高，参与电商的热情就越高；如果贫困户种植该地区的特色经济作物，且种植规模越大，越主动参与电商销售；贫困户参与电商培训次数越多、培训内容越丰富，贫困户参与电商的热情越高。

5.2.3.3 第二阶段的变量选择与说明

（1）被解释变量。农村电商扶贫是少数民族边疆贫困地区扶贫开发的有效途径，为精准扶贫提供了有效的手段，也为全球农村扶贫探索了一条新路径。探索电商扶贫的政策和实施路径，在2020年中国实现全面消除贫困目标的大背景下显得尤为重要（洪勇，2016）。由于农村电商扶贫的"增收"作用机制中涉及的收入是有关贫困户农畜产品"上行"的收入，也就是种植业收入、非农收入的一部分，因此本书中农村电商对贫困户收入的影响主要是以家庭年收入①作为被解释变量。具体数值就是贫困户家庭种植业收入、养殖业收入、非生产性收入。

（2）关键解释变量。受访贫困户是否参与农村电商是关键解释变量。国家大力推进农村电商，通过多措并举加快发展农村电商，并为实现精准扶贫和稳定脱贫贡献力量。在大力发展电商的今天，农村物流、网络等基础设施发展迅速，贫困户对农村电商的认知越高，参与电商越频繁，进而对收入有正向影响。

（3）其他控制变量。影响贫困户收入的因素有很多，为了防止遗漏重要解释变量，使模型结果出现偏差，借鉴前人的研究成果，将贫困户个人特征因素（年龄、家庭劳动力占比、性别、受教育年限）、电商认知因素（是否听说过电商、去村级服务站次数、去村级服务站做什么）、基础设施因素（村级服务站、电脑或智能手机数量、距离最近乡镇政府、网络覆盖、宽带安装）、社会网络因素（家庭非农就业人数、社会或邻里示范、家中有无干部）和资源禀赋因素（种植规模、非农收入和电商培训）共5个方面18个因素作为控制变量。

---

① 家庭年收入作为被解释变量是来检验贫困户参与电商销售后是否增加了家庭总收入，在实践调研中发现，这里的家庭收入不仅包括贫困户农畜产品销售带来的收入，还包括非农收入。

第一阶段和第二阶段方程所有变量及描述统计如表 5-2、表 5-3 所示。

表 5-2　变量定义及解释

变量名称	变量解释与赋值	单位	预期方向
被解释变量			
家庭年收入	连续变量	万元	—
关键解释变量			
是否参与电商	参与=1，未参与=0	—	+
控制变量			
性别	男=1；女=0	—	+
年龄	受访者年龄（连续变量）	岁	+
家庭劳动力占比	家庭劳动人数/家庭总人数	%	+
受教育年限	文盲=0，小学文化="1~5 年"，初中文化="6~9 年"，高中及以上=10 年以上	年	+
村级服务站	有村级服务站=1，没有=0	个	+/-
电脑或智能手机	贫困户家庭拥有电脑或智能手机数	台/部	+
距离最近乡镇政府	距离最近的乡镇政府的距离	千米	+
网络覆盖	有网络覆盖=1，无网络覆盖=0	—	+
非农就业人数	贫困户家庭成员从事非农工作	人	
社会或邻里示范	听说过网络的途径 1=网络、电视、广播、报纸等媒体；2=政府或乡干部的口头宣传；3=亲戚朋友介绍；4=标语或宣传板；5=其他	—	+
家中有无十部	有=1，无=0		+
非农年收入	贫困户家庭非农年收入	元	+
种植规模	贫困户家庭种植农作物的亩数	亩	+
宽带安装	安装宽带=1，未安装宽带=0	—	+
电商培训	参加各级各类电商培训次数	次	+
是否听说过电商	听说过=1；没听说过=0	次	+
去村级服务站次数	连续变量	次/月	+
去村级服务站做什么	1=随便看看；2=买卖东西；3=缴费；4=邮取快递；5=学习电商相关知识	—	+

资料来源：农村电商贫困户调查数据。

表5-3 变量的描述统计

变量名称	平均值	标准差	最大值	最小值
家庭年收入（万元）	2.3389	0.9258	71000	360
是否参与电商	0.53	0.9123	1	0
性别	0.68	0.7798	1	0
年龄	52.6	50.0124	82	39
家庭劳动力占比	38	43.1025	60	0
受教育年限	4.12	1.6587	12	0
村级服务站	0.904	0.3610	1	0
计算机或智能手机	1.13	2.8972	3	0
距离最近乡镇政府	12.08	7.8761	60	0
网络覆盖	0.89	0.2455	1	0
非农就业人数	0.31	1.9823	2	0
社会或邻里示范	2.93	1.0672	4	1
家中有无干部	0.178	0.4596	1	0
非农年收入	0.4895	59.1654	9	0
种植规模	43.605	59.0111	500	0
宽带安装	0.20	0.5123	1	0
电商培训	0.3302	0.9034	20	0
是否听说过电商	0.9956	0.4313	1	0
去村级服务站次数	2.23	5.8312	25	0
去村级服务站做什么	3.67	0.9875	12	0

资料来源：农村电商贫困户调查数据。

5.2.4 模型估计结果与分析

本部分研究重点在于实证检验农村电商参与决策对贫困户收入的影响。具体地，按是否考虑选择性偏误校正，分别对贫困户家庭年收入及各影响因素进行 OLS 模型和 TEM 两阶段回归分析，结果如表5-4所示。

表5-4 OLS 和 TEM 模型估计结果

变量	OLS		TEM			
	收入方程		收入方程		电商方程	
	系数	标准误	系数	标准误	系数	标准误
是否参与电商	0.1029	0.6342	0.2722 ***	1.0648	—	—

续表

变量	OLS		TEM			
	收入方程		收入方程		电商方程	
	系数	标准误	系数	标准误	系数	标准误
性别	0.7248 **	1.1579	0.1375 ***	0.1153	−0.2056 **	0.1274
年龄	−0.0015	0.0458	−0.1054 ***	0.0043	−0.2567 ***	0.1072
家庭劳动力占比	0.2796	0.8932	0.2834	0.2017	—	—
受教育年限	0.3215 *	0.2441	0.0407 **	0.0254	0.2076 **	0.4561
村级服务站	—	—	—	—	0.2251 **	0.1065
计算机或智能手机数量	—	—	—	—	0.4321 ***	0.1309
距离最近乡镇政府	−0.0654 *	0.3457	−0.0032	0.0048	−0.0562 **	0.0183
网络覆盖	—	—	—	—	0.1307	0.0408
非农就业人数	0.4232 ***	0.6532	0.1345 *	0.0864	0.3105 *	0.1076
社会或邻里示范	—	—	—	—	0.2154 **	0.3022
家中有无干部	0.1173	1.1431	0.0563	0.1132	0.0678 **	0.3214
非农年收入	0.1247 **	0.9214	0.2376 **	0.1061	0.2056	0.1543
种植规模	0.0012	0.2356	0.0047	0.1567	0.0235	0.0046
宽带安装	—	—	—	—	0.2678 ***	0.1078
电商培训	—	—	—	—	0.2123 ***	0.0725
是否听说过电商	0.015	0.1165	—	—	0.017 *	0.0698
去村级服务站次数	0.006 *	0.0415	0.036 *	0.1105	0.034 *	0.1125
去村级服务站做什么	0.036	0.0789	0.005 *	0.2076	0.009 *	0.0531
_cons	5.0113	6.0439	0.6617	0.4205	0.0312	0.5634
λ	—	—	−2.701 **	1.4532	—	—
LR chi2	235.67		—			
Wald chi2	—		271.15			
Number	216		216			

注：*、**、***分别表示 10%、5%、1%显著水平。

资料来源：根据 Stata14.0 整理。

5.2.4.1 不考虑选择性偏误校正的 OLS 模型回归结果

由表 5-4 中 OLS 模型回归结果可知，贫困户参与电商并没有对收入产生显著的影响，即表明贫困户参与电商进行网络销售并不能增加贫困户家庭收入。在其他控制变量中显示，贫困户的性别和非农收入在 5% 的显著性水平下通过了显著性检验，且呈正向显著影响；贫困户家庭距离最近乡镇政府在 10% 的显著性水平下通过了显著性检验，且呈负向显著影响；贫困户受教育年限在 10% 的显著性水平下通过了显著性检验，且呈正向显著影响；贫困户非农就业人数在 1% 的显著性水平下通过了显著性检验，且呈正向显著影响；去村级服务站次数在 10% 显著性水平下通过了检验，且呈正向显著影响。

5.2.4.2 考虑选择性偏误校正的 TEM 模型回归结果

本部分在考虑选择性偏误校正后，进一步采用 TEM 两阶段回归法实证检验与分析农村电商对贫困户收入的影响。

（1）关于选择性偏误的存在问题。由 TEM 估计结果可知，检验内生选择偏差的 λ 系数为 -2.701，P 值为 0.048；Wald 检验的卡方值为 271.15，P 值为 0.021。二者均拒绝贫困户电商参与和贫困户家庭年收入不相关的假定，说明贫困户电商参与行为存在显著的选择性偏误问题，故本部分在实证模型中考虑选择性偏误校正具有一定的必要性。

（2）校正选择性偏误后的贫困户收入效应问题。

1）关于关键解释变量。由表 5-4 可知，贫困户参与电商变量在 1% 的置信水平下通过显著性检验，影响作用方向为正，说明目前贫困户参与电商对贫困户家庭收入具有明显的促进作用，在其他水平不变的情况下，贫困户参与电商能够对贫困户家庭收入增加 27.22%。在国家大力推进电商扶贫的政策下，仍然应该继续加大农村电商基础设施的投入，提高贫困户参与电商的频率，在改善乡村环境、解决农畜产品滞销问题的同时还能够提高贫困户家庭收入，进而改善农村面貌，实现乡村振兴。

2）关于其他控制变量。在其他影响因素中，性别、年龄、受教育年限、非农就业人数和非农收入均对贫困户收入产生显著影响。

受访者性别对贫困户家庭收入产生正向的显著影响，在 1% 显著性水平下通过了显著性检验，即男性受访者对贫困户家庭收入贡献大，而女性要次于男性对贫困户家庭收入的影响，主要原因是农村男性劳动力主要从事种植业和非农就业，而女性主要负责照顾家庭和孩子，所以女性对家庭收入的贡献小于男性。

　　受访者年龄对贫困户家庭收入产生负向的显著影响，在 1% 显著性水平下通过了显著性检验，即受访者贫困主体年龄越大，对家庭收入影响越小，反之，贫困主体年龄越小，对家庭收入影响越大，主要是因为在当前的农村牧区，贫困户的老龄化比较严重，年轻劳动力人力资本较高，对家庭收入的贡献大（刘仙梅，2010）。

　　受访者受教育年限对其家庭收入的影响为正向，在 5% 的显著性水平下通过了显著性检验，与预期方向一致，表明受访者受教育年限越长、文化水平越高，其掌握农畜产品种植、销售以及网络信息化等相关技术的能力越强，对市场变化以及互联网等新鲜事物的反应越敏捷，越能够快速掌握电商销售的新技能，越能找到新的销售平台和销售机会，故其家庭收入越高。

　　受访者家庭非农就业人数对其家庭收入的影响为正，在 10% 的显著性水平下通过了显著性检验，与预期方向相吻合，即家庭非农就业人数越多，非农就业收入就越多，家庭收入就越高。但调研数据显示，贫困户家庭非农就业人数较少，非农就业收入并不是家庭收入的主要来源，种植业收入仍然是主要来源，因此在农村牧区形成产业集聚是首要任务，电商扶贫发展就成为关键点。

　　受访者家庭非农收入主要是指家庭成员外出务工收入，对其家庭收入产生正向显著影响，在 5% 的显著性水平下通过了显著性检验，与预期方向一致。贫困户家庭非农收入越高，家庭总收入就越大，但数据显示，样本区贫困户家庭非农就业收入并不高，不作为家庭收入的主要来源。

　　受访者去村级服务站次数和去村级服务站做什么对家庭收入产生正向显著影响，因为贫困户去村级服务站次数越多，学习到的电商知识、种养殖技术等知识越多，种养殖的农畜产品产量会增加，可能会选择电商销售农畜产品，因此对家庭收入有正向影响，但这个影响作用并不大，究其原因主要是目前所调研的示范县中村级服务站的作用发挥得并不好，很多贫困户并不知道村级服务站都提供哪些服务。

　　（3）关于贫困户电商参与的决策问题。由表 5-4 TEM 模型中电商方程（第一阶段）的回归分析结果可知，宽带安装、网络覆盖都对农村电商参与有显著正向影响；贫困户是否拥有电脑或智能手机对贫困户参与电商呈正向显著影响；村级服务站对贫困户参与农村电商有正向显著影响；听说过电商、去村级服务站次数和去村级服务站做什么对贫困户参与电商均具有显著正向影响；年龄与贫困户参与电商呈显著负相关；网购经验也是影响参与电商的主要因素；非农就业人数与参与电商呈显著正相关；家中有村干部与贫困户参与电商呈显著正相关；社会或邻里示范与参与电商呈显著正相关；贫困户参与电商培训次数与参与农村电商呈显著正相关。

5.2.5 结论与讨论

5.2.5.1 结论

本部分主要是分析农村电商对贫困户增收的作用效果。首先对贫困户电商参与与收入的影响因素进行方差分析；其次结合 Stata14.0 软件，借助处理效应模型（TEM）分析农村电商对贫困户的增收效应，具体结论如下：

（1）在实证分析农村电商增收效果之前，对贫困户电商参与与收入的影响因素进行方差分析，因变量为贫困户家庭年收入，自变量包括三个分组（Group），其中一组是参与网络购买（IB），二组是参与网络销售（IS），三组是前两种都未参与（NI）。运用 Stata14.0 对农村电商与收入进行方差分析，方差分析结果显示：网络购买额（IS）对贫困户家庭收入在 1%显著性水平下具有显著作用，而网络购买频次（IB）对贫困户家庭年收入不具有显著作用。

（2）贫困户参与电商受多种因素影响，结论显示：宽带安装、网络覆盖都对农村电商参与有显著正向影响；拥有电脑或智能手机对贫困户参与电商呈正向显著影响（林海英等，2019）；村级服务站对贫困户参与农村电商是正向显著影响；听说过电商、去村级服务站次数和去村级服务站做什么对贫困户参与电商均具有显著正向影响；年龄与贫困户参与电商呈显著负相关；网购经验也是影响参与电商的主要因素；非农就业人数与参与电商呈显著正相关；家中有村干部与贫困户参与电商呈显著正相关；社会或邻里示范与参与电商呈显著正相关；贫困户参与电商培训次数与参与农村电商呈显著正相关。

（3）农村电商对贫困户增收效果的结论显示，贫困户电商参与变量在 1%的置信水平下通过显著性检验，影响作用方向为正，说明贫困户参与电商对贫困户家庭收入具有明显促进作用，在其他水平不变的情况下，贫困户参与电商能够对贫困户家庭收入增加 27.22%。在其他影响因素中，性别、年龄、受教育年限、非农就业人数和非农收入均对贫困户收入产生显著影响。受访者性别对贫困户家庭收入产生正向显著影响，在 1%的显著性水平下通过了显著性检验；受访者年龄对贫困户家庭收入产生负向显著影响，在 1%的显著性水平下通过了显著性检验；受访者受教育年限对其家庭收入的影响为正向，在 5%的显著性水平下通过了显著性检验；受访者家庭非农就业人数对其家庭收入的影响为正，在 10%的显著性水平下通过了显著性检验；受访者家庭非农收入主要是指家庭成员外出务工收入,对其家庭收入产生正向显著影响,在 5%的显著性水平下通过了显著性检验;受访者去村级服务站次数和去村级服务站做什么在 10%的显著性水平下对家庭收入产生正向显著影响。

5.2.5.2　讨论

商务部和财政部 2014 年起共同开展电商进农村综合示范工作,截至 2018 年,国家商务部共批准 1016 个县作为国家级电商进农村示范县,涉及 22 个省、市、自治区,并逐年向西部民族贫困地区倾斜,覆盖国家级贫困县 737 个,占国家级贫困县总数的 88.6%,示范县相继开展电商进农村工作。但是,各示范县贫困户参与热情并不高。据贫困户实地调研数据(390 份数据)显示,99.56%的贫困户听说过电商,只有 42.68%的贫困户利用电商销售农畜产品,76.28%的贫困户购买过生活资料和生产资料,其主要原因体现在购买渠道、物流运输、对网络不信任及质量售后等方面。由此可见,发展农村电商首要解决的问题是贫困户参与电商问题,只有这样才能使电商扶贫发挥作用。

对此,学术界认为在农村发展电商扶贫,贫困户的电商参与是基础(黄艳,2017;白懿玮等,2016;李萌等,2016),而贫困户参与的基础是对互联网等基础设施信任,这能够显著提高农牧户电商参与。另外,贫困户的兼业状况、家庭收入、种植规模、物流便利化程度以及电商培训、网购经验等均能提升普通贫困户电商参与(李萌等,2016;钱文荣、应一逍,2014)。社会组织创新因素也同样能有效提升贫困户的电商参与(穆燕鸿等,2016;崔丽丽等,2014)。贫困户的个人特征如年龄、受教育程度以及家庭收入等也会对贫困户参与农村电商产生一定的影响(崔丽丽等,2014;董坤祥等,2016;张益丰,2016;马泽波,2017)。贫困户的资源禀赋因素、合作社参与、农产品标准化程度等也会对贫困户参与电商有显著影响(穆燕鸿等,2016;崔丽丽等,2014;董坤祥等,2016;张益丰,2016;马泽波,2017)。虽然大多数学者的研究角度不同,但都说明一点,即考察贫困户参与电商是发展电商扶贫的关键。

本书的研究发现,年龄、网络设施服务、邻里示范、社会网络、电商培训等因素直接影响着贫困户参与电商。其中,网络设施服务、邻里示范、社会网络是主导因素,年龄、网购经验、特色农畜产品以及专业化电商人才的配备是决定性因素。贫困户参与电商扶贫受主观(个人因素特征)和客观(基础设施、资源禀赋、社会网络)两方面因素的影响,在调查对比农村电商不同发展阶段的乡村牧区时发现:提高内蒙古自治区贫困户电商参与度,开展实施电商扶贫，应"双管齐下"，主、客观因素同时发力。通过改变客观因素与条件，如改善客观的外部环境（软件社会网络的建立和硬件基础设施的建设），提高贫困户参与电商扶贫的社会参与机会等内容，可以间接影响主观的个人特征因素，如网购体验与经验、网络销售等，进而使贫困户增获电商知识技能，提高贫困户参与电商扶贫的效果，增强农村电商扶贫的成效。

5.3 农村电商"节支"扶贫效果的实证分析

本节是在第3章的作用机制分析和第4章调查数据分析的基础上，对农村电商"节支"扶贫效果进行分析，通过 Tobit 计量经济学模型，运用 Stata14.0 软件实证分析农村电商对贫困户节支的作用效果和影响程度，最后得出相应的结论。

5.3.1 理论分析

很多学者提出了贫困户参与农村电商能够减少相应的成本，具体表现在时间成本的降低、精力体力成本的降低、网络购买生活与生产资料交易成本的降低等方面。发展中国家创新信息沟通技术会对扶贫有一定范围的帮助（Mansell R.，Wehn U.，2010）；由社区信息中心来帮助贫困地区的农户提供更为丰富和全面的信息（Ulrich P.，2004），进而减少了贫困户的接入成本，对扶贫具有明显作用（Miscione G.，2007）。在农村发展电商已作为扶贫手段纳入我国农村扶贫工作体系（郭彪，2013），大量的案例和实践也证明农村电商具有一定的扶贫效果，尤其是在减少支出方面具有一定的作用效果。例如，林广毅（2016）、陈丽萍（2017）、熊雪和聂凤英（2017）等学者都认为，农村发展电商，让更多的贫困户参与到农村电商中来，既能增加收入，又能通过电商平台的购买和销售来节省部分劳动力成本和交易成本等。在此过程中，政府、企业以及电商平台的作用是不容忽视的（魏延安，2016；Prahalad C.K.，2010；Duncombe R. A.，2005）。

结合第3章中农村电商扶贫作用机制的分析发现，从理论上可以说明贫困户参与或从事电商能减少劳动力成本和交易成本，在调研数据中显示，有58.62%的人认为从事电商网购能够节约体力、购买时间自由等方面的支出。

具体表现在：第一类交易成本节约，即贫困户通过电商平台来购买生活和生产资料、销售农畜产品等节约的交易成本；第二类购买生活用品和服务型产品节约的劳动力成本。从理论上分析并结合农村电商扶贫的概念和调研实际发现，农村电商参与以贫困户参与网络购买和网络销售为主要变量（张益丰，2016），即如果贫困户参与电商，即参与网络购买与网络销售，可以节约劳动力成本，也可以节约交易成本，这部分详细内容在 3.2 部分中有所体现，在此不做赘述。故本书提出以下假设：

H₁：贫困户参与电商网络购买对家庭支出产生负向影响。

H₂：贫困户参与电商网络销售对家庭支出产生负向影响。

由此可见，农村电商从理论上可以减少贫困户家庭支出，起到扶贫的效果。接下来从实证分析角度来看贫困户参与电商网络购买和网络销售对家庭支出产生怎样的影响？具体有哪些影响因素、影响程度和作用效果如何？本部分重点考察的是"节支"效果是取决于贫困户参与电商销售还是电商购买，二者哪个扶贫效果更显著，为后续农畜产品"上行"和工业品"下行"的顺利开展提供事实依据。

5.3.2　研究方法

本书中贫困户家庭支出是大于零的受限被解释变量，是连续型随机受限变量，当被解释变量样本中有一定数量样本值大于 0 时，说明被解释变量受单尾约束，Tobit 模型是主要用于因变量受限的一种回归方法（Wooldridge J. M.，2002），采用 Tobit 受限被解释变量模型中的极大似然估计可得到一致估计结果（冯文丽等，2014）。基于目前无软件支持 Tobit 估计方法加权重，为使模型结论更稳健，故本书采用加权的 OLS 方法与其做比较（乌云花等，2009）。Tobit 模型的基本结构如下：

$$y_i^* = x_i\beta + \varepsilon_i,\quad \varepsilon_i \sim N(0,\ \sigma^2) \tag{5-4}$$

$$y_i = \begin{cases} y_i^* = x_i\beta + \varepsilon_i,\quad y_i^* > 0 \\ 0,\quad y_i^* \leqslant 0 \end{cases} \tag{5-5}$$

其中，y_i 为被解释变量，x_i 为解释向量，β 为 x 对隐变量 y_i^* 的影响。对于 y_i^* 而言：

$$\frac{\partial E[y_i^* | x_i]}{\partial x_i} = \beta \tag{5-6}$$

对于我们可观测的数据 y 存在常数下限 a 和 b，其边际效果为：

$$\frac{\partial E[\,y\,|\,x\,]}{\partial x}=\beta\times prob[\,a<y^*<b\,] \tag{5-7}$$

假设 0 为单一下限，且误差项呈正态分布，边际效果可进一步化简为：

$$\frac{\partial E[\,y_i\,|\,x_i\,]}{\partial x_i}=\beta\Phi\left(\frac{x_i^{'}\beta}{\sigma}\right) \tag{5-8}$$

进而推出 Tobit 模型的估计即极大似然估计式为：

$$\ln L=\sum_{y_i>0}-\frac{1}{2}\left[\ln(2\pi)+\ln\sigma^2+\frac{(y_i-x_i\beta)^2}{\sigma^2}\right]+\sum_{y_i=0}\ln\left[1-\Phi\left(\frac{x_i\beta}{\sigma}\right)\right] \tag{5-9}$$

5.3.3 数据来源及变量选择

5.3.3.1 数据来源

结合第 3 章中农村电商扶贫的"节支"作用机制的分析，本部分的数据来源是调研全部样本贫困户中既参与网络销售又参与网络购买的贫困户，共 390 份微观调查数据。其中，2017 年调查数据为 184 份，占总样本的比重为 46.63%；2018 年调查数据为 206 份，占总样本的比重为 53.37%。样本数据的描述性统计在第 4 章（4.6）中有所体现，在此不赘述。本部分重点考查的是"节支"效果是取决于贫困户参与网络销售还是网络购买，二者哪个扶贫效果更显著。因此选择的样本是 390 份参与网络购买和网络销售的贫困户。

5.3.3.2 变量定义及描述性统计

识别农村电商参与网络购买和网络销售对贫困户家庭支出的影响因素及影响程度大小是本节的关键。本书在已有研究的基础上，结合理论分析的"节支"作用机制和贫困户实地调研数据，选取贫困户家庭支出①作为被解释变量，同时借鉴原有的分析框架，以电商参与（网络购买、网络销售）因素作为主要解释变量，电商参与包括贫困户通过电商进行网络购买生活用品和生产资料的购买频次（次/月）和网络销售额（元/月）变量。将基础设施因素、电商认知因素、社会网络因素、资源禀赋因素和个人特征因素作为控制变量，其中基础设施因素主要包括网络覆盖、村级电商服务站、宽带安装、计算机或

---

① 在理论分析中支出主要包括劳动力和交易成本的支出，结合实践调研数据发现，此部分支出不仅包括前两部分，还包含健康支出、生活与生产支出等，这些支出内容都会受到农牧户是否参与电商的影响。

智能手机、快递运输天数、快递收取地、距离最近乡镇政府 7 个变量；电商认知因素包括贫困户是否听说过电商、每年去几次村级服务站、去村级服务站都做什么（买卖东西、缴费、收取快递、学习电商相关知识）3 个变量；社会网络因素主要包括家中是否有村干部、社会邻里示范（听说电商的渠道）和非农就业人数 3 个变量；资源禀赋因素主要包括非农收入、电商培训次数及种植规模 3 个变量；个人特征因素包括性别、年龄和受教育年限 3 个变量，共 21 个解释变量。具体的变量定义及其描述统计如表 5-5 所示。

表 5-5 变量定义及描述性统计

变量		变量名	变量解释与说明	均值	方差
被解释变量		贫困户家庭总支出	连续变量（万元/年）	2.0891	8.064
解释变量	电商参与因素	贫困户电商参与1	贫困户网购频次（次/月）	3.54	67.932
		贫困户电商参与2	贫困户网销额（元/月）	2105.87	14321.065
控制变量	基础设施因素	宽带安装	安装宽带=1，未安装宽带=0	0.29	0.516
		村级服务站	有村级服务站=1，没有=0	0.806	0.500
		电脑或智能手机	贫困户家庭拥有电脑或智能手机数	2.53	2.557
		快递运输天数	贫困户收到快递间隔天数（天）	4.51	0.868
		快递收取地	1=派送员送货上门；2=村里电商服务站；3=到县里的快递公司领取；4=其他	1.25	1.546
		距乡镇距离	距最近的乡镇政府的距离（千米）	9.05	6.076
		网络覆盖	有网络覆盖=1，无网络覆盖=0	0.89	0.465
	电商认知因素	是否听说过电商	听说过=1；没听说过=0	0.9836	0.281
		去村级服务站次数	连续变量（次/月）	2.67	7.084
		去村级服务站做什么	1=随便看看；2=买卖东西；3=缴费；4=邮取快递；5=学习电商相关知识	3.78	0.905
	社会网络因素	非农就业人数	贫困家庭成员从事非农工作（人）	0.44	0.929
		社会或邻里示范	听说过网络的途径 1=网络、电视、广播、报纸等媒体；2=政府或乡干部的口头宣传；3=亲戚朋友介绍；4=标语或宣传板；5=其他	2.73	0.278
		家中有无干部	有=1，无=0	0.19	0.567

变量		变量名	变量解释与说明	均值	方差
控制变量	资源禀赋因素	非农收入	贫困户家庭非农收入（万元/年）	2.87	9.068
		电商培训次数	贫困户家庭成员参加电商培训次数（次/月）	0.54	1.732
		种植规模	贫困户家庭种植农作物的亩数（户/亩）	63.34	456.076
	个人特征因素	性别	男=1；女=0	0.68	0.7793
		年龄	受访者年龄（连续变量）	52.6	50.0124
		受教育年限	文盲=0，小学文化="1~5年"，初中文化="6~9年"，高中及以上=10年	4.12	1.6097

资料来源：农村电商贫困户调研数据。

5.3.4 模型估计结果与分析

基于贫困户实地调研数据，本部分借助 Stata14.0 软件，同时运用 Tobit 模型和加权的 OLS 模型实证检验贫困户家庭支出受到贫困户参与农村电商的作用效果及大小。为得到稳健性结论，本节同时采用加权的 OLS 模型与 Tobit 模型，以检验模型估计系数是否稳健。由表 5-6 可知，两种模型估计系数符号完全一致，说明模型估计结论是稳健的；联合概率 P 值均在 1% 的置信水平下通过显著性检验，说明主要解释变量和控制变量对农村电商影响贫困户家庭支出在总体上具有统计意义。电商参与、基础设施因素、电商认知因素、社会网络因素、资源禀赋因素和个人特征因素 6 个因素对贫困户家庭支出的影响程度如表 5-6 所示。

表 5-6 Tobit 模型和 OLS 回归结果

变量	Tobit 模型		加权 OLS 模型	
	系数	P 值	系数	P 值
网购频次（次/月）	-1.305**	0.036	-1.203**	0.045
网络销售额（元/月）	-0.675	0.102	-0.911	0.116
宽带安装	0.519**	0.034	0.501**	0.047
村级服务站	-1.805**	0.015	-1.404**	0.028
电脑或智能手机	0.156	0.314	0.137	0.406

变量	Tobit 模型		加权 OLS 模型	
	系数	P 值	系数	P 值
快递运输天数	0.670	0.231	0.630	0.246
快递收取地	-1.214**	0.024	-1.105**	0.045
距离最近乡镇政府	0.079	0.144	0.051	0.147
网络覆盖	-3.472***	0.007	-3.032***	0.009
是否听说过电商	-2.011	0.456	-1.952	0.463
去村级服务站次数	-1.156**	0.038	-1.041**	0.049
去村级服务站做什么	-1.521***	0.007	-1.582***	0.008
非农就业人数	0.705	0.315	0.698	0.359
社会或邻里示范	-0.043	0.890	-0.066	0.974
家中有无干部	-1.806	0.245	-1.814	0.214
非农收入（万元/年）	0.018	0.259	0.057	0.231
电商培训次数	-1.556***	0.003	-1.341***	0.005
种植规模	0.025*	0.089	0.014*	0.095
性别	0.045	0.937	0.065	0.508
年龄	0.212*	0.061	0.203**	0.078
受教育年限	0.267	0.383	0.297	0.415
LR Chi2（18）	139.09		—	
P-Value	0.000		0.000	
R²	0.013		0.018	

注：* 、** 、*** 分别表示 10%、5%、1%的显著性水平。

资料来源：根据 Stata14.0 整理。

　　由表 5-6 可知，主要解释变量农村电商参与因素中网购频次对贫困户家庭支出具有显著的负向影响。网购频次越大，贫困户家庭支出越少，即网购频次每增加一次，贫困户家庭支出降低 1%的概率会增加 1.305，主要原因是购买生活用品和生产资料时，贫困户如果选择在网上购买，会比实体店购买的要便宜，且种类多。正如在第 3 章案例解析中发现的，贫困户在购买生产资料（化肥）时能够节约运输费用和利息等支出，对贫困户家庭来说节约了相当大的一部分支出。而这里的网络销售并不显著影响贫困户家庭支出，主要原因是调研中发现的，贫困户在选择网络销售时需要支付部分费用，有宽带安装费、网店营销费用、物流费用和包装费用等，但是就目前来看，由于所调研区域的农畜产品"上行"并不多，因此在没有形成规模之前，不能体现规模经济的效益，短期来看，网络销售并不能减少贫困户家庭支出，而网络销售对家庭收入是有显著作用效果的，这个结论也是与实际相吻合的；长期来看，网络销售对贫困户家庭收入和家庭支出都有一定的显著影响（林广毅，2016；林海英，2019），因此，农畜产品"上行"要逐渐形成规模方见成效。

控制变量中各影响因素对贫困户家庭支出均有不同程度的影响，具体如下：

在农村电商基础设施因素中，宽带安装、村级电商服务站、快递收取地和网络覆盖对贫困户家庭支出是具有显著影响的。其中，村级服务站与贫困户家庭支出显著负相关，即村级电商服务站每增加一个，贫困户家庭支出降低1%的概率会增加1.805，主要原因是村级服务站能够为贫困户提供便捷服务，如缴电费、水费、电话费以及医疗挂号费用等，同时还为贫困户提供邮寄快递业务，为贫困户节省了交通运输支出以及精力体力和时间成本；快递收取地对贫困户家庭支出产生负向影响，即快递收取地越靠近贫困户所在村，贫困户家庭支出降低1%的概率会增加1.214，调研中发现，快递收取地越近，贫困户越愿意选择电商平台购买生活用品和生产资料，便利生活，但目前贫困户收取快递还要支付3元钱的快递代收代送费用，这部分支出的增加也影响了贫困户电商参与；网络覆盖对贫困户家庭支出产生负向影响，即网络覆盖每增加一千米，贫困户家庭支出降低1%的概率会增加3.472，主要考虑网络覆盖对于农村电商发展是起到关键促进作用的，贫困户利用网络可以实现网购、网络销售以及网络查询相关知识等，便利贫困户生活的同时也节省了家庭的各类支出。但是，在基础设施因素中也发现，宽带安装对于贫困户家庭支出具有显著的正向影响，表明贫困户宽带安装对贫困户家庭支出具有正向增加的作用效果，这也是符合实际的，因为在调研中发现，390份贫困户家庭安装宽带的仅占29%，问及不安装宽带的原因主要是宽带费用较高。调研数据显示，贫困户家庭安装宽带的支出是600~1200元/年，这些费用对贫困户家庭支出来说也是重要的一部分支出。由此，在网络覆盖的同时降低农村入网费用也是目前政府需要解决的关键问题。

在电商认知因素中，去村级服务站的次数对贫困户家庭支出具有显著影响，影响方向为负，即去村级服务站的次数每增加一次，贫困户家庭支出降低1%的概率会增加1.156，主要原因是村级服务站提供众多的便民服务，减少了家庭支出；去村级服务站做什么对贫困户家庭支出产生负向影响，即去村级服务站选择缴费、学习电商知识和邮寄快递等项目每增加一次，贫困户家庭支出降低1%的概率会增加1.521，原因与上述解释类同，在此不做赘述。

在资源禀赋因素中，电商培训次数和种植规模对贫困户家庭支出具有显著影响。其中，电商培训次数与贫困户家庭支出显著负相关，即电商培训次数每增加一次，贫困户家庭支出降低1%的概率会增加1.556，主要原因是贫困户通过接受电商相关知识的培训，获取了上网查询、网购和网络销售的技能，对于贫困户来说不仅便利了生活，同时也节省了家庭的交通成本、时间成本等；种植规模对贫困户家庭支出有显著正向影响，主要原因是贫困户家庭种植规模越大，家庭种植业支出越大，主要包括物化成本和人工成本，调研数据中也发现，种植规模较大的家庭，家庭种植业支出也越大，总支出也较大，在广大的农村牧区，贫困户家庭支出中种植业支出占总支出的比重高达61%，这也正说明了上述结果的合理性。

在个人特征因素中，年龄对贫困户家庭支出在5%的显著性水平下有正向影响。这与已有研究是相吻合的（陈良焜，1992），与调研实际也是相吻合的。

5.3.5 结论

本节结合第2章中的理论分析、第3章中的"节支"作用机制及第4章的数据描述统计，运用Tobit计量经济学模型，实证分析了农村电商对贫困户"节支"的作用效果和影响程度，贫困户家庭支出作为被解释变量，贫困户电商参与作为主要解释变量，基础设施因素、电商认知因素、社会网络因素、资源禀赋因素和个人特征因素作为控制变量，通过Stata14.0软件运行得出相应的结论，具体为：

（1）从主要解释变量来看，贫困户参与网络购买对贫困户家庭支出有显著影响，即贫困户参与电商购买可以减少家庭支出，具有一定的扶贫效果。但是贫困户参与网络销售对减少家庭支出不具有显著影响，短期看不具有扶贫效果。

（2）从其他控制变量来看，农村电商的5个控制变量中有一部分对贫困户家庭支出具有显著作用。在基础设施因素中，宽带安装、村级电商服务站、快递收取地和网络覆盖对贫困户家庭支出具有显著影响。在电商认知因素中，去村级服务站的次数和在村级服务站做什么对贫困户家庭支出具有显著影响，影响方向为负。在资源禀赋因素中，电商培训次数和种植规模对贫困户家庭支出具有显著影响。其中，电商培训次数与贫困户家庭支出显著负相关，而种植规模与贫困户家庭支出显著正相关。在个人特征因素中，年龄对家庭支出也具有显著影响。

5.4　农村电商"赋能"扶贫效果的实证分析

本部分结合第3章中对农村电商扶贫的"赋能"作用机制分析、第2章理论基础中的人力资本理论以及陈丽萍（2017）、林广毅（2016）、熊雪等（2017）、李鹏飞（2017）的观点分析发现，农村电商的发展能够促进贫困户人力资本的提升。由于电商为贫困户提供了参与市场竞争的机会，进而激发了他们的积极性，对于互联网相关技术也很容易掌握。电商不仅赋予了贫困户新的发展能力，而且他们通过参与市场竞争、提供客户服务等商务活动，增加更多的信息获取和学习机会，实现了整体发展能力的提升，即人力资本的提升。同时，贫困户利用互联网查询一些健康知识和健康投资的渠道等，增加了贫困户的健康水平。而这些新的电商技能在贫困地区尤为重要，因为只有农村牧区贫困户通过提升自身的能力，才能借助电商扶贫脱贫致富，以至于不会出现返贫的现象。由此可见，在农村牧区发展电商，能够提升贫困户自身的生存技能，人力资本有所提高，从而实现参与电商对贫困户的扶贫效果。本部分首先运用综合指数法对贫困户人力资本指数进行测算，其次运用结构方程模型（SEM）将人力资本作为因变量进行农村电商扶贫赋能效果的分析，最后给出结论。

5.4.1　人力资本指数测算

5.4.1.1　人力资本指标选取

美国经济学家舒尔茨和贝克尔首先创立了比较完整的人力资本理论。该理论认为，人力资本是体现在人身上的资本，即对生产者进行普通教育、职业培训等支出和再接受教育的机会成本等价值在生产者身上的凝结，它表现在蕴含于人身中的各种生产知识、劳动与管理技能和健康素质的存量总和。在人力资本理论中确定了人力资本的主要构成，即人力资源的教育投入、实践投入、保健投入和迁移投入等，并强调人力资本的高回报率，应予以重视，尤其对于落后的贫困地区。据此提出在贫困地区应当大力发展教育，加大对人力资本的投入，通过人的发展来带动经济的发展。这一理论的提出为发展中国家改善经济状况提供了一种可行的方法。一方面持续把大量资源投入生产，制造各种符合市场需求的商品；另一方面以各种形式来发展和提高人的智力、体力与道德素质等，以此形成更高的生产能力，进而实现减贫脱贫。这里的人力资本投资主要包括教育投入、健康投入、实践培训和迁移流动四个方面。本书借鉴张艳华（2010）、王弟海（2012）等学者的前期研究成果，并结合农村牧区贫困户生产生活现状，将人力资本划分为教育投入、健康投入、实践培训和迁移流动四个维度作为人力资本测算一级指标，其具体因素作为二级指标，共 9 个指标。本部分的数据来源于全部 506 份贫困户样本，具体指标及其赋值如表 5-7 所示。

表 5-7　人力资本测量指标描述统计分析

维度	指标	赋值	均值	标准差
教育投入（E）	贫困户受教育程度（E_1）	文盲=0 小学文化=6 初中文化=9 高中及以上=12	4.12	5.620
健康投入（H）	健康状况（H_1）	良好=1 一般=2 差=3	2.06	0.973
	医疗保健投入（H_2）	连续变量（元/年）	9487.59	3526.98
	营养品投入（H_3）	连续变量（元/年）	3816.85	5836.92
实践培训（T）	电商培训（T_1）	连续变量（次/年）	0.912	0.857
	农技推广培训（T_2）	连续变量（次/年）	1.96	0.823
	其他培训（T_3）	连续变量（次/年）	1.02	0.971
	农技推广投入（T_4）	连续变量（元/年）	2176.67	0.825
迁移流动（M）	外出务工劳动力人数占家庭总人数的比重（M_1）	比重（%）	30.31	1.563

资料来源：农村电商贫困户调查问卷整理。

教育投入（E）主要指贫困户受教育程度（E_1），按照统计标准进行定义与赋值。受教育程度是指贫困户受教育年限，李成友（2018）和傅国华

（2005），将受教育程度划分为文盲＝0、小学＝6、初中＝9、高中＝12、中专＝13、大专及以上＝15.5，鉴于农村牧区贫困户受教育程度超过高中水平的较少，因此，在本书中界定的受教育程度主要有四个标准，分别为：文盲＝0、小学＝6、初中＝9、高中及以上＝12。教育投入是人力资本投入最主要的影响因素，某一地区或某个人受教育程度越高，人力资本越大（孙越，2017；周国富等，2016）。

健康投入（H）按照不同的标准划分所包含的内容不同，按照主体划分为政府投入、社会投入和个人投入，本书中涉及的健康投入是贫困户家庭的个人投入（张艳华，2010）。健康投入包括健康状况（H_1）、医疗保健投入（H_2）和营养品投入（H_3）三个方面，健康状况赋值分为良好＝1、一般＝2、差＝3；医疗保健投入和营养品投入主要是指一个家庭的医疗保健支出和营养品支出情况，按照每年投入的金额（元/年）来计算。健康投入是影响人力资本的关键因素，尤其是影响一个家庭的人力资本存量的构成，同时健康投资对人力资本存在正向显著影响（王弟海，2012）。

实践培训（T）主要是指贫困户在农村牧区接受的政府组织的和自己自愿主动参加的各种职业技能培训，具体包括电商培训（T_1）、农技推广培训（T_2）、其他培训（T_3）和农技推广投入（T_4）。目前农村牧区贫困户技能培训的需求明显提高，但是其发展却比较滞后，阻碍了农村牧区贫困户人力资本的提高。本书鉴于后续研究电商对人力资本的影响，将电商培训单独列出作为实践培训的二级指标，按照次/年来计算；农技推广培训主要是指农牧业局等各有关部门每年为贫困户提供的农牧业种植、养殖等相关方面的技术培训，按照次/年来计算；其他培训主要是指贫困户在从事经营、种植、养殖等方面的相关知识的储备等培训，特色农畜产品的种养殖结构类型、技术对贫困户参与电商有直接关系[1]，如有机农畜产品的种养殖技术培训、种植绿色农产品的相关知识培训等，按照次/年来计算；政府农牧业技术推广投入按照每年投入金额元/年来计算。

迁移流动（M）主要是指农村牧区外出务工劳动力占家庭总劳动人数的比重，按照%计算。人力资本理论认为，迁移能够促进一个人的人力资本的积累，具体表现在开阔眼界、增长见识、增加经验积累、增强适应社会的能力等（王西玉等，2000），因此，迁移流动是获得人力资本提升的重要途径。本书中人力资本迁移主要借鉴张艳华（2010）、李成友等（2018）的研究成果和调

---

① 本书的6.2部分有所体现。

研实际，将迁移流动的具体指标设定为外出务工劳动力人数占家庭总劳动力的比重（%）。

5.4.1.2 指标设定的科学性检验

为验证人力资本 4 个维度测量指标间的不相关性，运用 Spss20.0 进行因子分析，采用 KMO 统计量和 Bartlett 球形检验方法进行信度与效度检验。分析发现，贫困户人力资本测量量表的 Cronbach's α 系数为 0.886，4 个维度资本分量表的 Cronbach's α 系数都大于 0.65；KMO 统计量为 0.782，Bartlett 检验的卡方值为 1564.36，相伴概率为 0.000，在 0.01 的水平上显著，且 4 个公因子分别在教育投入、健康投入、实践培训和迁移流动维度的相应测项上有较大载荷，说明该量表具有良好的信度与效度（见表 5-8）。

表 5-8 人力资本指标因子分析结果

指标		公因子				贡献率（%）	Cronbach's α 系数
		1	2	3	4		
教育投入（E）	贫困户受教育程度（E_1）	**0.856**	0.253	0.460	0.505	30.15	0.782
健康投入（H）	健康状况（H_1）	0.456	**0.895**	0.208	0.608	15.26	0.668
	医疗保健投入（H_2）	0.342	**0.812**	0.503	0.215		
	营养品投入（H_3）	0.416	**0.863**	0.301	0.375	·	
实践培训（T）	电商培训（T_1）	0.356	0.275	**0.789**	0.526	20.13	0.676
	农技推广培训（T_2）	0.653	0.305	**0.765**	0.345		
	其他培训（T_3）	0.556	0.412	**0.758**	0.612		
	农技推广投入（T_4）	0.125	0.248	**0.689**	0.356		
迁移流动（M）	外出务工劳动力人数占家庭总人数的比重（M_1）	0.368	0.435	0.426	**0.816**	23.06	0.686

资料来源：SPSS20.0 因子分析整理结果。

5.4.1.3 人力资本指数计算

首先将人力资本不同维度的全部测项的数值进行标准化，再将标准化分值加总平均，计算各维度指数；其次利用不同维度的贡献率（见表 5-8）作权重，将各维度指数加权平均，计算贫困户人力资本指数，计算方法如下：

$$H_d = \frac{1}{n} \sum_{i=1}^{n} D_m \tag{5-10}$$

$$H = \sum_{d=1}^{4} H_d * W_d \tag{5-11}$$

式（5-10）、式（5-11）中，H 为每一个贫困户的人力资本指数，H_d 为人力资本 d 维度的指数，D_m 为 d 维度第 m 个测项的得分，n 为 d 维度的测项个数，W_d 为 d 维度权重。

5.4.1.4 人力资本指数计算结果

根据公式（5-10）计算人力资本 4 个维度的指数，即 H_1、H_2、H_3 和 H_4，再将表5-8中的贡献率作为每个维度（教育投入、健康投入、实践培训和迁移流动）的权重 W_d，利用公式（5-11）计算出人力资本总指数。具体结果如图 5-1 所示。

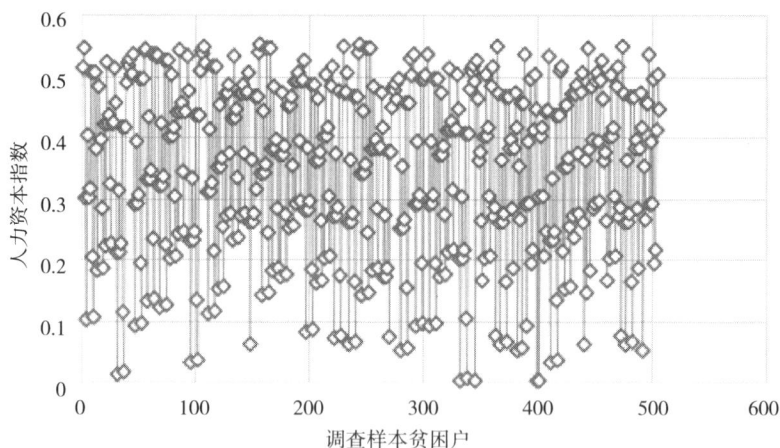

图5-1 贫困户人力资本指数散点图

资料来源：SPSS20.0 计算结果整理。

由图5-1可知，调查样本区贫困户人力资本指数均值为0.3448，多数贫困户人力资本指数集中在0.3~0.4之间，人力资本指数较低，贫困户自身发展能力弱。因此，农村牧区人力资本有待提高，人力资本的提高能够增加家庭收入，促进农村牧区经济增长（张艳华，2010），改善农村牧区村容村貌，实现农村牧区乡村振兴。

5.4.2　理论分析与研究假设

为了确保农村电商的发展促进当地产业经济的发展，必须推动贫困主体参与到其中，分享发展成果，实现能力的提升。同时，不仅是贫困主体参与市场的机会增多，农村牧区的贫困主体也可以通过当地的产业或者电商环境间接作用于贫困主体，进而实现能力的提升（汪向东，2014）。因此，在对农村电商扶贫的赋能效果分析中，不仅考虑农村电商参与因素对人力资本的影响和各个潜变量对贫困户电商参与的影响，同时还考虑了各影响因素间的相互影响。这样做的目的不仅能够检验农村电商参与是否具有"赋能"的扶贫效果，同时进一步验证其他潜变量对人力资本的直接作用效果大还是电商参与作用效果大。该做法对提高农村电商扶贫效果具有一定的推动作用。

农村牧区电商发展较快，带动了一大批贫困户自主学习与开展电商，这就需要贫困户自身对电商交易技能的掌握和应用。鉴于人的趋利性，贫困户对电脑、互联网、网销等技术的掌握与他们对收益的追求是分不开的。借鉴穆燕鸿（2017）、曾亿武（2018）和林海英等（2019）的观点，电商参与主要受到基础设施因素、电商认知因素、社会网络因素、资源禀赋因素的影响，并呈现出正相关关系。王瑜（2019）认为，电商参与能够为贫困户带来经济获得感，也能为贫困户"赋能"，"赋能"虽具有一定的时滞性，但对于政府或者企业而言，电商扶贫依然要着眼于贫困户能力的改善，即人力资本的提升。李成友（2018）认为，资源禀赋（物质、知识）对人力资本具有显著的促进作用。黄征（2015）认为，基础设施的发展能够对人力资本有一定的提升作用，尤其是一个地区的"软设施"对人力资本的影响更为显著。林广毅（2016）、祁斌斌等（2018）、李彩霞和杨卫鹏（2018）认为，电商的发展能够为农民提高就业创业能力、增加幸福感赋能等，进而提高了农民人力资本赋能效果。曾亿武（2018）认为，电商发展过程中社会网络因素作为农民发展电商的主要因素，能够增加农民收入，进而促进农民参与更多的职业培训，提高人力资本。任燕妮（2016）认为，信息技术能够促进人力资本的形成与提升，尤其是信息技术型人力资本的变化很明显。崔丽丽（2016）、张益丰（2016）、穆燕鸿等（2016）认为，电商培训是影响农民参与电商的主要因素，培训又是人力资本提升的主要途径；电商认知是影响电商参与的关键因素，认知是信息获取和收集的主要来源，而这个主要来源也体现在人力资本的大小。张秀武、刘成坤、赵昕东（2018）认为，人口年龄对人力资本有一定的影响。由此可见，电商参与影响人力资本的提升，基础设施因素、电商认知因素、社会网络因素和资源禀赋因素分别对人力资本有影响，同时还发现这 4 个因素也是影响电商参与的因素，那么电商参与是否起到了中介的作用来对人力资本产生影响？也就是说，到底是基础设施因素、电商认知因素、社会网络因素和资源禀赋因素 4 个因素通过电商参与对人力资本的提升起到的作用效果大，还是直接作用于人力资本的作用效果大？这个问题也是本节内容要解释的关键问题之一。

本书中涉及的电商参与主要是贫困户通过电商进行网络购买生活用品和生产资料的购买频次、网络销售农畜产品的销售额，其中，网络购买频次越多，贫困户越有时间从事其他的工作，如有闲暇时间学习一些新技能、新种植与养殖方法等，增加人力资本；网络销售额越大，表明贫困户熟练掌握了电商相关技能（网店促销技能、品牌推广技能等），人力资本越高。因此，本章提出以下假设：

H_1：电商参与因素对人力资本具有正向显著影响。

本书中涉及的基础设施因素主要包括网络覆盖、村级电商服务站、宽带安装、电脑或智能手机、快递运输天数、快递收取地、距离最近乡镇政府。网络覆盖、电脑和智能手机、宽带安装等对贫困户提供了"软设施"，方便贫困户利用网络、宽带和智能手机或电脑上网搜索一些创业就业机会、健康保健知识以及农牧业种植与养殖技能等，进而提高贫困户的人力资本。村级电商服务站为贫困户提供缴费、挂号、邮寄收取快递、培训信息等方面的便捷服务，能够节省贫困户的精力体力成本，同时由于及时的服务，贫困户的人力资本得到明显改善。因此，本章提出以下假设：

H_2：基础设施因素对人力资本具有正向显著影响。

电商认知主要是贫困户是否听说过电商、去村级服务站次数、去村级服务站都做什么（买卖东西、缴费、收取快递、学习电商相关知识），这些因素对人力资本均有正向的促进作用。因此，本章提出以下假设：

H_3：电商认知因素对人力资本具有正向显著影响。

社会网络因素主要包括家中是否有村干部、社会邻里示范（听说电商的渠道）和非农就业人数，因为根据人力资本理论，家中有村干部和非农就业劳动力数量越多，社会网络越大，电商参与越频繁，人力资本越高。因此，本章提出以下假设：

H_4：社会网络因素对人力资本具有正向显著影响。

资源禀赋因素主要包括非农收入、电商培训次数及种植规模，因为非农收入越多，说明非农就业渠道越广，社会资本越大，人力资本越高；电商培训次数越多，人力资本越高；种植规模越多，越需要拓展销售渠道，电商销售渠道

是首选，而越迫切学习电商技能知识，人力资本提高得越快。因此，本章提出
以下假设：

H₅：资源禀赋因素对人力资本具有正向显著影响。

林海英（2019）发现，基础设施因素、电商认知因素、社会网络因素及
资源禀赋因素对电商参与有显著影响，结合假设 H₁，电商参与对人力资本提
升有显著促进作用，也就是说 4 个因素对人力资本的提升作用可以通过电商参
与作为中介发挥作用，但是在理论分析中并不能确定是该 4 个因素作用于人力
资本的直接效应大还是通过中介的间接效应对人力资本提升作用更明显，这是
在实证分析结果中需要展示的结论，也是本部分笔者重点关注的内容之一。

本书提出的 5 个影响因素中，有一些因素是有相互影响的，其中基础设施
因素、资源禀赋因素、社会网络因素对电商参与有正向作用（林海英，
2019），社会网络因素对电商认知存在一定的影响（崔丽丽，2016）。但本部
分重点关注的是 5 个潜变量对贫困户人力资本的影响路径，因此潜变量（5
个）之间的相互影响在假设中并未作过多介绍，会在结论中显示。

本章在结合前人对人力资本的影响因素研究的基础上，以内蒙古自治区为
贫困地区的典型代表，以样本调查区的贫困户为调查对象，从电商发展对贫困
户人力资本的影响来构建基础设施因素、电商认知因素、社会网络因素、资源
禀赋因素及电商参与行为 5 个方面的因素对贫困户人力资本影响理论结构模
型，上述 5 个假设的相关关系如图 5-2 所示。

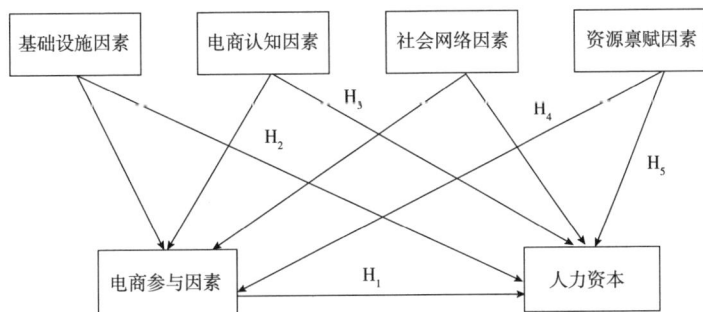

图 5-2　农村电商人力资本影响的理论结构模型

5.4.3　结构方程模型

回归分析是研究显变量之间的关系，如果面临的是潜变量，要像回归分析

那样研究它们之间的关系时，常用的做法是"化潜变量为显变量"，先设计若干指标间接测量潜变量，通过指标的观测值产生出潜变量的观测值，然后将潜变量当作显变量进行回归分析。目前有很多种方法将潜变量变成显变量，但是这种将潜变量变成显变量处理的缺点是没有将测量误差与变量之间的关系同时考虑，在很多情况下得到的统计结果可能不太精确，甚至有的结果是错误的。而本章中使用结构方程模型就能够避免出现上述的错误。

本书在构建理论模型时，利用5个潜变量（不是真实存在的，需要通过其他变量多种指标综合产生结果），而这5个潜变量不能直接用一个指标来代替，且存在较强的相关性。结构方程模型（Structural Equation Model，SEM）是验证性因子模型与（潜变量）因果模型的结合，是一种综合性统计分析技术和模型方法，所包含的因子模型部分称为测量模型（Measurement Model），其方程称为测量方程（Measurement Equation），主要用来描述潜变量与指标之间的关系。结构方程模型包含的因果模型部分称为潜变量模型（Latent Variable Model），也称为结构模型（Structural Model），其方程称为结构方程（Structural Equation），用来描述潜变量之间的关系，结构方程模型（SEM）主要用于测量多个潜变量之间、潜变量（模型中用椭圆形表示）与测量变量（模型中用矩形表示）之间的复杂关系（侯杰泰，2004）。其具体的估计方式可用测量方程和结构方程表示，具体如下：

测量方程（ME）： $$y = \Lambda_y \eta + \varepsilon \tag{5-12}$$

$$x = \Lambda_x \xi + \delta \tag{5-13}$$

结构方程（SE）： $$\eta = B\eta + \Gamma\xi + \zeta \tag{5-14}$$

测量方程中，x为外生观测变量，ξ为外生潜变量，Λ_x为外生观测变量在外生潜在变量上的因子载荷矩阵，δ为外生观测变量的误差项；y为内生观测变量，η为内生潜在变量，Λ_y为内生观测变量在内生潜变量上的因子载荷矩阵，ε为内生变量的误差项。在结构方程中，B表示内生潜在变量之间的路径关系，Γ表示外生潜在变量对于内生潜在变量的路径影响，ζ为结构方程的误差项。

测量方程包括内生潜变量测量方程和外生潜变量测量方程，式（5-12）是一个由内生指标构成的内生潜变量的测量方程，y是由p个内生指标构成的p×1向量；η是由m个内生潜变量因子组成的m×1向量；Λ_y则是y在η上的p×m因子负荷矩阵；ε是p个测量误差组成的p×1个测量误差的向量。

式（5-13）是测量外生潜变量的测量方程，x是由q个外生变量组成的q×1向量；ξ是由n个外生潜变量因子构成的n×1向量；Λ_y是y在ξ上的q×n

因子负荷矩阵；δ 是 q 个测量误差组成的 q×1 向量。

在式（5-14）中，B 是 q×n 系数矩阵，描述了内生变量 η 之间的彼此影响；Γ 是 m×n 系数矩阵，描述了外生潜变量 ξ 对内生潜变量 η 的影响；ζ 是 m×1 残差向量，将结构方程展开如式（5-15）所示。

$$
\begin{bmatrix} \xi_1 \\ \xi_2 \\ \xi_3 \\ \xi_4 \\ \xi_5 \end{bmatrix} = \begin{bmatrix} 0 & 0 & 0 & \beta_{14} & 0 \\ 0 & 0 & \beta_{23} & 0 & 0 \\ \beta_{31} & 0 & 0 & 0 & 0 \\ 0 & 0 & \beta_{43} & 0 & 0 \\ 0 & 0 & 0 & 0 & 0 \end{bmatrix} \begin{bmatrix} \xi_1 \\ \xi_2 \\ \xi_3 \\ \xi_4 \\ \xi_5 \end{bmatrix} + \begin{bmatrix} \zeta_1 \\ \zeta_2 \\ \zeta_3 \\ \zeta_4 \\ \zeta_5 \end{bmatrix} \tag{5-15}
$$

模型的假设：①测量方程误差项 ε、δ 的均值为零；②结构方程误差项 ζ 的均值为零；③误差项 ε、δ 与因子 η、ξ 之间不相关，ε 与 δ 之间不相关；④误差项 ζ 与 ξ、ε 与 δ 之间不相关。

结构方程模型方法的具体步骤：一是构建理论模型，二是模型运算，三是模型修正，四是得出最优拟合的模型（侯杰泰等，2004）。

5.4.4　变量选取及描述性统计

本章选择的 5 个潜变量中，基础设施、电商认知、资源禀赋和社会网络是影响贫困户电商参与的主要因素，电商参与又是影响贫困户人力资本的关键解释变量，因此，农村电商扶贫的赋能效果分析中除考虑电商参与对人力资本的影响外，还应比较其他四个潜变量通过电商参与间接作用于人力资本的效应及其直接作用于人力资本的效应，以及电商参与是否具有明显的中介作用。具体的潜变量、可测变量的定义及描述性统计如表 5-9 所示。

表 5-9　变量定义及描述性统计

潜变量	变量名	变量解释与说明	均值	方差
基础设施因素	宽带安装	安装宽带 = 1，未安装宽带 = 0	0.48	0.516
	村级服务站	有村级服务站 = 1，没有 = 0	0.704	0.500
	电脑或智能手机	贫困户家庭拥有电脑或智能手机数	2.53	2.557
	快递运输天数	贫困户收到快递间隔天数（天）	4.51	0.868

续表

潜变量	变量名	变量解释与说明	均值	方差
基础设施因素	快递收取地	1＝派送员送货上门；2＝村里电商服务站；3＝到县里的快递公司领取；4＝其他	1.25	1.546
	距离最近乡镇政府	距离最近的乡镇政府的距离（千米）	9.29	9.079
	网络覆盖	有网络覆盖＝1，无网络覆盖＝0	0.89	0.470
电商认知因素	是否听说过电商	听说过＝1；没听说过＝0	0.92	0.281
	去村级服务站次数	连续变量（次/月）	2.23	7.176
	去村级服务站做什么	1＝随便看看；2＝买卖东西；3＝缴费；4＝邮取快递；5＝学习电商相关知识	3.52	0.983
社会网络因素	非农就业人数	贫困户家庭成员从事非农工作（人）	0.74	0.926
	社会或邻里示范	听说过网络的途径 1＝网络、电视、广播、报纸等媒体；2＝政府或乡干部的口头宣传；3＝亲戚朋友介绍；4＝标语或宣传板；5＝其他	2.61	0.252
	家中有无干部	有＝1，无＝0	0.18	0.514
资源禀赋因素	非农收入	贫困户家庭非农收入（万元/年）	0.91	5.588
	电商培训次数	贫困户家庭成员参加电商培训次数（次/月）	0.54	1.623
	种植规模	贫困户家庭种植农作物的亩数（户/亩）	63.34	401.306
电商参与因素	贫困户电商参与1	贫困户网购频次（次/月）	3.17	70.939
	贫困户电商参与2	贫困户网络销售额（元/月）	2126.87	15179.853

资料来源：农村电商贫困户调查问卷。

基础设施因素中，网络覆盖的均值为 0.89，即有 89% 的样本贫困户所在地都有网络覆盖；宽带安装的均值为 0.48，即有 48% 的样本贫困户安装了宽带；村级服务站的均值为 0.704，即有 59% 的样本贫困户所在村有村级电商服务站；电脑或智能手机的均值为 2.53；快递运输天数的均值为 4.51，平均收取快递的天数为 4 天以上；快递收取地的均值为 1.25，其中 80% 的贫困户所在村都能够收取快递；距离最近乡镇政府的均值为 9.29，标准差较大，表明调查样本贫困户距离乡镇政府距离差距较大。电商认知因素中，是否听说过电商的均值为 0.92，表明有 92% 的样本调查贫困户听说过电商；去村级服务站次数的均值为 2.23，标准差较大，表明调查样本贫困户去村级电商服务站的次数差别较大；去村级服务站做什么的均值为 3.52，多数集中在买卖东西、缴费、邮取快递和学习电商相关知识几个方面。社会网络因素中，非农就业人数的均值为 0.74，调查样本区贫困户家庭外出务工劳动力人数较低；社会或邻里示范的均值为 2.61，多数贫困户听说电商的渠道主要是集中在政府或乡干部的口头宣传和亲戚朋友介绍两方面；家中有无干部的均值为 0.18，这也符合所调查贫困户的特点，村干部数量较少。资源禀赋因素中，非农收入的均值为 0.91 万元/年，由于非农就业人数较少，因此非农收入也不多；电商培训次数均值为 0.54 次，电商对贫困户培训的次数并不多，涉及的培训内容和培训对象也并不广泛；种植规模的均值为 63.34 亩，贫困户种植面积较大，但是中西部种植面积分布不均匀。在电商参与中，贫困户网购频次的均值为 3.17次/月，贫困户网络销售额为 2126.87 元/月，贫困户网购频次居中，网络销售额较低，标准差较大，表明贫困户的网络销售差距较大。

　　为描述农村电商赋能扶贫效果的实证分析结果，利用 Amos23.0 将前文列出的理论模型和问卷中的观测变量构建农村电商对贫困户人力资本影响的结构方程模型，即潜变量与观测变量之间的关系。椭圆代表的是潜在变量，共有 5个潜在变量；矩形代表的是观测变量，共 18 个观测变量。具体如图 5-3 所示。

5.4.5　模型拟合结果与分析

5.4.5.1　指标的科学性检验

　　信度是指问卷的可靠性；效度是指问卷的有效性，即样本数据能够测量的正确性程度（吴明隆，2010）。本研究主要对统计量表的内部信度和结构效度进行分析，运用 SPSS20.0 对统计量进行信度和效度检验，为验证潜变量对贫困户人力资本影响的可测变量之间的不相关性，采用 Cronbach's Alpha、KMO统计量和 Bartlett 球形检验方法进行信度和效度检验。系数越高，信度越好，一般要求信度要达到 0.8 以上，若系数在 0.9 以上，表明量表的一致性非常理想。KMO 统计量和 Bartlett 球形检验方法一般要求值要达到 0.6 以上，若该值达到 0.8 以上，则认为该量表数据很适合做因子分析。从结果（见表 5-10）中可以看出，样本 5 个潜变量的 Cronbach's Alpha 系数值均大于 0.720，样本总体的 Cronbach's Alpha 系数值为 0.894，表明样本数据的选取具有较好的信度。Bartlett 的球形检验近似卡方值为 4156.315，相伴概率为 0.000，在 1% 的水平下显著，5 个潜变量的 KMO 值均大于 0.700，样本总体 KMO 值为 0.802，且在相应测项上具有较大载荷，说明样本数据具有较高的效度。

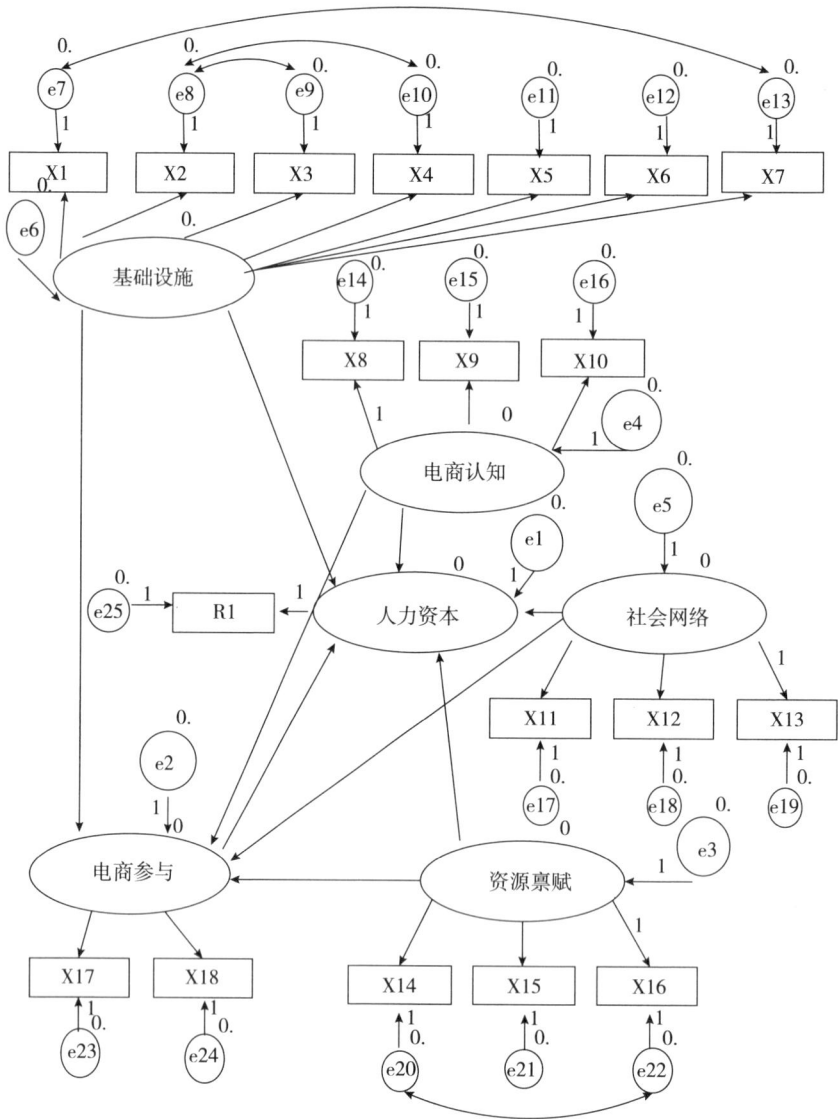

图 5-3　结构方程模型变量间的关系图

表 5-10　量表信度和效度结果

	基础设施	电商认知	社会网络	资源禀赋	电商参与	人力资本	总体样本
Cronbach's Alpha	0.806	0.725	0.765	0.788	0.805	0.886	0.894
KMO	0.776	0.716	0.706	0.714	0.712	0.782	0.802
可测变量个数	7	3	3	3	2	9	18

资料来源：SPSS20.0 分析结果整理。

5.4.5.2　结构模型实证分析

（1）模型拟合结果。本章基于结构方程模型，通过数据导入、模型运算、模型拟合修正等步骤进行实证分析常使用的关键指标值包括卡方、自由度、P 值、RMSEA 值，增值适配度指数 NFI、CFI、IFI、AIC 等评价模型的拟合程度。绝对拟合指数中 RMSEA 的值要求越小越好，良好要求小于 0.05。增值适配指数 NFI、CFI、IFI、TLI 要求大于 0.9，越接近 1 越好；PNFI、PCFI 要求大于 0.5；AIC 越小越好（Zhong lin w et al.，2004）。由贫困户参与电商对人力资本的影响因素的假设模型拟合度检验结果可以发现，虽然假设模型对于数据的拟合情况尚可，NFI、IFI、AIC、PNFI、PCFI 均达到理想值要求，但拟合指数中 CFI 没达到判定标准，并且卡方值、RMSEA 数值较大（见表 5-11），因此，初始模型还需进一步修正。

表 5-11　模型拟合程度指标

拟合指标	卡方/df	RMSEA	NFI	CFI	IFI	AIC	PNFI	PCFI
检验标准	越小越好	小于 0.05	大于 0.9	大于 0.9	大于 0.9	越小越好	大于 0.5	大于 0.5
结果值	552.05/64	0.072	0.921	0.838	0.953	338.87	0.721	0.735
适配结果	理想	尚可	理想	不好	理想	理想	理想	理想

资料来源：Amos23.0 数据整理结果。

（2）模型修正。由于初始模型拟合效果不佳，所以应当提高模型的拟合优度，对电商参与对人力资本影响的初始模型进行修正。因为样本数据经过科学性检验，问卷信度很好，因此，潜变量的可测变量指标无须进行修改（穆燕鸿等，2016），只对协方差修正指数 MI 进行修正，按照每次释放一个参数的原则逐次进行假设模型修正，直到得到最优模型。

首先，e_7 和 e_{13} 的 MI 值较大，达到 31.26，结合调研数据发现，网络覆盖与宽带安装是有一定的相关性，因此，增加 X_1 和 X_7 的残差项的路径，则拟合结果的卡方值会减少。

其次，e_8 和 e_9、e_8 和 e_{10} 的 MI 值较大，达到 21.34、16.35，结合调研数据发现，村级电商服务站与快递运输天数和快递收取地有直接相关关系，因此，增加 X_2 和 X_4、X_2 和 X_5 的残差项的路径，则拟合结果的卡方值会减少。

最后，e_{20} 和 e_{22} 的 MI 值较大，达到 8.38，结合调研数据发现，非农收入与种植规模有一定的相关关系，因此，增加 X_{14} 和 X_{16} 的残差项的路径，则拟合结果的卡方值会减少。具体结果如表 5-12 所示。

表 5-12　初始模型修正指数

修正次数	增加残差相关路径	协方差修正指数	MI	Par Change
第一次修正	$X_1 \longleftrightarrow X_7$	$e_7 \longleftrightarrow e_{13}$	31.26	0.563
第二次修正	$X_2 \longleftrightarrow X_4$	$e_8 \longleftrightarrow e_9$	21.34	0.368
第三次修正	$X_2 \longleftrightarrow X_5$	$e_8 \longleftrightarrow e_{10}$	16.35	0.183
第四次修正	$X_{14} \longleftrightarrow X_{16}$	$e_{20} \longleftrightarrow e_{22}$	8.38	-0.238

资料来源：Amos23.0 数据整理结果。

经过对初始模型的四次修正后发现，模型的拟合效果更优，具体数值如表 5-13 所示。卡方值、自由度均有明显变化，其他拟合指数值也都向着更优的方向变化，尤其是拟合值 RMSEA 由原来的大于 0.05 的"尚可"状态变为小于 0.05 的"理想"状态，CFI 的值也是由原来小于 0.9 的"不好"状态变为大于 0.9 的"理想"状态。这些数据都表明，修正后的数据拟合效果更好。

表 5-13　模型拟合程度指标

拟合指标	卡方/df	RMSEA	NFI	CFI	IFI	AIC	PNFI	PCFI
检验标准	越小越好	小于 0.05	大于 0.9	大于 0.9	大于 0.9	越小越好	大于 0.5	大于 0.5
结果值	389.26/60	0.043	0.935	0.916	0.968	304.16	0.728	0.746
适配结果	理想	理想	理想	理想	理想	理想	理想	理想

资料来源：Amos23.0 数据整理结果。

（3）模型结果。结构方程模型中的路径分析是对路径系数进行显著性检验，若检验结果中 P 值是 ***，表示显著性概率低于 0.001；若 P 值大于 0.001，则会显示具体的数值（侯泰杰，2004）。结构方程模型主要是揭示变量之间的关系，包括潜变量与可测变量之间、可测变量与可测变量之间的结构关系，而这些变量间的关系在模型中用路径系数来表现（穆燕鸿等，2016）。从模型的显著性检验结果（见图 5-4）可以看出，假设 H_1、H_2、H_3、H_4、H_5 均成立，且影响方向为正向，具体如表 5-14 所示。

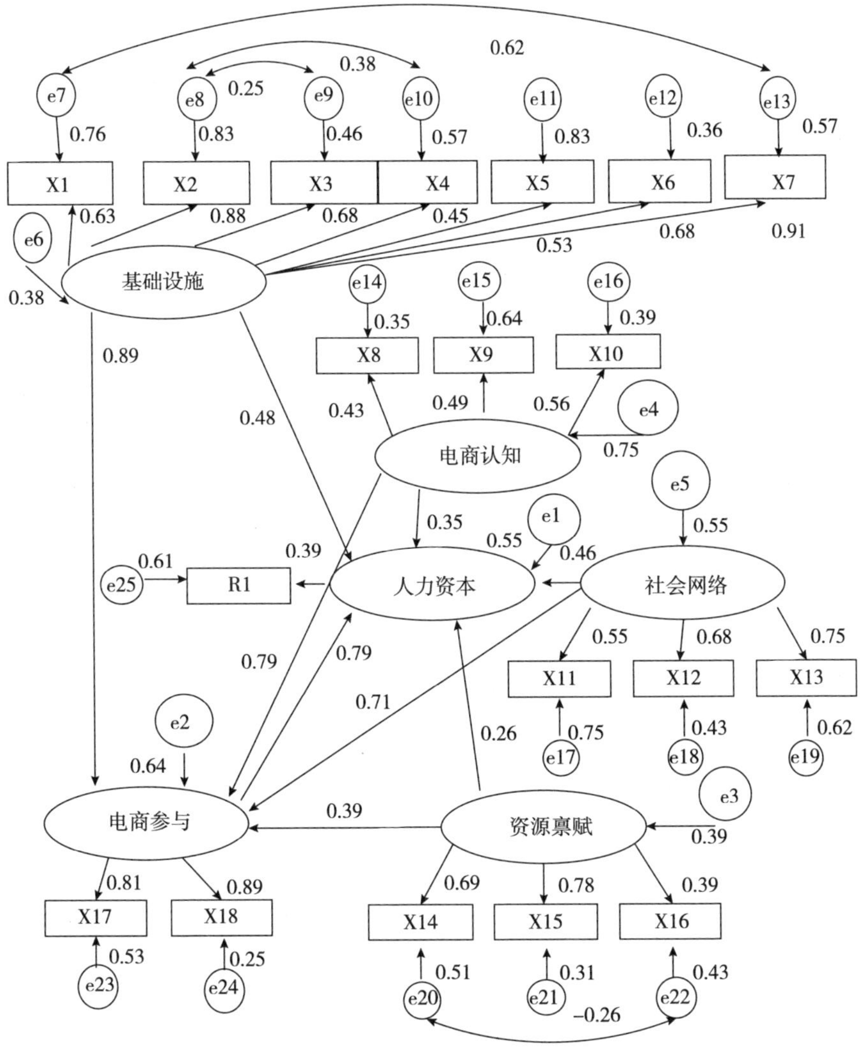

图 5-4　优化路径拟合图

表 5-14　优化模型各路径系数估计

假设	路径描述	Estimate-S	S. E.	C. R.	P 值	验证结果
H₁	人力资本<——电商参与	0.790	0.085	9.294	***	成立
H₂	人力资本<——资源禀赋	0.260	0.124	2.765	***	成立
H₃	人力资本<——社会网络	0.461	0.208	2.216	**	成立
H₄	人力资本<——电商认知	0.352	0.079	4.456	***	成立
H₅	人力资本<——基础设施	0.483	0.167	2.892	**	成立
电商参与的中介作用（间接效应）	人力资本<——电商参与<——资源禀赋	0.308	0.207	2.878	***	成立
	人力资本<——电商参与<——社会网络	0.561	0.068	8.250	***	成立
	人力资本<——电商参与<——电商认知	0.626	0.039	16.051	***	成立
	人力资本<——电商参与<——基础设施	0.703	0.052	13.519	***	成立
每个潜变量的影响因素	基础设施<——宽带安装	0.630	0.025	25.200	***	成立
	基础设施<——村级服务站	0.881	0.062	14.210	***	成立
	基础设施<——电脑或智能手机	0.680	0.312	2.179	**	成立
	基础设施<——快递运输天数	0.451	0.103	4.379	***	成立
	基础设施<——快递收取地	0.532	1.051	1.051	***	成立
	基础设施<——网络覆盖	0.912	0.028	1.727	*	成立
	电商认知<——听说过电商	0.431	0.038	11.342	***	成立
	电商认知<——去村级服务站次数	0.492	0.069	7.130	***	成立
	电商认知<——去村级服务站做什么	0.562	0.058	9.690	***	成立
	社会网络<——非农就业人数	0.551	0.214	2.611	***	成立
	社会网络<——社会邻里示范	0.682	0.307	2.221	**	成立
	社会网络<——家中有无村干部	0.751	0.072	10.431	***	成立
	资源禀赋<——培训次数	0.783	0.083	9.434	***	成立
	电商参与<——网购频次	0.812	0.089	9.124	***	成立
	电商参与<——网络销售额	0.893	0.109	12.308	***	成立

注：Estimate-S 是标准化的路径系数；S.E. 是标准误差；C.R. 是临界比；*** 表示显著水平小于 0.001。

由表 5-14 可知，各影响因素之间的路径系数的临界比值 CR 在 1.727～25.2。P 是 CR 的统计检验的概率，可以通过 P 值来检验路径系数的显著性，从优化模型中的 P 值可以看出，优化模型路径关系都在 99%的置信度下存在显著性差异。

对模型拟合优化结果的，具体分析如下：

首先，结构方程拟合优化后得出了电商参与与人力资本目标值之间的相关路径关系，电商参与对人力资本的路径系数为 0.790，表明贫困户参与电商对人力资本的直接效应为 0.790，即在其他条件保持不变的情况下，贫困户每增加一单位电商参与，对人力资本的提升起到 79.0% 的促进作用。电商参与取决于网络购买和网络销售两个方面，其中，网络购买（网购频次）通过电商参与间接作用于人力资本，间接效应为 0.642，即贫困户网购频次每增加一个单位（次/月），能够提升人力资本 64.2%，"赋能"效果显著；网络销售（网络销售额）通过电商参与间接作用于人力资本，间接效应为 0.705，即贫困户网购销售额每增加一个单位（元/月），能够提升人力资本 70.5%，"赋能"效果显著。网络购买和网络销售的赋能效果略有不同，网络销售对贫困户的"赋能"效果略高于网络购买对贫困户的"赋能"效果，究其原因为：在贫困户进行网络销售和网络购买时，所需要掌握的电商操作技能不同，网络销售的技能明显比网络购买要难，网络销售既要掌握店铺申请、供货渠道、物流运输、选品上架、营销技巧等相关知识，又要熟悉产品定价、竞争者分析等知识，因此要学习的电商培训知识很多，自己在学习过程中掌握了更多的操作技能，人力资本有所提高，进而能培养出一大批电商创业者，电商"赋能"效果更显著。

其次，在模型拟合优化结果中，电商参与作为中介作用的影响也是显著的，即资源禀赋、社会网络、电商认知及基础设施因素通过电商参与作用于人力资本的"赋能"效果明显高于资源禀赋、社会网络、电商认知及基础设施因素直接作用于人力资本的"赋能"效果，表明电商参与对于 4 个次要潜变量对人力资本的提升发挥了明显的中介作用。数据结果显示，电商参与对资源禀赋提升人力资本的间接作用效果为 0.308，大于资源禀赋直接作用于人力资本的直接效应 0.260；电商参与对社会网络提升人力资本的间接作用效果为 0.561，大于社会网络直接作用于人力资本的直接效应 0.461；电商参与对电商认知提升人力资本的间接作用效果为 0.626，明显高于电商认知直接作用于人力资本的直接效应 0.352；电商参与对基础设施提升人力资本的间接作用效果为 0.703，大于基础设施直接作用于人力资本的直接效应 0.483。由此可见，电商参与的中介作用明显。

最后，模型拟合优化结果显示，5 个潜变量中的每一个影响因素对其潜变量的影响程度也不同，也间接作用于人力资本的提升。其中，在基础设施因素中对人力资本起到显著间接作用的因素有：宽带安装、村级服务站、电脑或智能手机、快递运输天数、快递收取地和网络覆盖，间接影响贫困户人力资本的路径系数等于两部分影响的系数相乘后的结果，大小排序为：网络覆盖（0.794）>村级服务站（0.767）>电脑或智能手机（0.592）>宽带安装（0.549）>快递收取地（0.463）>快递运输天数（0.393）；在电商认知因素中，对人力资本起到显著间接作用的因素有：听说过电商、去村级服务站次数和去村级服务站做什么，具体间接影响贫困户人力资本的路径系数的大小排序为：去村级服务站做什么（0.372）>去村级服务站次数（0.326）>听说过电商（0.285）；在社会网络因素中，对人力资本起到显著间接作用的因素有：非农就业人数、社会邻里示范、家中有无村干部，具体间接影响贫困户人力资本的路径系数的大小排序为：家中有无村干部（0.596）>社会邻里示范（0.541）>非农就业人数（0.437）；在资源禀赋因素中，对人力资本起到显著间接作用的因素有电商培训次数，间接影响贫困户人力资本的路径系数的大小为 0.207；在电商参与中，对人力资本起到显著间接作用的因素有网购频次和网络销售额，具体间接影响贫困户人力资本的路径系数的大小排序为：网络销售额（0.705）>网购频次（0.642）。此处只做效应大小的比较，是因为此部分内容不是本书所关注的核心内容，核心潜变量是电商参与对人力资本的影响以及电商作为中介作用于人力资本的间接效应。

5.4.6 结论

本部分是研究农村电商对人力资本提升的作用效果。首先是对人力资本指数进行测算，运用综合指数法，结合 9 个影响人力资本指数的指标对其进行测算；其次运用结构方程模型（SEM）分析农村电商参与对贫困户人力资本的作用效果和作用路径。其中，潜变量包括电商参与、基础设施因素、电商认知因素、社会网络因素和资源禀赋因素 5 个因素，电商参与是主要潜变量，通过结构方程模型的模型运算、模型修正（4 次）和模型拟合等运算，得出了相应的结论，具体结论如下：

第一，总体上看，电商参与对贫困户人力资本的提高有显著影响，直接作用效果表现为：贫困户电商参与可以提高人力资本，其促进作用为 0.790，为贫困户赋能，尤其是对贫困地区来说，可以起到一定的扶贫作用。其中，网络购买通过电商参与间接作用于人力资本的提升，间接效应为 0.642；网络销售通过电商参与间接作用于人力资本的提升，间接效应为 0.705，扶贫效果明显。

第二，电商参与作为中介作用的影响也是显著的，即资源禀赋、社会网络、电商认知及基础设施因素通过电商参与作用于人力资本的"赋能"效果明显高于资源禀赋、社会网络、电商认知及基础设施因素直接作用于人力资本的"赋能"效果，表明电商参与对于 4 个次要潜变量对人力资本的提升发挥了明显的中介作用。

第三，模型优化拟合结果显示，4 个潜变量对电商参与的影响也是显著的；同时，5 个潜变量中的每一个影响因素对其潜变量的影响程度也不同，也间接作用于人力资本的提升。

由上述结论可知，农村电商对贫困户人力资本的作用效果是显著的，也就是说，农村电商扶贫的赋能效果显著。结合第 3 章也发现，人力资本投资越高，人力资本提升越快，贫困户收益增加越多，农村电商扶贫效果越显著。

5.5　本章小结

本章是在第 3 章、第 4 章理论分析和数据分析的基础上进行的，本章是本书的核心章节之一，是农村电商对贫困户的扶贫效果的实证分析，综述了农村电商扶贫效果的研究进展，发现农村电商扶贫具有一定的正向促进作用，分别从"增收""节支"和"赋能"三部分扶贫效果来开展，具体包括：

第一部分是实证分析农村电商对贫困户的"增收"效果。首先进行方差分析，结果显示，网络销售（IS）对贫困户家庭收入在 1% 的显著性水平下具有显著作用，网络购买（IB）对贫困户家庭年收入不具有显著作用；其次运用 216 个贫困户参与电商销售的样本作为数据来源，运用 Stata14.0，借助处理效应模型（TEM）分析农村电商对贫困户的"增收"效果。

第二部分是实证分析农村电商对贫困户的"节支"效果。本节结合第 2 章中的理论分析和第 3 章中的"节支"作用机制，将 390 份贫困户参与电商购买和销售的样本作为数据来源，采用 Tobit 计量经济学模型，运用 Stata14.0 实证分析了农村电商对贫困户"节支"的作用效果和影响程度。

第三部分实证分析农村电商对贫困户的"赋能"效果。本部分的"赋能"效果主要是指农村电商对人力资本提升的作用效果。运用 506 份贫困户调查样本作为数据来源，首先是对人力资本指数进行测算，运用综合指数法，结合 9 个影响人力资本指数的指标对其进行测算；其次运用结构方程模型（SEM）分析农村电商参与对贫困户人力资本的作用效果（"赋能"效果）和作用路径。

第6章　内蒙古自治区农村电商扶贫的成效及问题

在对农村电商扶贫的作用机制理论分析及扶贫效果实证分析中发现，农村电商扶贫效果显著。在此基础上，本章继续总结近年来农村电商扶贫的成效及问题，梳理政府大力支持的"十大精准扶贫工程"之一的农村电商扶贫取得了哪些具体成效，同时也挖掘存在哪些问题，结合事实案例佐证，为后续提出政策建议提供实践基础。

6.1　内蒙古自治区农村牧区反贫困成效与特征分析

6.1.1　内蒙古自治区农村牧区反贫困的成效

《中国扶贫开发报告2017》中指出，改革开放以来，中国实现了人类历史上减贫速度最快、减贫规模最大的反贫困斗争，扶贫工作取得了举世瞩目的成就（李培林、魏后凯，2017）。近4年来，在不利的宏观经济环境下，我国实现了贫困人口的较大规模持续减少。过去4年，全国农村贫困人口减少了5564万人，平均每年减少1391万人，这充分说明最近几年我国实施的精准扶贫、精准脱贫系列措施，通过政府和社会多方面的努力，有效冲抵了经济增速放缓和减贫难度加大对脱贫进程的不利影响。我国继过去30多年创造出通过有效管理发展过程实现持续减贫的中国经验之后，现在又在试验和探索在宏观经济环境不利条件下对剩余少量贫困人口进行脱贫攻坚的做法。最近4年的脱贫进程表明，我国在脱贫攻坚方面取得了符合预期的效果（祁晓慧，2017）。内蒙古自治区地处祖国北疆，属于西部民族地区的典型代表区域，是普遍缺乏基本生存条件的西部地区，且呈现出"大分散、小集中"的特征，致贫原因也更为复杂，扶贫难度越来越大，扶贫工作已进入了"啃硬骨头"的攻坚阶段。内蒙古自治区扶贫开发办公室积极响应国家号召，认真执行国家政策，顺利开展贫困户建档立卡工作，建立扶贫信息系统，顺应中央开始调整扶贫思路，提出了"精准扶贫"战略。内蒙古自治区扶贫开发办公室先后出台了相关精准扶贫的政策性指导文件《内蒙古自治区扶贫开发办公室 2018 年工作要点》《内蒙古自治区 2018 年度扶贫对象动态管理工作方案》等，对未来精准扶贫方案和深度贫困县扶贫策略有了一定的方向，内蒙古自治区的扶贫攻坚工作取得了显著的成效，具体表现在以下几个方面：

6.1.1.1 贫困县总量首次减少，贫困发生率逐年降低

根据国家统计局 2018 年 8 月的统计，从 1978 年到 2017 年，我国农村贫困人口减少 7.4 亿人，年均减贫人口规模接近 1900 万人；农村贫困发生率下降 94.4 个百分点，年均下降 2.4 个百分点[①]。我国自 1986 年开展大规模扶贫以来，到 2000 年的十几年时间里，每年平均减少贫困人口 639 万人。从 2001 年到 2010 年的十年里，每年减贫 673 万人。党的十八大以来，每年减贫 1300 万人以上，截至 2018 年 8 月，剩余贫困人口约 3000 万人，到 2020 年每年平均脱贫人口达到 1000 万人。

2014 年，我国有 592 个贫困县，少数民族贫困县有 340 个，占 57.4%；2018 年 8 月，国家重点扶贫县减少到 552 个，脱贫摘帽县（市、区）40 个。2012 年国家对贫困县进行了调整，内蒙古自治区在国家级贫困县总数上没有变化，仍然是 31 个，只是对贫困旗（县）做了调整（见表 6-1）。2017 年以来，内蒙古自治区脱贫攻坚工作取得新进展，减贫 20 万人，贫困人口下降到 37.5 万人，贫困发生率下降到 3% 以下，由原来多年不变的 31 个国家级贫困县减少到 30 个国家级贫困县（林西县已于 2018 年 8 月脱贫），占内蒙古自治区 103 个旗（县）的 29% 左右，由原来的 5573 个贫困行政村减少到 5461 个，脱贫行政村（社区）有 112 个。

---

① 国家统计局（http：//www.stats.gov.cn/）。

表6-1　内蒙古自治区 **2012** 年调整前和 **2012** 年调整后国家级贫困县名单

调整年份	国家级贫困县具体名单	总数
2012 年调整前	准格尔旗、伊金霍洛旗、托克托县、达尔罕茂名安联合旗、和林格尔县、乌审旗、鄂托克前旗、克什克腾旗、固阳县、杭锦旗、多伦县、清水河县、敖汉旗、巴林左旗、宁城县、奈曼旗、翁牛特旗、喀喇沁旗、察哈尔右翼前旗、察哈尔右翼后旗、扎赉特旗、武川县、库伦旗、巴林右旗、林西县、商都县、四子王旗、科尔沁右翼中旗、察哈尔右翼中旗、太仆寺旗、化德县	31
2012 年调整后	敖汉旗、宁城县、奈曼旗、翁牛特旗、喀喇沁旗、巴林左旗、察哈尔右翼前旗、察哈尔右翼后旗、武川县、卓资县、库伦旗、巴林右旗、林西县、商都县、四子王旗、科尔沁右翼中旗、察哈尔右翼中旗、太仆寺旗、化德县、正镶白旗、阿尔山市、科尔沁左翼中旗、科尔沁左翼后旗、莫力达瓦达斡尔族自治旗、阿鲁科尔沁旗、扎赉特旗、科尔沁右翼前旗、兴和县、突泉县、鄂伦春自治旗、苏尼特右旗	31

注：加黑字体是调整的贫困旗（县）。

资料来源：国务院扶贫办（http://www.cpad.gov.cn/）。

内蒙古自治区的国家级贫困县空间分布如下：赤峰市、乌兰察布市分别有8个国家级贫困县；兴安盟、通辽市和锡林郭勒盟，分别有5个、4个、3个国家级贫困县；呼伦贝尔市和呼和浩特市分别有2个、1个国家级贫困县。内蒙古自治区根据国家"八七"扶贫攻坚精神和内蒙古自治区实际情况，并参照国务院扶贫领导小组确定的标准，又确定了26个自治区扶持的贫困旗（县）[简称区级贫旗（县）]，国家级贫旗（县）和区级贫旗（县）合计56个，占内蒙古自治区总行政区县的近50%。内蒙古自治区区级贫困县有26个，具体分布情况如下：巴彦淖尔市、锡林郭勒盟和呼伦贝尔市分别有5个、5个、4个区贫困县；赤峰市、阿拉善、通辽市均为2个区贫县；呼和浩特市、鄂尔多斯市和兴安盟均有1个区贫县。

6.1.1.2　贫困县农牧户人均收入明显提高，专项扶贫资金逐年增加

根据2011年内蒙古自治区农村农民人均收入2600元、牧区牧民人均收入3100元的国家扶贫标准，2012年，内蒙古自治区31个国家级贫困旗（县）农牧户年人均可支配收入为5029.2元，低于全区农牧户收入平均水平2581.8元。2013年以来，内蒙古自治区累计119.2万贫困人口脱贫，扶贫开发重点旗（县）年人均可支配收入由2012年的5029.2元增加到2017年的9499.9

元，年均增长 13.56%（见表 6-2 和图 6-1）。

2013~2017 年，全区四级财政扶贫资金共投入 291 亿元，金融扶贫资金投入 459.4 亿元，社会资金投入 144.1 亿元，各项投入累计达到 1185 亿元，年均投入约 237 亿元。2017 年，内蒙古自治区四级财政投入扶贫专项资金近 100 亿元，达到历史最高水平；内蒙古自治区本级财政专项扶贫资金由上年的 18.8 亿元增加到 37.37 亿元；盟市旗（县）投入财政专项扶贫资金 35.8 亿元。全区整合用于脱贫攻坚的涉农涉牧资金 59.5 亿元。2017 年新增金融扶贫贷款 215 亿元。国家级贫困县财政扶贫资金的具体分配情况如图 6-2 所示。由此可见，扶贫专项资金来源广泛，资金投入力度大。

表 6-2　国家级贫困县农村牧区人均可支配收入变化情况

序号	国家级贫困县	2012 年农村牧区常住居民人均可支配收入（元）	2017 年农村牧区常住居民人均可支配收入（元）	序号	国家级贫困县	2012 年农村牧区常住居民人均可支配收入（元）	2017 年农村牧区常住居民人均可支配收入（元）
1	武川县	5355	7655	17	化德县	3352	8301
2	阿鲁科尔沁旗	5450	9997	18	商都县	3895	9257
3	巴林左旗	5834	9222	19	兴和县	3751	8941
4	巴林右旗	4792	9498	20	察哈尔右翼前旗	5222	10236
5	林西县	5313	8717	21	察哈尔右翼中旗	3346	8134
6	翁牛特旗	5709	9470	22	察哈尔右翼后旗	5288	10302
7	喀喇沁旗	5832	9380	23	四子王旗	4223	9937
8	宁城县	5864	10018	24	阿尔山市	—	9275
9	敖汉旗	5707	10221	25	科尔沁右翼前旗	4230	9230
10	科尔沁左翼中旗	6149	10571	26	科尔沁右翼中旗	4013	8592
11	科尔沁左翼后旗	6425	11116	27	扎赉特旗	4236	9157
12	库伦旗	5780	9974	28	突泉县	4156	8867
13	奈曼旗	6025	10277	29	苏尼特右旗	5854	10615
14	莫力达瓦大沃尔自治区旗	7647	9424	30	太仆寺旗	6098	10621
15	鄂伦春自治旗	5753	8763	31	正镶白旗	5397	10150
16	卓资县	5210	9963				

资料来源：《内蒙古统计年鉴》。

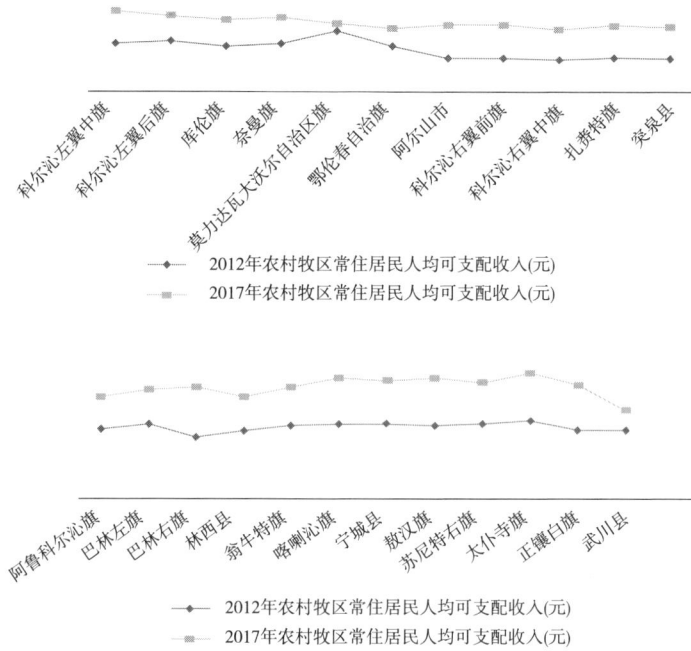

2012年农村牧区常住居民人均可支配收入(元)
2017年农村牧区常住居民人均可支配收入(元)

2012年农村牧区常住居民人均可支配收入(元)
2017年农村牧区常住居民人均可支配收入(元)

图6-1　内蒙古自治区 31 个国家级贫困县 2012 和 2017 年农村牧区常住居民人均可支配收入

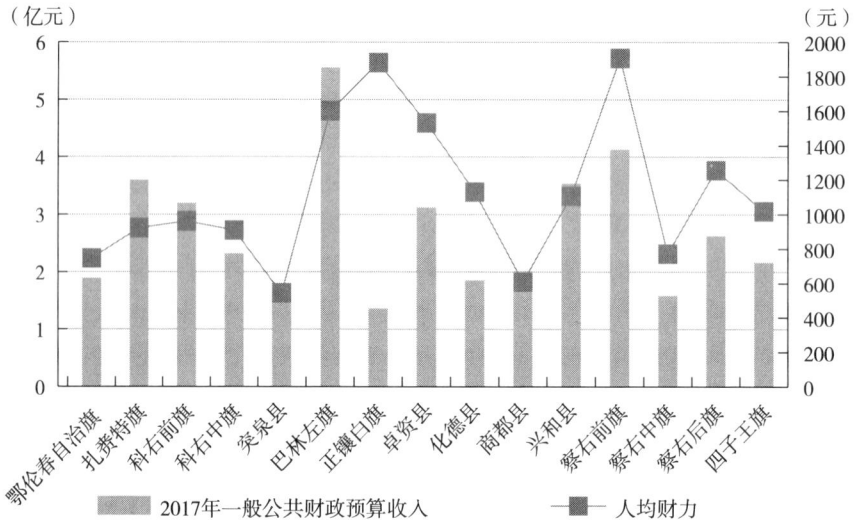

2017年一般公共财政预算收入　　　人均财力

图6-2　2017 年深度贫困县财政投入与产出情况

资料来源：内蒙古自治区统计局（http：//www.nmgtj.gov.cn/）；内蒙古自治区扶贫开发办公室（http：//www.nmgfpw.gov.cn/）。

6.1.1.3　深度贫困县受到关注，脱贫工作扎实稳进

2018 年，内蒙古自治区从国家级贫困县（30 个）中划定 15 个深度贫困县，深度贫困县主要集中在呼伦贝尔市、兴安盟和乌兰察布市，三地区深度贫困旗（县）有 13 个，占深度贫困县总数的 86.7%。内蒙古自治区深度贫困县共有 258 个深度贫困村，12.9 万深度贫困人口，较 2017 年减少 2.6 万人。截至 2017 年，内蒙古自治区的深度贫困旗（县）的贫困发生率为 5.21%，高于30 个国家级贫困县的贫困发生率（2.6%）一倍；贫困农牧民人均可支配收入相比 2012 年来说，年均增长率为 13.56%，到 2017 年底贫困农牧民人均可支配收入达到 9270 元，脱贫工作扎实稳进，实现减贫（见表 6-3）。同时，针对深度贫困县是近两年脱贫攻坚难啃的"硬骨头"，内蒙古自治区扶贫开发办公室制定了《内蒙古自治区深度贫困地区脱贫攻坚推进方案》，聚焦深度贫困区，集中力量全力推进深度贫困地区脱贫攻坚。这些贫困人口主要分布于普遍缺乏基本生存条件的中西部草原牧区，且呈现出"大分散、小集中"的特征，致贫原因也更为复杂，扶贫难度越来越大，扶贫工作已进入了攻坚阶段。为此，中央开始调整扶贫思路，提出了"精准扶贫"战略。内蒙古自治区作为少数民族边疆地区的省份之一，贫困发生率等指标均比较显著，因此在内蒙古自治区开展扶贫攻坚战是刻不容缓的。

表 6-3　2017 年内蒙古自治区深度贫困县相关指标统计

贫困旗（县）	总人口数（人）	农村人口数（人）	2013 年贫困发生率（%）	2017 贫困发生率（%）	2012 年农牧民人均可支配收入（元）	2017 年农牧民人均可支配收入（元）
合计	3821690	2976843	17.55	5.21	5696	9270
鄂伦春自治旗	254566	60755	42.25	8.97	5795	8763
扎赉特旗	390877	293140	18.78	3.84	5514	9157
科右前旗	332815	179861	27.91	8.64	5598	9230
科右中旗	255494	310628	9.82	2.24	5213	8592
突泉县	303694	242573	17.65	6.30	5381	8867
巴林左旗	347079	296805	23.08	8.28	5754	9222
正镶白旗	72319	56454	9.42	2.79	5984	10150
卓资县	203646	163163	14.76	5.27	6208	9963
化德县	164542	134893	19.13	5.24	4967	8301
商都县	332999	277503	17.12	4.82	5832	9257

贫困旗（县）	总人口数（人）	农村人口数（人）	2013年贫困发生率（%）	2017贫困发生率（%）	2012年农牧民人均可支配收入（元）	2017年农牧民人均可支配收入（元）
兴和县	320005	271010	12.98	4.98	5522	8941
察右前旗	216558	174153	14.70	4.21	6335	10236
察右中旗	204556	172177	21.02	6.95	4868	8134
察右后旗	209411	173865	12.59	2.51	6417	10302
四子王旗	213129	169863	16.60	4.85	6063	9937

资料来源：内蒙古自治区统计局（http：//www.nmgtj.gov.cn/）；内蒙古自治区扶贫开发办公室（http：//www.nmgfpw.gov.cn/）。

如表6-3、图6-2所示，内蒙古自治区15个深度贫困县在贫困人口数量、贫困发生率的变化上都是呈现出明显的降低趋势，降幅较大，贫困户人均任意可支配收入明显提升，说明五年间的扶贫攻坚工作扎实稳进，尤其是深度贫困县的扶贫攻坚工作成效显著，贫困发生率降低到5.21%，贫困人口每年脱贫9.2万人，脱贫速度较快。2017年底，政府对15个深度贫困县一般公共财政预算收入达40.64亿元，人均财力达1063元，可见政府对深度贫困县的重视程度很高，这也是深度贫困县脱贫效果显著的重要原因之一。

6.1.2 内蒙古自治区农村牧区贫困特征及原因分析

内蒙古自治区农村牧区贫困特征多样，致贫原因复杂，具体表现在以下几个方面：

6.1.2.1 贫困人口区域分布不均衡，中东部地区贫困人口居多

2017年，内蒙古自治区脱贫攻坚工作取得新进展，减贫20万人，贫困人口下降到37.5万人，贫困发生率下降到3%以下，深度贫困县贫困人口为15.5万人，占总贫困人口的41.3%。2018年，内蒙古自治区贫困人口剩余30.49万人，相比2017年减少了近7万人，减少速度高达18.67%。15个深度贫困县全部隶属于中东部地区，东部赤峰市的贫困人口数量最多，达5.344万人；中部地区的乌兰察布市的贫困人口数量次之，达3.598万人；西部地区的呼和浩特市、包头市和鄂尔多斯市的贫困人口数量已经很少，共不超过0.26万人，乌海市和阿拉善盟贫困人口已全部脱贫。可见，内蒙古自治区深度贫困县区域分布不均衡，中东部贫困人口居多（见图6-3）。

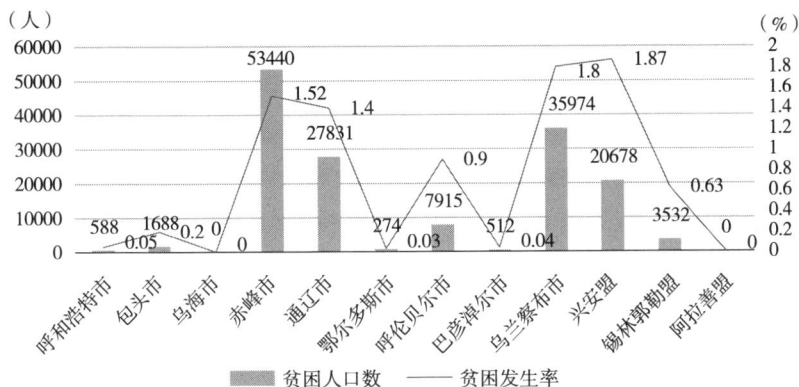

图 6-3 内蒙古自治区深度贫困县 2018 年贫困人口数量

资料来源: 内蒙古自治区统计局（http://www.nmgtj.gov.cn/）; 内蒙古自治区扶贫开发办公室（http://www.nmgfpw.gov.cn/）。

6.1.2.2 贫困类型多种多样，因病致贫比例较高

如表 6-4 所示，内蒙古自治区贫困户致贫原因多种多样，包括因病致贫、缺资金、因残致贫、因学致贫、因灾致贫、缺劳动力、缺土地、缺技术、交通条件落后和自身发展不足等。其中，因病致贫的有 91352 户，占比 53.64%，缺资金的有 18904 户，占比 11.1%；因残致贫的有 17013 户，占比 9.99%；因学致贫的有 8540 户，占比 5.01%；因灾致贫的有 6576 户，占比 3.97%；缺劳动力的有 13795 户，占比 8.1%；缺土地的有 4570 户，占比 2.68%；缺技术的有 4046 户，占比 2.38%；交通条件落后的有 363 户，占比 0.21%；自身发展不足的有 4068 户，占比 2.39%。因病致贫比例最高，呼和浩特市因病致贫户 2769 户，占总贫困户的比重为 55.39%；包头市因病致贫户 1476 户，占总贫困户的比重为 70.09%；呼伦贝尔市因病致贫户 4507 户，占总贫困户的比重为 50.01%；兴安盟因病致贫户 12528 户，占总贫困户的比重为 57.21%；通辽市因病致贫户 12301 户，占总贫困户的比重为 58.09%；赤峰市因病致贫户 34186 户，占总贫困户的比重为 52.1%；锡林郭勒盟因病致贫户 2454 户，占总贫困户的比重为 47.78%；乌兰察布市因病致贫户 19191 户，占总贫困户的比重为 50.86%；鄂尔多斯市因病致贫户 448 户，占总贫困户的比重为 76.19%；巴彦淖尔市因病致贫户 1378 户，占总贫困户的比重为 72.34%；乌海市因病致贫户 20 户，占总贫困户的比重为 83.33%；阿拉善因病致贫户 94 户，占总贫困户的比重为 72.87%。由此可见，因病致贫是贫困户中致贫原因占比较高的因素，因此，贫困户的劳动能力和自身内生动力不足也是这个原因所造成的。

表6-4 2018年各盟市贫困户主要致贫原因情况统计表

单位：户，%

地区	总贫困户数	因病致贫	占比	缺资金	占比	因残致贫	占比	因学致贫	占比	因灾致贫	占比	缺劳动力	占比
全区合计	170316	91352	53.64	18904	11.1	17013	9.99	8540	5.01	6756	3.97	13795	8.1
呼和浩特市	4999	2769	55.39	457	9.14	438	8.76	182	3.64	51	1.02	451	9.02
包头市	2106	1476	70.09	31	1.47	180	8.55	70	3.32	54	2.56	204	9.69
呼伦贝尔市	9013	4507	50.01	759	8.42	671	7.44	199	2.21	274	3.04	495	5.49
兴安盟	21899	12528	57.21	1177	5.37	3129	14.29	473	2.16	1322	6.04	2173	9.92
通辽市	21177	12301	58.09	1938	9.15	2143	10.12	1171	5.53	882	4.16	973	4.59
赤峰市	65610	34186	52.1	8754	13.34	7014	10.69	2196	3.35	1641	2.5	7743	11.8
锡林郭勒盟	5136	2454	47.78	207	4.03	478	9.31	134	2.61	1228	23.91	243	4.73
乌兰察布市	37730	19191	50.86	5507	14.6	2670	7.08	4028	10.68	1290	3.42	1432	3.8
鄂尔多斯市	588	448	76.19	17	2.89	28	4.76	35	5.95	0	0	8	1.36
巴彦淖尔市	1905	1378	72.34	57	2.99	235	12.34	48	2.52	11	0.58	70	3.67
乌海市	24	20	83.33	0	0	2	8.33	2	8.33	0	0	0	0
阿拉善盟	129	94	72.87	0	0	25	19.38	2	1.55	3	2.33	3	2.33

续表

地区	总贫困户数	缺土地	占比	缺水	占比	缺技术	占比	交通条件落后	占比	自身发展力不足	占比
全区合计	170316	4570	2.68	761	0.45	4046	2.38	363	0.21	4068	2.39
呼和浩特市	4999	31	0.62	5	0.1	41	0.82	39	0.78	527	10.54
包头市	2106	30	1.42	5	0.24	17	0.81	0	0	39	1.85
呼伦贝尔市	9013	1839	20.4	4	0.04	140	1.55	0	0	122	1.35
兴安盟	21899	462	2.11	3	0.01	219	1	11	0.05	396	1.81
通辽市	21177	1178	5.56	32	0.15	298	1.41	10	0.05	250	1.18
赤峰市	65610	555	0.85	213	0.32	2531	3.86	139	0.21	626	0.95
锡林郭勒盟	5136	80	1.56	3	0.06	42	0.82	0	0	267	5.2
乌兰察布市	37730	316	0.84	491	1.3	746	1.98	163	0.43	1778	4.71
鄂尔多斯市	588	11	1.87	1	0.17	3	0.51	0	0	37	6.29
巴彦淖尔市	1905	68	3.57	4	0.21	8	0.42	1	0.05	25	1.31
乌海市	24	0	0	0	0	0	0	0	0	0	0
阿拉善盟	129	0	0	0	0	1	0.78	0	0	1	0.78

资料来源：内蒙古自治区扶贫信息网。

6.1.2.3　农村牧区基础设施发展较落后，贫困户技术创新欠缺

阿马蒂亚·森（Sen）提出的多维贫困理论，把贫困定义为人的基本可行能力的剥夺，认为收入低下仅仅是剥夺指标中的一个，还应包括收入之外其他维度的福利被剥夺，如道路、饮水、住房等生活基础设施建设水平。基础设施是农村牧区发展的基石，因为只有农村牧区的基础设施完善，贫困户生活、交通等便利，才能为贫困户提供更多的就业与创业机会。调研数据显示，贫困地区的饮水困难得到很大改善，入户道路情况也有一定的改观，其中入户道路中91.2%均为水泥路；2016年统计数据中未通生活用电的贫困户还有3.01%，2018年底，在各方政府的共同努力下实现了生活用电的全覆盖，但总体上对比其他非贫困地区基础设施还是较落后。由于贫困户的受教育程度低、自身发展能力不足，贫困地区的基础设施落后、因病致贫比例较大、招商引资能力较弱，因此较难为新型企业提供创业的机会，也较难增加具有基本劳动能力的贫困人口的就业机会。贫困户缺少技术创新的平台与机会，技术创新能力较弱，从而制约了贫困户自身发展能力的提升。

6.1.2.4　贫困人口文化程度偏低，自身发展能力缺乏

文化程度是受教育程度的另一种表述，受教育年限越高，表明贫困人口的人力资本越高，尤其对于贫困人口来说，人力资本越高，劳动能力及自身发展能力越强，越容易脱贫致富（张艳华，2009）。如表6-5所示，从内蒙古自治区全区的贫困人口来看，高中和大专以上学历的仅占4.68%，整体贫困人口的学历都较低，这对于贫困人口自身发展能力的提升和改善较慢。具体到不同的盟市来看，呼和浩特市贫困人口文化程度：初中文化水平人数较多，占35.7%，小学以下文化水平的人数占55.58%，高中和大专以上学历的贫困人口占8.72%；包头市贫困人口文化程度：小学及以下文化水平的人数较高，占68.38%，初中文化水平的人数占25.53%，高中和大专以上学历的贫困人口占6.09%；赤峰市贫困人口文化程度：小学及以下文化水平的人数较高，占71.71%，初中文化水平的人数占24.09%，高中和大专以上学历的贫困人口占4.20%；通辽市贫困人口文化程度：小学及以下文化水平的人数较高，占54.40%，初中文化水平的人数占39.84%，高中和大专以上学历的贫困人口占5.76%；鄂尔多斯市贫困人口文化程度：小学及以下文化水平的人数较高，占56.72%，初中文化水平的人数占33.19%，高中和大专以上学历的贫困人口占10.09%；呼伦贝尔市贫困人口文化程度：小学及以下文化水平的人数较高，占63.17%，初中文化水平的人数占

33.7%，高中和大专以上学历的贫困人口占 3.13%；巴彦淖尔市贫困人口文化程度：小学及以下文化水平的人数较高，占 51.02%，初中文化水平的人数占 36.28%，高中和大专以上学历的贫困人口占 12.70%；乌兰察布市贫困人口文化程度：小学及以下文化水平的人数较高，占 77.72%，初中文化水平的人数占 27.03%，高中和大专以上学历的贫困人口占 5.25%；兴安盟贫困人口文化程度：小学及以下文化水平的人数较高，占 71.01%，初中文化水平的人数占 25.59%，高中和大专以上学历的贫困人口占 3.40%；锡林郭勒盟贫困人口文化程度：小学及以下文化水平的人数较高，占 65.87%，初中文化水平的人数占 27.86%，高中和大专以上学历的贫困人口占 6.27%。

表 6-5　2018 年内蒙古自治区各盟市人口文化程度情况统计①

地区	文盲半文盲（%）	小学（%）	初中（%）	高中（%）	大专以上（%）
自治区	10.97	55.93	28.42	3.11	1.57
呼和浩特市	20.89	34.69	35.70	5.07	3.65
包头市	18.25	50.13	25.53	4.75	1.34
赤峰市	12.41	59.30	24.09	2.77	1.43
通辽市	6.45	47.95	39.84	3.85	1.91
鄂尔多斯市	10.08	46.64	33.19	6.30	3.79
呼伦贝尔市	6.90	56.27	33.70	2.27	0.86
巴彦淖尔市	12.02	39.00	36.28	10.66	2.04
乌兰察布市	14.51	63.21	27.03	3.35	1.90
兴安盟	7.31	63.70	25.59	2.28	1.12
锡林郭勒盟	12.00	53.87	27.86	4.57	1.70

资料来源：内蒙古自治区扶贫信息网。

由此可见，贫困人口文化程度各地区差异较大，但西部地区总体的文化水平高于中部和东部地区的贫困人口的文化程度；而相对贫困人口的比重来说，文化程度越低的地区贫困人口的比重越高，贫困人口的自身发展能力越弱。因此，增加贫困人口的自身发展能力，最重要的是增加其受教育水平，进而提高其人力资本等方面的生计资本，增加其生存能力，改善其生存状况。

---

①　本书中涉及特征的数据只搜集到部分 2018 年的数据，其余的全部使用 2017 年的数据，而 2018 年的数据中心显示，乌海市和阿拉善盟的贫困人口已经全部脱贫，因此在 2018 年数据表格中不显示两个盟市的数据。

6.1.2.5　贫困人口年龄结构较稳定，老龄化程度增强

从内蒙古自治区整体来看，贫困人口年龄总体分布主要集中在55岁以上，绝对贫困人口数为61558人，占比为40.38%；50~60岁的贫困人口数为30104，占比为19.75%；40~50岁的贫困人口数为20485，占比为13.44%；30~40岁的贫困人口数最少，为10962，占比为7.19%；16~30岁的贫困人口数为16253，占比为10.66%；16岁以下的贫困人口数为13070，占比为8.57%。如图6-4所示，50岁以上的贫困人口总数高达91692，占比高达60.13%。50岁以上的贫困人口已经高于60%，远远超过了一半，表明农村牧区贫困人口的年龄结构并不合理，老龄化程度非常严重，尤其缺少的是16~40岁年龄阶段的人口，这也与城镇化有直接关系，农村牧区"老龄化""空心化"的现象非常明显。

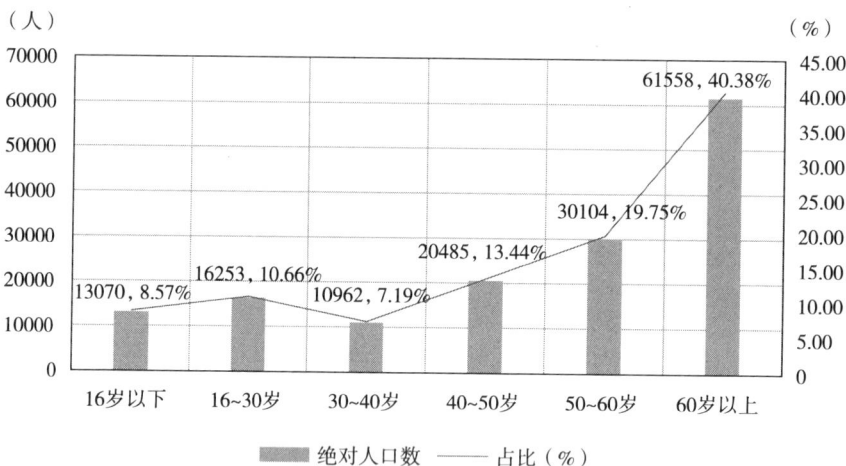

图6-4　2018年内蒙古自治区贫困人口年龄分布

资料来源：内蒙古自治区扶贫信息网。

6.1.2.6　贫困人口身体健康程度偏低，劳动力缺少

如表6-6所示，截至2018年，内蒙古自治区总体贫困户中健康的占45.68%，长期慢性病的占29.76%，大病的占11.56%，残疾的占13.00%，在贫困户中人口带有疾病的占比高达54.32%，超过了贫困人口总数的一半。分地区来看，通辽市贫困人口健康程度最高，占比达50.13%；兴安盟的贫困人口健康程度最低，占比为40.54%；包头市、赤峰市和巴彦淖尔市的贫困人口

患有长期慢性病、大病和残疾等疾病的贫困人口占比较高，分别为 56.28%、57.37% 和 56.84%，三地区患病的贫困人口比重高于内蒙古自治区总体水平；鄂尔多斯市、呼和浩特市、乌兰察布市、锡林郭勒盟的贫困人口患有长期慢性病、大病和残疾等疾病的贫困人口占比分别为 53.10%、52.89%、50.73% 和 53.11%，四地区患病的贫困人口比重低于内蒙古自治区总体水平。正如前面介绍的内蒙古自治区农村牧区致贫原因中占比最高的是因病致贫，身患疾病致使众多贫困户不能过多参与农村劳动，劳动能力较弱，因此家庭劳动力缺少，再加上过高的医疗费用，对于贫困户来说无疑是"雪上加霜"。截至 2017 年底，内蒙古自治区的贫困户无劳动能力的占比为 31% 左右；具有普通劳动能力的占 55% 左右；技能劳动力占比更低，仅占 1%；而丧失劳动力的贫困户占 13% 左右。因此，由于身患疾病，贫困户劳动能力非常弱，特别需要一些在家附近的企业或者劳动强度不大的工作机会，农村电商可以帮助贫困户改善现有状况。

表 6-6　2018 年内蒙古自治区各盟市贫困人口疾病情况

地区	健康%	长期慢性病%	大病%	残疾%
自治区	45.68	29.76	11.56	13.00
呼和浩特市	47.11	15.31	26.02	11.56
包头市	43.72	22.75	22.75	10.78
赤峰市	42.63	32.62	10.5	14.25
通辽市	50.13	26.73	12.13	11.01
鄂尔多斯市	46.9	18.26	24.82	10.02
呼伦贝尔市	47.71	27.81	13.05	11.43
巴彦淖尔市	43.16	26.95	22.27	7.62
乌兰察布市	49.27	28.36	12.48	9.89
兴安盟	40.54	31.26	9.51	18.69
锡林郭勒盟	46.89	26.73	12.85	13.53

资料来源：内蒙古自治区扶贫信息网。

6.2　内蒙古自治区农村电商扶贫的成效

内蒙古自治区开展电商进农村牧区综合示范和电商扶贫取得积极成效，截至 2018 年底，电商进农村牧区示范县建档立卡贫困村 2512 个，电商服务站覆盖建档立卡贫困村 1648 个，覆盖率 65.6%，同比增长 15.5%；累计服务建档立卡贫困人口 31.9 万人次，累计帮助建档立卡贫困户销售 7868.8 万元，帮助建档立卡贫困户增收 2107.3 万元，同比增长 1.7 倍；累计培训建档立卡贫困户 3.4 万人次，带动建档立卡贫困户就业 10587 人，同比增长 36.8%。各级政府重点支持电商扶贫工作，筹集中央资金和地方内贸专项资金 7.9 亿元在 47 个旗（县）开展电商进农村综合示范，其中 6.85 亿元用于支持 38 个贫困县，占比 88%。截至 2018 年底，农村电商累计实现网络零售额 170.6 亿元，新增网销单品 6157 个，网购金额 783.2 亿元。全区建设并投入使用县级电商公共服务中心 43 个，乡镇（苏木）、村（嘎查）两级电商服务站 4069 个。35 个示范县对县城到村物流资源进行了整合，累计建立县级物流配送中心数量 37 个，乡镇（苏木）快递网点数量 593 个；示范县快递收件量 18693.3 万件，快递发件量 5547.1 万件，快递物流价格比 2015 年平均下降 40%。农村电商累计培训人员 34.2 万人次，带动就业 3.8 万人；累计新增企业网商数 5422 个，累计新增个人网商数 32871 个[①]。2018 年，阿里巴巴在全国范围内首批打造 10 个电商脱贫样板县，其中包括内蒙古自治区赤峰市的敖汉旗贫困县[②]。具体成效包括以下几个方面：

6.2.1　电商带动了农畜产品"上行"和品牌化

电商不仅让农畜产品走出农村牧区，还带动内蒙古自治区"名优特新"产品资源形成地标性产品品牌。截至 2017 年，内蒙古自治区共有 23 个产品获得国家地理标志保护，分布在 9 个盟市、27 个旗（县）（市、区）。内蒙古自治区蒙古族最多的通辽市加快农村牧区电商产业发展，建成 20 个国家级特色农畜产品电商交易平台，绿色农畜产品、特色产品及旅游文化产品在线远销俄罗斯、蒙古国、日本、韩国等地，"通辽牛肉干"成为全国销量最大的牛肉干网货品牌，并注册为地理标志产品。在淘宝"特色中国"板块可以找到内蒙古自治区许多地方特色产品，如赤峰北沙参、乌珠穆沁奶茶、呼伦贝尔木耳和榛子、武川莜麦、鄂尔多斯沙枣、绿色兴安沙果干等，很多特色产品上线即受到市场认

---

①　数据来源于内蒙古自治区商务厅（www.nmgswt.gov.cn）。
②　10 个电商脱贫样板县：重庆市的奉节、云南省的元阳、甘肃省的礼县、新疆维吾尔自治区的巴楚和吉木乃、内蒙古自治区的敖汉旗、安徽省的金寨、福建省的长汀、吉林省的和龙和贵州省的雷山。

可，消费者对内蒙古自治区网销产品的认知度大大提高，销量逐年递增。

（1）五原示范县开发网销产品，企业与贫困户合作建生产基地，培育"先蛋先鸡""晒阳阳""玉米加农炮""黄金纬度"等电商农畜产品品牌，当地593户贫困户成为特色产业培育户，256户贫困户从事土鸡养殖产业生产快速脱贫。其中，品牌知名度较高的"二舅鸡蛋"，就是通过成立农民专业合作社带动贫困户建立养鸡场实现鸡蛋网络销售，并打造了"二舅鸡蛋"的畜产品品牌，实现了畜产品"上行"。为加快农村产业结构调整，壮大农村集体经济，推进农村生态养殖产业链发展，拓宽广大贫困户致富渠道，实现农村牧区第一、第二、第三产业融合发展，2018年，在和胜乡党委的大力支持下，"二舅农场"坚持从绿色种植到生态养殖循环经济的发展理念，先后组织生产果蔬类农畜产品及"二舅农场"土鸡蛋、土鸡肉等绿色健康产品，积极打造"一村一品"的绿色生态农畜产品品牌，并辐射带动周边80余户村民推进整村生态养鸡，免费为贫困户发放33户，补贴一般村民30只左右，共计发放1万只鸡苗，免费提供养殖技术指导及管理服务等业务，有偿提供"二舅农场"自制生态农家饲料，保证产品质量和产量，解决产品市场销售问题，从而带动贫困户创收，整体改善和胜乡贫困人口脱贫情况。大力发展农村电商服务站，拓宽网上销售渠道，实现网上直销模式，积极引进快递公司，帮助其他贫困户通过电商网络平台以及微信群营销，将农畜产品销往全国各地，全年营业额达600万元[①]。

（2）呼伦贝尔市扎兰屯示范县的"一把木耳"是由扎兰屯市电商办、中国社会科学院汪向东学者及其团队帮助扎兰屯市建档立卡贫困户张大妈进行策划的呼伦贝尔土特产品木耳。2015年，扎兰屯市政府通过众筹资金的形式为张大妈筹集木耳厂房建设和木耳种植基地使用资金12万元，帮助张大妈开设淘宝店，网店经营、营销活动、品牌宣传与推广等，在较短时间内，通过电商平台帮张大妈打造了"一把木耳"的农畜产品品牌。2018年暑期调研，与张大妈座谈了解到，"一把木耳"的销量90%是通过网络电商平台和微信销售的，实现了农畜产品"上行"。2016年，张大妈在河西村成立了种植木耳农民专业合作社，将该村中6户建档立卡贫困户纳入她的合作社中，教授种植木耳技术并帮助合作社的贫困户通过电商销售木耳，仅张大妈一户年销售额80000元，净收入41800元，相对比使用电商销售前，"一把木耳"的净收入翻了4倍。由此可见，电商带动贫困户脱贫效果明显[②]。

---

①②　2018年暑期调研访谈数据整理。

（3）和林格尔示范县实施农畜产品网络代销，实现了贫困户农畜产品"上行"。电商企业依托村级电商服务站，定期收购贫困户特色农畜产品及手工艺品，经过初级分拣、包装，通过电商平台进行网络销售。目前，推出"精准扶贫系列农畜产品" 20余种，扩大了销售渠道，解决了农畜产品"卖难"的问题，带动了贫困人口增收致富。其中，经过网上联系外地电商企业，在黑老夭乡昆都仑行政村以每斤高于市场价0.3元的价格一次性为建档立卡贫困户网上销售滞销莜麦6500余斤①。

目前内蒙古自治区农畜产品的品牌、销量及特色馆平台具体如表6-7所示。其中，特色馆平台主要包括淘宝网、京东和苏宁，在每一个电商平台中包括了牛肉干、农产粮油、奶制品、休闲食品和旅游食品五种类型的农畜产品，目前品牌数量最多是50种，主要针对牛肉干产品，其余的品牌数量偏低，仅次于牛肉干的产品是奶制品，毕竟在内蒙古自治区奶制品和牛肉干是主要特色产品。三大平台的总销量达23.16万件，销量中最多的是牛肉干和奶制品，休闲食品和旅游食品也是消费者非常喜欢的产品，农产粮油的销量也是持续上升，尤其是内蒙古自治区河套平原的面粉、油类也都深受消费者喜爱，另外大兴安岭的林下产品也是未来电商能带动销售量的明星产品。

表6-7　内蒙古自治区国家级电商示范县"名优特新"地标性产品名录

特色馆	特色产品大类	品牌名称	销售量（件）	品牌数
京东	牛肉干	1. 星华源　2. 牛肉干　3. 绿川然　4. 阿尔善　5. 兴安情手撕风干牛肉干　6. 白音杭盖原味炭烤牛肉干	2163	10
	农产粮油	1. 田也内蒙莜面　2. 内蒙古鑫龍清古法压榨醇香胡麻油　3. 后旗红马铃薯红土豆　4. 内蒙古田也粗粮燕麦米　5. 田也绿豆　6. 藜麦米农家粗粮	1053	5
	奶制品	1. 星华源奶酪　2. 圣牧 塞茵苏内蒙古俄罗斯褐色炭烧老酸奶　3. 绿川然 原味奶酥牛奶酪　4. 内蒙古中老年人羊奶粉　5. 草原心乐奶酪　6. 兴安情 内蒙古特产奶豆	10351	6
	休闲食品	1. 星华源 内蒙古羊杂汤　2. 星华源 肉干肉脯　3. 老马清真咸牛肉罐头　4. 蒙古烤羊腿　5. 老马咸羊肉罐头　6. 星华源 牛蹄筋	5631	4
	旅游食品	1. 薯郁薯 休闲零食　2. 羊杂202g＊3加入羊头肉羊杂汤	1023	2

_____

① 资料来源于和林格尔县经信局。

特色馆	特色产品大类	品牌名称	销售量（件）	品牌数
淘宝	牛肉干	正宗内蒙古手撕风干牛肉干	28140	50
		骄子牧场内蒙古风干手撕牛肉干	48436	
		草原犇牛肉类麻辣零食	25546	
		内蒙古超干手撕风干牛肉 小牛拉图零食	30685	
		内蒙古自治区科尔沁手撕风干牛肉干草原牛肉，自然风干有嚼劲	6548	
	农产粮油	内蒙古自治区乌兰察布兴和县蒙富源莜面	5	15
		内蒙河套特产河套牌雪花粉	7	
		鼎和内蒙古冷榨初榨脱蜡一级纯亚麻籽	54	
		野农优品黄小米、赤峰有机黄小米	229	
		田也扁豆	1	
	奶制品	塔拉额吉酪酥	4254	40
		内蒙古蓝旗特产全脂奶豆腐	600	
		科尔沁奶酪儿童零食	6110	
		雪原奶贝原味含牛初乳、干奶皮子	4144	
		清真内蒙古特产酸奶酪奶片奶干	2035	
	休闲食品	内蒙古特产野维佳沙棘果糕 蓝莓果糕	5	20
		内蒙古自治区特产直销牛板筋烧烤味	0	
		阿牧特干巴脆休闲包装	4	
		毕力格泰孕妇零食休闲食品	0	
		罕山 手撕风干牛肉干	1	
	旅游食品	小牛拉图内蒙古牛板筋香辣味牛肉干零食	5	15
		犇原食品内蒙古特产零食	21	
		良品铺子鱿鱼须 66g 鱿鱼足小鱿鱼干	22644	
		炊牛娃内蒙古香辣牛肚	335	
		内蒙古超干手撕风干牛肉小牛拉图零食特产	30701	
		蒙伊萨斋月美食牛肉干	35	
		炊牛娃内蒙古自治区香辣牛肚	335	

续表

特色馆	特色产品大类	品牌名称	销售量（件）	品牌数
苏宁	牛肉干	乌兰察布馆 星华源产牛肉干	20	2
		阿拉善馆 驼乡情 手撕风干牛肉干原	5	
	农产粮油	乌兰察布馆 亚麻籽油	7	7
		乌兰察布馆 田也 红谷米	10	
		呼伦贝尔馆 森通 黑木耳	11	
		呼伦贝尔馆扎兰屯 森通 榛蘑	30	
		阿拉善馆 丝路之秋 额济纳旗野生黑枸杞	12	
	奶制品	乌兰察布馆 星华源 奶酪奶干奶片奶酥	15	4
		乌兰察布馆 星华源 奶酪条奶干奶片奶酥零食食品内蒙古特产140g 提子奶豆 华北	30	
		中华特色馆 呼伦贝尔馆 海乳牌 奶粉	25	
	休闲食品	乌兰察布馆 星华源 内蒙古特产羊杂小吃羊杂汤熟食袋装238g＊3 香辣味	80	3
		乌兰察布馆 星华源 熟食羊肉羊拐筋红烧牛肉罐头	50	
		乌兰察布馆 星华源内蒙古特产筋头巴脑熟食	51	
	旅游食品	乌兰察布馆 星华源 内蒙古特产卓资熏鸡真空袋装900g	63	3
		乌兰察布馆 星华源 内蒙古特产烤羊腿	81	
		乌兰察布馆 草原心乐奶茶内蒙特产早餐速溶冲饮	50	

资料来源：京东、苏宁和淘宝网各电商平台数据整理。

6.2.2 电商促进了贫困户创业、就业和增收

电商的产业关联度高，线上涉及电商、支付、信用、广告、运营相关产业，线下涉及物流、包装、质检、生产多个环节，成为农村牧区劳动力转岗就业的重要承接平台。具体表现如下：

（1）国贫县奈曼旗采取"企业+农户"的"电商专业村"模式，打造柳编专业村，柳编产品通过互联网出口到欧美、东南亚等46个国家和地区，带动贫困户千余人从事柳编制品编织生产，收入显著高于其他贫困户。国贫县突泉县借助步阳草编工艺制品有限公司，采取"电商+企业+基地+培训+贫困户"的扶贫模式，种植纤维高粱草基地5000亩，采取为贫困户免费提供种子、种植技术实现订单农业模式，贫困户可以在家利用农闲时间进行编制工艺品，直

接带动贫困户 160 余人就业，人均增收 2 万~3 万元，推动了脱贫攻坚进程。

（2）国贫县突泉县的自建电商平台"品味突泉"线上平台（见图 6-5），融合了"B2B2C+O2O"运营模式，开辟了"智慧农家""团购促销"多个面向贫困户的带富模式，具有易学、易用、门槛低和上手快的优势，通过"平台带网店、网店带村、村带户"的方式开设网店微店 2000 多家，网销农畜特色产品近百种，户均增收 1000 元以上。突泉县太平乡紫皮蒜种植基地，通过电商平台销售，带动贫困户增收。突泉镇双山村通过"私人订制小菜园"的蔬菜认领模式，面向城镇居民出租庭院 80 户，按照承租人的私人订制要求种植瓜果蔬菜，并通过电商物流当日送达城镇，满足居民用餐需求，城镇居民还可以到小菜园庭院户体验农家生活，每户贫困户以农旅结合方式可增收 2000元以上①。截至 2018 年 5 月，已经有 2218 户贫困户参加电商知识培训，占总贫困户的比重为 29.73%。借助电商平台销售农特产品实现创业增收，依靠政策扶持，结合现有资源，生产发展特色种植、养殖业、手工业等产业来从事线下生产，实现就业创收。

（3）五原县借助政策拉动，构建万众创业大舞台。依托河套电商产业园的启动运行，形成了信息、人才、资金集聚地，带动一大批城乡青年创业就业，构建起了大众创业、万众创新的广阔平台。具体表现在：一是加强创业指导，制定出台支持返乡农民工和大学生创业就业的扶持政策，建成返乡创业就业服务中心，根据创业者特长和意愿免费开展电商班、月嫂班、电焊班等培训350 多批次，针对电商从业人员开展启蒙、技能、提升、外派输出 4 个层次培训班，提高了创业指导的针对性和精准性。二是加大资金扶持，县财政每年预算 500 万元工作经费，保障全县农村电商健康高效运转；整合创业就业项目资金，向网商提供贴息贷款 1000 万元，与金融机构合作，为电商企业提供低息贷款 2400 万元，有效保证了电商从业人员有钱办事、有项目支持、有资金创业。三是完善配套服务，根据创业需求，政府 3 年内免费提供办公、公寓、产品包装、品牌运营、仓储管理等配套服务，彻底解除了网商的后顾之忧；整合全县物流快递公司，开展多轮竞价谈判，推进物流提效降费，降低创业运营成本，产业园入驻电商企业和网商 226 户。四是突出人才培养，建立电商人才孵化培训服务中心，聘请淘宝大学、万堂书院等专业培训机构讲师 16 名，累计培训本土电商从业人员近 3 万人次，向全区输送电商人才 257 人，直接带动创业 3000 余人，间接带动 1 万多贫困户参与电商经营，户均增收 4000 多元，形

---

① 数据来源于兴安盟突泉县电商办。

图 6-5 "品味突泉"线上交易中心（网店和微信公众号）

成了技术有指导、资金有支撑、服务有团队的良好创业环境——全国农村创业创新示范基地、团中央青年创业孵化基地①。

（4）奈曼旗代种代养模式促进贫困户增收。通过"消费者+电商平台+贫困户"的形式，让消费者通过电商平台直接与贫困户对接，签订合同，建立全程溯源系统实时监控，电商平台以高于市场销售价格进行回收，并通过电商企业物流配送系统配送到消费者手中，促进贫困户增收。截至 2018 年 5 月，已直接或间接带动 247 名贫困人口实现就业，并辐射带动周边 120 个嘎查（村）发展②。

---

① 数据来源于巴彦淖尔市五原县电商办。
② 数据来源于通辽市奈曼旗电商办。

6.2.3　电商扶贫模式多样，贫困户扶贫效果显著

农村牧区发展电商实现脱贫致富在实践中得到验证，内蒙古自治区通过积极探索多种电商扶贫模式，各个示范县的扶贫模式各具特色，百花争艳，实现了贫困户收入增加、脱贫致富。

（1）政府牵头带贫模式。通辽市奈曼旗打造区域性电商扶贫服务中心，以"电商进农家·致富你我他"为主题，采取"支部+电商+扶贫"模式，在全旗 75 个建档立卡贫困村中选择具有特色产业基础的村，通过电商企业与村两委班子对接，确定贫困户和贫困人口，实施电商扶贫工程。建设电商扶贫服务中心，在中心开展网上购物、人员培训，主要培训网上开店、网上赚钱等电商相关技能；帮助具备网购技能的贫困户开设网店，推行电商"技术到户"，扶持他们自己创业，实现贫困人口人均增收 1000 元以上，做到电商精准扶贫；每个电商扶贫服务中心辐射周边 7~8 个扶贫村，形成区域性电商扶贫聚集区。

（2）电商公共服务体系带贫模式。各示范旗（县）充分发挥电商公共服务体系对旗（县）电商扶贫的服务作用，通过教育培训、市场对接、政策扶持、贷款支持等方式直接帮扶贫困户以电商交易实现增收，吸纳贫困户就业。巴林右旗探索电商扶贫"3+4+1"模式，构建农畜产品"上行"、工业品"下行"和氛围营造 3 体系；推出"电商帮买""电商帮卖""一村一品"和"产业带动"4 举措；建立 1 个电商扶贫大数据系统（牛克宇，2018）。

（3）构建网店、服务站带贫模式。内蒙古自治区 80% 国家级电商示范县均设有农村电商扶贫示范基地，支持贫困村电商站点建设，建立网店与建档立卡贫困户利益联结机制，保护价优先购销贫困户农特产品，形成一店带一村、带多户的机制。乌兰浩特市五丰村建立第一书记电商服务站，注册地标品牌 4 个，梳理营养土、粘豆包等网货 8 个，通过五丰村网店挂售实现助农脱贫。

（4）产业链赋能电商带贫模式。相关企业形成生产—加工—销售—包装—物流体系，大厂带小厂、小厂进贫困村，覆盖贫困户，形成产业链带贫机制。突泉唐人家居公司以电商为媒，依托品位突泉平台，建设村级分厂 12 个，带动上百户贫困户从事拖鞋、蕾丝开关贴、家居用品加工，带动贫困户 285 余户，每户年增收 3 万元以上。由政府牵头对接芦花鸡生产加工企业，政府出资购买芦花鸡鸡雏发放到有养殖能力和养殖意愿的贫困户进行喂养，同时提供技术指导，由企业以市场价统一回收，对回收的芦花鸡进行深加工，制成芦花鸡熟食成品。突泉县参与芦花鸡养殖的贫困户 2600 余户，芦花鸡养殖成本约 50

元/只，回收价格约 80 元/只，一只鸡的利润为 30 元，贫困户人均增收 1000 元左右[①]。

（5）龙头企业带贫模式。支持龙头企业 O2O，通过"互联网+公司+基地+农户"，带动贫困村、贫困户脱贫致富。和林格尔县创立"互联网+金融+农牧业"电商扶贫模式，政府担保贫困养殖户，与阿里巴巴、蒙羊公司签订订单养殖协议，同时向养殖户提供贷款，款项再从农村淘宝采购羔羊，形成良性循环合作机制，实现精准脱贫。企业与贫困户签订种植收购协议，由企业提供种子、有机肥及技术服务，贫困户种植收获后，企业按照高于当期市场价 30%的价格进行回购，加工成品后进行网络销售，助推脱贫攻坚。2017 年，订单种植亚麻籽 3000 亩，覆盖贫困户 100 户共 200 人，其中贫困户种植 170 亩，涉及 10 户共 29 人，带动人均增收 1500 多元[②]（牛克宇，2018）。

6.2.4　示范县制定了电商扶贫发展规划，提高贫困户电商参与度

自 2015 年以来，在各级政府的正确领导和上级商务部门的大力支持下，国家级"电商进农村综合示范县"的旗（县）（市、区）提高认识，加强组织领导和统筹协调，把发展农村牧区电商作为内蒙古自治区农村牧区经济新一轮发展的战略举措加以推进。各个示范县结合本地区实际，加强规划引导，因地制宜制定实施方案，出台有针对性的具体措施，推动农村牧区电商健康发展。按照电商扶贫开发相关文件成立了"脱贫攻坚专项工作推进组"，先后制定了《电商扶贫实施方案》《电商扶贫发展规划》等措施，保障农村电商扶贫顺利实施与开展，同时也提高了贫困户电商参与度，增强贫困户的电商扶贫效果。

6.3　内蒙古自治区农村电商扶贫存在的问题

自 2015 年"电商进农村综合示范"项目在内蒙古自治区开展以来，电商扶贫取得了丰硕的成果，为贫困地区的脱贫攻坚贡献了一分力量，适当地解决了当前农村牧区出现的农畜产品滞销、网货下乡问题以及改善了贫困户生活状况的便利性等方面。但是，目前内蒙古自治区农村电商扶贫方面还存在一定的

---

① 数据来源于兴安盟突泉县电商办。
② 数据来源于呼和浩特市和林格尔县电商服务中心。

误区和问题，直接或间接影响着农村电商扶贫效果，具体表现在以下几方面：

6.3.1　电商扶贫更注重外因成效，贫困主体获得感不强

农村电商扶贫的根本问题是以电商为扶贫手段和载体，精准助力、有效解决贫困主体的脱贫致富问题（汪向东，2017）。检验电商扶贫的成败得失，一个重要的衡量标准就是能不能或在多大程度上能让贫困主体通过参与电商获得实实在在的帮助，最终实现脱贫致富。由此可见，贫困主体的获得感很重要，即让贫困户发自内心地认同"做电商，能脱贫增收"，这种获得感就是贫困户对特定电商行为和自己参与电商能否脱贫、是否"见实效"的自我体现。而在农村牧区发展电商以来，部分政府和相关企业作为贫困主体的帮扶者这一外因来说，并没有将贫困户真实获得感作为主要发展动力，而是将其作为政府和企业发展与提升的业绩，从表面上看是促进贫困地区贫困主体发展，但实质上真正对贫困户产生多少效果并不是确定的、明显的，也就是说贫困户的获得感并不强。此结论与实证分析结果中的扶贫效果并不高的结论是一致的。因此，必须以贫困主体获得感为内在原动力发展电商扶贫及具体实施策略，才能促进电商扶贫长效运行。

6.3.2　贫困户固有资源有限，基础设施落后

内蒙古自治区深度贫困县较多，贫困面广、贫困深度大，贫困户致贫原因多，因病致贫比例大，贫困户自身的劳动能力有限，不能积极参与电商，这与第 5 章中的人力资本整体偏低的结论是相吻合的。在贫困地区，尤其是深度贫困地区，贫困户除了因病致贫导致的自身能力有限外，还存在着现有的农特产品较少的问题，贫困户根本不知道该选择什么样的产品在网络上销售。与此同时，在内蒙古自治区的深度贫困县，有一部分贫困县存在着交通便利性较差、公共服务水平较差、网络基础设施不健全、自然条件恶劣等状况。由此可见，对于贫困地区的贫困户来说，固有资源较差，基础设施还很落后，接触农村电商的人较少，主动性意识较差，自身发展能力不高，这些因素是农村电商扶贫发展的主要瓶颈。

6.3.3　贫困户对电商认识不足，排斥心理强

贫困户贫困的主要原因之一是他们的思想僵固，不太容易接纳新鲜事物，

对农村电商会改变他们的生产生活持有怀疑态度，甚至是反对排斥的态度。究其原因，主要是跟贫困户长期从事传统农牧业生产有关、与其受教育程度有关，受传统的实物现金交易习惯的影响以及受媒体报道的网络交易安全的影响，贫困户觉得农村电商对其生产、生活的便利性改善并不太现实，并对电商存在一定的畏惧心理。尽管各个国家级综合示范县均在农村牧区所在地设有农村电商服务站，但调研数据显示，34.68%的贫困户根本不知道农村牧区电商服务站，没去过服务站，由此可见，贫困户对农村牧区开展电商认知不足，甚至排斥，是导致贫困地区开展电商较难的主要原因之一。

6.3.4 贫困户对电商扶贫积极性不高，持续性差

"电商扶贫" 2014 年纳入国家十大扶贫工程体系，2015 年开始实施。各级政府相关部门全面实施电商扶贫工程，因此，众多贫困县和贫困户获得了相应的资金支持和技术支持。并且有企业和政府的双重支持。结合农村电商扶贫成效来看，贫困户的农特产品、畜产品等都能够通过电商扶贫工程获得人均收入的增长，贫困户就业创业机会增加。但是，如果政府和企业的全面支持与保护减弱，贫困户会对自己的无品牌、无包装、无质量许可和安全许可的农畜产品缺乏信心，会出现通过电商销售"难上加难"的局面，导致贫困户对农村电商参与积极性降低，并不能长久持续下去。这是电商扶贫的缺陷，因此，重构贫困户身份和构建产品品牌是电商扶贫能否可持续发展的必要条件。

6.3.5 农村电商扶贫投资盲目，扶贫资金监管不到位

截至 2018 年，内蒙古自治区各级政府重点支持电商扶贫工作，筹集中央资金和地方内贸专项资金 8.6 亿元在 47 个旗（县）开展电商进农村综合示范，其中 6.85 亿元用于支持 38 个贫困县，占比 88%。农村电商扶贫的根本目的是让贫困户脱贫，电商扶贫模式也是多样的，其形式都是为贫困户提供资金、技术等方面的支持。总体上，电商扶贫初见成效，但有的贫困户不能合理利用资金，致使电商扶贫的效果欠佳。如何识别哪些贫困户投资效果好、收益高是企业和政府必须权衡的，不能出现太多盲目投资，这样会出现部分贫困户借此机会对投资资金滥用的弊端。因此，各级政府部门和投资企业要对贫困户资金使用情况进行监管，监督贫困户对资金的使用是否正确、合理，才能实现农村电商扶贫的效果。

6.3.6　电商扶贫缺少对贫困户"造血式"帮扶

电商扶贫是农村牧区精准扶贫的重要手段，是稳定脱贫的有效途径，但其前提是贫困户主动参与到电商活动中来，对电商"能扶贫、真扶贫、扶真贫"产生认同感，且这种获得感要有持续性，这也是政府、企业和社会等外因主体开展电商扶贫的主要落脚点和关键目标（汪向东，2017）。但是，调研数据显示，一些贫困主体只依靠政府、企业以及社会其他参与主体的资金支持、技术支持和产业拉动扶持参与电商并实现脱贫致富，这只是"输血式"扶贫，一旦"输血"停止，返贫即来。究其原因主要是帮扶者的帮扶措施只是浮于表面，并未真正提高贫困户开展电商扶贫的兴趣与积极性，并未让贫困户真正掌握从事电商相关技术，即贫困户并未因为掌握相关技能而具有彻底脱贫的能力——"造血式"的能力。由此可见，"输血式"电商扶贫是前提，"造血式"电商扶贫是关键，是保证电商扶贫具有稳定效果的基础。

6.4　本章小结

本章在农村电商扶贫作用机制的理论分析与扶贫效果的实证分析的基础上，运用内蒙古自治区扶贫信息网、《内蒙古统计年鉴》和微观调研数据来分析内蒙古自治区农村牧区反贫困成效、电商扶贫成效及问题。

首先，对内蒙古自治区农村牧区反贫困成效与特征进行分析。一是反贫困成效，具体结论为：贫困县总量首次减少，贫困发生率逐年降低，贫困县贫困户人均收入明显提高、深度贫困县受到关注，脱贫工作扎实稳进。二是贫困特点及原因分析，得出的结论为：贫困人口区域分布不均衡，中东部地区贫困人口居多；贫困类型多种多样，因病致贫比例较高；农村牧区基础设施发展较落后，贫困户技术创新欠缺；贫困人口文化程度偏低，自身发展能力缺乏；贫困人口年龄结构较稳定，老龄化程度增强；贫困人口身体健康程度较高，劳动力缺少。

其次，结合实际案例对内蒙古自治区农村电商扶贫的成效进行分析。得出的结论为：电商带动了农畜产品"上行"和品牌化；电商促进了农牧民创业就业增收；电商扶贫模式多种多样，贫困户扶贫效果显著；示范县制定了电商扶贫发展规划，提高贫困户电商参与度。

最后，根据上述分析发现内蒙古自治区农村电商扶贫存在的问题。得出的结论为：电商扶贫更注重外因成效，贫困主体获得感不强；贫困户固有资源有限，基础设施落后；贫困户对电商认识不足，排斥心理占主导地位；贫困户对电商扶贫兴趣短暂，持续性较差；农村电商投资盲目，扶贫资金监管不到位；电商扶贫更注重"输血式"帮扶，缺少对贫困户"造血式"帮扶。

第7章 研究结论与政策建议

7.1 研究结论

7.1.1 借助理论合理分析了农村电商扶贫的作用机制

本书从经济学理论层面,以内蒙古自治区为研究案例区,以微观贫困户为研究对象,结合实践案例分析了农村电商扶贫的作用机制。首先,运用供需理论对农村电商扶贫的"增收"作用机制进行理论分析,并结合了实践案例进一步说明农村电商扶贫的"增收"作用机制;其次,运用劳动力供给曲线、消费者剩余理论对农村电商扶贫的"节支"作用机制进行理论分析,并结合实践案例进一步说明农村电商扶贫的"节支"的作用机制;最后,运用《劳动经济学》中的"成本—收益"理论从理论上分析农村电商扶贫的"赋能"作用机制,并结合实践案例进一步说明农村电商对贫困户具有一定的"赋能"效果,能够促进人力资本的提升。科学合理地分析与建立农村电商扶贫的作用机制,为后续研究提供合理可行的理论分析与支撑,为后续实证分析提供参考。

7.1.2 内蒙古自治区扶贫任务艰巨,农村电商扶贫的现实基础较好

本书借助内蒙古自治区扶贫信息网、《内蒙古统计年鉴》及微观调研数据,分析了内蒙古自治区贫困现状、电商发展现状以及电商发展存在的问题。研究发现:截至2017年,内蒙古自治区贫困人口达37.5万人,深度贫困县有15个,深度贫困人口有15.5万人,占贫困人口的41.3%。深度贫困县具有贫

困程度深、脱贫难度大、返贫率高等特点，贫困人口技术创新欠缺、自身发展能力缺乏，可见内蒙古自治区脱贫攻坚任务艰巨。2019 年中央一号文件再次强调"主攻深度贫困地区脱贫工作，解决区域性整体贫困，增强贫困群众内生动力和自身发展能力，减少和防止贫困人口返贫"，可以看出，内蒙古自治区已成为国家扶贫工作的重点和难点区域。通过分析电商扶贫的成效发现，电商带动了农畜产品"上行"和品牌化，促进了贫困户创业就业、增收。同时，在实践案例与实证分析中也发现，作为"精准扶贫十大工程"之一的"电商扶贫"，为贫困户增收、赋能提供了重要选择，为内蒙古自治区精准扶贫、稳定脱贫提供了可行途径。

内蒙古自治区农村电商发展的现实基础是开展电商扶贫的前提与保障。内蒙古自治区农村电商发展基础较好，截至 2016 年，互联网普及率较高，为52.2%，网民数量逐年稳步攀升，拥有网民数 1311 万人，移动支付呈现普遍化。农村宽带接入用户稳步上升，宽带接入率较高，宽带接入用户达 97.3 万户，占农村总人口的比重为 10.0%，开通互联网宽带业务的行政村比重达62.5%。各级政府重点支持电商扶贫工作，筹集中央资金和地方内贸专项资金8.6 亿元在 47 个旗（县）开展电商进农村综合示范，其中 6.85 亿元用于支持38 个贫困县，占比 88%。截至 2018 年底，农村电商累计实现网络零售额170.6 亿元，新增网销单品 6157 个，网购金额 783.2 亿元。内蒙古自治区建设并投入使用县级电商公共服务中心 43 个，乡镇（苏木）、村（嘎查）两级电商服务站 4069 个。35 个示范县对县城到村物流资源进行了整合，累计建立县级物流配送中心数量 37 个，乡镇（苏木）快递网点数量 593 个；示范县快递收件量 18693.3 万件，快递发件量 5547.1 万件，快递物流价格比 2015 年平均下降 40%。农村电商累计培训人员 34.2 万人次，带动就业 3.8 万人；累计新增企业网商数 5422 个，累计新增个人网商数 32871 个。

农村电商发展迅速，主要表现在：首先，出台了促进农村电商发展的规划和政策，在电商法律法规、农畜产品品牌化、农村牧区基础设施等方面进行了整体规划；其次，农村电商基础设施建设快速发展，农村道路建设逐渐完善，农村三级物流网初具雏形；最后，示范县引领农村电商的发展，尤其是示范县的带动作用明显，农村电商平台便利化、农村电商服务站覆盖广泛和农村电商培训工作的开展推动了农村电商的发展，提高了贫困户电商参与度。

但是，在内蒙古自治区农村电商快速发展的同时，也同样发现存在诸多问题；具体问题表现在以下五个方面：资金投入力度较大，使用率不高；快递配送不畅，物流建设仍是短板；村级电商服务站作用不凸显，工作人员服务意识不强；农村电商人才匮乏，年轻人较少；初级农畜产品产业链标准化低，品牌化程度低。只有将这些具体问题逐步改进与完善，才能促进内蒙古自治区农村电商的快速发展，并使其发挥出更大成效。

7.1.3　农村电商扶贫效果显著，但仍有改进空间

结合第 3 章电商扶贫作用机制的理论分析，通过方差分析发现：电商购买对贫困户家庭年收入具有显著的促进作用。结合进行网络销售的贫困户样本 216 份，运用处理效应两阶段模型（TEM）评价了贫困户电商扶贫的"增收"效果；结合既进行网络销售又进行网络购买的贫困户样本 390 份微观调研数据，运用计量经济模型（Tobit）评价了贫困户电商扶贫的"节支"效果；结合内蒙古自治区 506 份微观贫困户调研数据，运用结构方程模型（SEM）评价了贫困户电商扶贫的"赋能"效果。研究发现：电商扶贫对贫困户具有"增收""节支"和"赋能"的效果。其中，在其他条件保持不变的情况下，贫困户参与网络销售能够对贫困户家庭收入增加 27.22%；电商对贫困户家庭支出有显著影响，尤其是网络购买对贫困户家庭支出具有显著影响，网购频次每增加一次，贫困户家庭支出降低 1% 的概率会增加 1.305，可以起到一定扶贫的作用；电商参与对贫困户提高人力资本的直接效应为 0.790，网络购买和网络销售对人力资本的间接效应分别为 0.705 和 0.642。上述数据结果显示，贫困户电商扶贫效果显著，但提升效果并不高，仍有一定改进空间。

7.1.4　农村牧区贫困户自身发展能力弱，电商参与的中介作用显著

首先，借鉴张艳华（2010）、王弟海（2012）等学者的前期研究成果，结合内蒙古自治区 506 份贫困户实地调研数据和农村牧区贫困户生产生活现状，运用 SPSS20.0，借助因子分析法对指标设定的科学性进行检验，构建贫困户人力资本指标体系，将教育投入、保健投入、实践培训和迁移流动 4 个维度作为人力资本测算的一级指标，涉及 9 个二级指标；运用综合指数法，对调查样本区贫困户人力资本指数进行测算。研究发现：贫困户人力资本指数均值为 0.3448，整体水平偏低，多数贫困户人力资本集中在 0.3~0.4，少数贫困户人力资本指数低于 0.1，贫困户自身发展能力较弱，电商扶贫作为提高贫困户自身发展能力、挖掘贫困户内生动力的重要手段，减少和防止贫困户返贫、提高

贫困户自身发展能力和内生动力是关键。其次，基于结构方程模型（SEM）分析电商参与对人力资本的影响，发现电商参与对贫困户提高人力资本的直接效应为 0.790，网络购买和网络销售对人力资本的间接效应分别为 0.705 和 0.642，同时资源禀赋、社会网络、电商认知及基础设施因素通过电商参与作为中介作用的间接效应明显高于直接效应，电商参与的中介作用更显著。

7.1.5　贫困户参与网络销售"增收"效果明显，参与网络购买"节支"效果明显

本书第 5 章的 5.2 和 5.3 部分主要分析贫困户参与农村电商的"增收"效果和"节支"效果。首先，运用方差分析发现网络销售对贫困户增收具有显著影响，并结合第 3 章中的"增收"作用机制的理论分析来选取了 216 个参与网络销售的贫困户作为实证分析"增收"效果的数据来源，运用 TEM 模型对样本数据进行分析，结果发现：贫困户参与电商销售对家庭年收入影响显著，即贫困户参与网络销售对"增收"具有明显的促进作用，起到一定的扶贫效果。因此，农村电商扶贫作为重要的精准扶贫方式必须注重农畜产品"上行"带来的贫困户稳定脱贫的效果，积极推动农畜产品"上行"，并从人才培养、品牌化与标准化方面加大力度，解决"上行"乏力现象。其次，将 390 个贫困户参与网络购买和网络销售的样本作为数据来源，运用 Tobit 模型实证检验贫困户参与电商的"节支"效果，结果发现：网络购买对贫困户"节支"效果影响显著，而短期看来，网络销售对贫困户节支效果影响并不显著，即贫困户参与网络购买"节支"效果明显。由此可见，为了充分发挥电商扶贫多方面的效果，还应注重工业品"下行"，并对电商环境建设中的物流配送、基础设施配备情况提高运行效率，保证工业品"下行"顺畅。

7.1.6　内蒙古自治区农村电商扶贫初见成效，但仍存在诸多问题

自内蒙古自治区开展电商进农村牧区综合示范以来，电商扶贫取得积极成效，截至 2018 年底，电商进农村牧区示范县建档立卡贫困村 2512 个，电商服务站覆盖建档立卡贫困村 1648 个，覆盖率 65.6%，同比增长 15.5%；累计服务建档立卡贫困人口 31.9 万人次，累计帮助建档立卡贫困户销售 7868.8 万元，帮助建档立卡贫困户增收 2107.3 万元，同比增长 1.7 倍；累计培训建档立卡贫困户 3.4 万人次，带动建档立卡贫困户就业 10587 人，同比增长

36.8%。2018 年，阿里巴巴在全国范围内首次打造 10 个电商脱贫样板县，其中包括内蒙古自治区赤峰市的敖汉旗贫困县。

结合实际案例发现，电商带动了农畜产品"上行"和品牌化；电商促进了贫困户创业就业增收；电商扶贫模式多种多样，扶贫效果明显；各示范县制定了电商扶贫发展规划，提高贫困户电商参与度；等等。但是，在电商扶贫快速发展的同时，仍发现存在诸多问题：电商扶贫更注重外因成效，贫困主体获得感不强；贫困户固有资源有限，基础设施落后；贫困户对电商认识不足，排斥心理占主导地位；贫困户对电商扶贫兴趣短暂，持续性较差；农村电商投资盲目，扶贫资金监管不到位；电商扶贫更注重"输血式"帮扶，缺少对贫困户"造血式"帮扶。只有将这些具体问题有针对性地解决，才能发挥电商扶贫更大的成效。

7.2　政策建议

基于以上研究结论，结合内蒙古自治区农村电商发展和电商扶贫过程中存在的诸多问题，为使农村电商快速、良性发展，电商扶贫效果显著提高，本书为内蒙古自治区深度贫困县长效脱贫以及内蒙古自治区实现乡村振兴提供较为可靠的理论依据和切实有效的政策建议。

7.2.1　优化农村电商相关政策，合理安排配套资金

发展农村电商离不开政府的支持与引导，政策安排对于指明农村电商的发展方向、解决农村电商发展中的问题具有至关重要的作用。从自治区级政府部门来说，颁布关于农村电商的政策较少，颁布完顶层设计文件后，应继续细化物流、用地、人才等方面的政策支持。内蒙古自治区农村电商已经发展了 5 年，在 5 年的发展过程中，出现了不同于其他省份的独特问题，内蒙古自治区政府应当根据农村电商发展过程中存在的问题，因地、因时、因策来不断攻克农村电商发展过程中的难题。从示范县级政府来说，内蒙古自治区幅员辽阔，各个示范县在发展农村电商的过程中出现的问题不同，旗（县）级政府应当在大的政策方针的指导下，制定适合各自旗（县）的政策措施，而不应当照抄照搬其他成功旗（县）的政策措施或者不考虑自身实际情况盲目实施上级

的政策。

农村电商是一项利民项目，只有政府启动、市场主导，带动社会各方力量共同推进，才能促进农村电商有序发展。农村电商同时也是一项庞大的系统工程，前期需要大量的资金投入，而国家财政给予农村电商示范县的 2000 万元资金，有部分旗（县）将 90% 的资金用在电商公共服务中心以及村级电商服务站点的建设，在真正发展电商、培育品牌、营销宣传等方面的工作开展时出现资金不足的现象，因此，合理安排配套资金是关键。要想保证农村电商的资金链不断裂，地方政府需要根据本地发展的实际情况专设电商发展财政资金，专款专用，用于支持农村电商的发展，并根据每年电商的发展情况，适当调整专项资金的数额，因为各级各类电商示范县在资金使用时呈现出不同的特点，如有的示范县对资金使用力度过大，导致后期电商持续发展的资金不足；而也有部分示范县，财政拨付的 2000 万元资金基本上两年内"零支出"，导致示范县的示范带动作用不明显，电商发展势头不足。由此可见，制定合理的电商专款使用方案是前提，是保证电商顺畅健康发展的基本要求，同时要合理安排配套资金，制定配套资金使用方案，对投入资金的项目进行跟踪和绩效考核，根据其发展实际适当调整对其资金扶持程度，从而让有限的财政资金发挥出最大的效益。

7.2.2 加强农村电商发展环境建设，提高贫困户电商参与度

广大的农村牧区贫困户具有年龄偏高、对电商新鲜事物接触较慢等特点，同时农村牧区的电商发展基础还存在一定的问题，需要政府相关部门通过宣传培训等改变贫困户电商认知，进而提高贫困户电商参与度。具体从以下几个方面开展：

首先，继续完善贫困农村牧区基础设施网络建设，增加贫困地区互联网普及率，加大农畜产品流通的物流体系和网络市场运营体系与平台的建设，保障贫困户网购与网销的可实施性，同时提升农村牧区物流配送能力，增设物流仓储与冷链运输环节（国政等，2016），保证贫困偏远农村牧区特色农畜产品的销售，降低物流运输成本，提高贫困户与农企的对接力度，有序推进贫困户参与农村电商，实现精准扶贫（汪旭晖、张其林，2016）。

其次，充分发挥社会网络的引领作用。在贫困的农村牧区，贫困户对于身边的社会网络关系的示范作用更为信赖，社会网络关系能够帮助他们获取产品生产信息、产品销售渠道等，因此，应有意识地挖掘、培养农村牧区中思想开

放、创新能力强、较年轻的"进步贫困户"，发挥其引领与带动作用，影响并带动其他贫困户参与到农村电商活动中来（徐广兰、李艳军，2017）。贫困户家庭中的非农就业人员也是发挥引领示范的首要动力，调研发现，贫困户家中如有在城市或县城打工、读书的子女，他们的网购经验对其家庭参与电商起到了不可忽视的作用。

最后，引进电商专业化人才，加大对贫困户的培训力度。电商是新时代的产物，人才支撑是关键，农村电商对人才的需求更是紧迫，尤其是贫困户参与农畜产品"上行"的电商活动初期，为了提高贫困户参与电商活动的积极性，降低其机会成本，亟须政府加大补贴与对培训专业化人才的投入力度，培育一些专业化人才精通网络营销、物流管理以及农业经济运营等技能，指导并培训贫困户参与电商，保证贫困户对电商销售、电商购买等活动的信任与顺利开展（屈小博、霍学喜，2007；武荣伟等，2018）。调研发现，农村牧区的贫困户年龄较大，亟须对新鲜事物、先进技术的培训与指导，使贫困户参与、开展农村电商得心应手。因此，政府等相关部门可以通过政策支持、资金支持等保障措施，吸引大学生回到农村牧区创业，鼓励返乡大学生积极投入到农村电商建设中来（穆燕鸿、王杜春，2016），着力提高贫困户电商参与度（林海英等，2019）。

7.2.3　继续发挥示范县的引领带动作用，加强便民利民服务

自 2015 年以来，内蒙古自治区的 47 个旗（县）被国家商务部批准为"电商进农村综合示范县"。2016 年底，农村电商示范县的网络交易额（自营和第三方）共达到 17.141 亿元，其中，示范县自营网络交易额达到 2.585 亿元，第三方企业实现网络交易额 14.556 亿元。调研数据显示：非示范县与示范县的贫困户对电商的了解程度、使用频率有很大区别。98.36%以上的示范县的贫困户都听说过电商，其中有 77.07%以上的贫困户从网上购买过生活或生产资料；示范县的农村电商服务站点的建设为贫困户解决了"不会买、卖"的难题，42.68%的电商服务站负责网络推广销售本地特色化农畜产品，解决了"卖难"的问题。非示范县的贫困户对电商的了解程度和使用频率都相对较低。各示范县电商平台便利化程度较高，通过自建平台和第三方平台，依托龙头企业，培育县域品牌，实现农畜产品线上销售。各示范县的村级服务站为贫困户提供便利服务，提高贫困户对电商的认知与参与，可见示范县的引领带动作用非常明显。各级各类政府应该继续充分发挥电商示范县的引领带动作

用，完善示范县的配套政策，使贫困户对电商认知和参与明显提高，对电商能够为其带来各种福利有切身体会。因此，在此基础上，加大示范县公共服务中心和乡镇级、村级服务站的带动作用，让贫困户充分利用示范县为其提供的便捷电商服务，让电商销售和电商购买为贫困户家庭带来新的变化；借助产业带动当地的贫困户创业与就业，示范县运用财政资金为当地贫困户进行电商相关知识的培训，不仅能提高贫困户的就业能力，同时也能提高贫困户的创业意识，真正实现贫困户共享电商发展带来的溢出效应。

由于电商示范县由财政资金投入，所以基础设施中网络覆盖、互联网普及、物流通达情况等都会优先考虑示范县所管辖的乡镇（苏木）、村（嘎查），村级服务站为贫困户提供众多便民服务，如代买代卖农畜产品、代缴话费、代挂就诊号、代缴水电费，尤其为农村牧区的子女不在身边的贫困户老年人带来了更多的便利性，贫困户也看到示范县的电商发展带来了明显的村容村貌的变化。因此，为了能够实现农牧区和谐发展，享受信息化带来的便利，应继续发挥示范县的引领带动作用，提供更多的便民服务，为贫困户解决后顾之忧。

7.2.4　培育当地农畜产品品牌，助力农畜产品"上行"

本书的研究发现，品牌是提高贫困户收入、推动农畜产品"上行"的重要途径，提高农畜产品附加值是农畜产品"上行"的基础与保证。当"面朝黄土背朝天"的农牧民摇身一变成为需要直面消费者的商人时，其需要解决的关键问题就是如何将自家优质的农畜产品销售给消费者。而随着消费升级，消费者对农畜产品有了更高的要求，因此只有打造出优质农畜产品品牌，推进农畜产品标准化种植、养殖、加工，才能在消费者市场中建立口碑，站稳脚跟。首先，政府应从当地的资源禀赋出发，选择几种当地极具特色的、明显区别于其他地区的农畜产品作为重点公共区域品牌打造对象，组织成立农牧民专业合作社，将分散经营的散户集中起来，进行规模化、标准化种植、养殖，从根源上控制农畜产品的质量，并建立和完善农畜产品种植、养殖、加工等流程的追溯体系，让消费者能够看到农畜产品从生产到加工的一系列过程，从而赢得消费者的信任。其次，需要政府发挥公共服务职能，引导电商企业建立产品品牌，而电商企业要根据当地区位优势以及公共区域农畜产品品牌，建立起市场品牌，然后在品牌运营方面向更深、更广的层次延伸，如产品的品牌设计、包装设计、文案设计等，还要关注如何引流，让当地特色农畜产品真正通过网络"走出去"。最后，建立当地特色农畜产品品牌需要一个规范的市场秩序，这就需要政府制定相应的法律法规，加快农村电商诚信体系的建设，进一步规范和把控农畜产品"上行"过程中的产品质量标准认证，避免滥用品牌、假冒品牌、不正当竞争等现象发生。

7.2.5 加强对农村电商平台的宣传，提高电商扶贫成效

本书第6章电商扶贫模式的分析中发现，内蒙古自治区目前各示范县的成功扶贫模式中较为重要的就是"产业链带贫"模式，电商平台非常关键，对农村电商平台的宣传，前期靠政府，后期要靠营销。针对农村电商平台的不同类型，需要发展不同的宣传模式。从自建平台角度来说，现存自建平台的交易地域基本限制在县域范围内，在现阶段各旗（县）应该充分发挥政府的作用，利用网络、电视广告、墙体广告、宣传语等将自建平台的宣传扩展至自治区范围，增加自建平台的知晓度，从而扩大自建平台的交易范围，增加销售额。从第三方平台角度来说，与旗（县）合作的第三方平台基本为知名平台，为了与政府合作，各旗（县）在入驻第三方平台初期，平台会给予各旗（县）一定的流量，各旗（县）要充分利用吸引买家流量的机会，在保证产品质量和服务的前提下，持续营销，并不断创新营销手段，提高交易转化率，扩大交易。

通过与电商平台的合作，借助电商平台的影响力，在助力农畜产品"上行"的同时，让贫困户主体获得感稳步提升。主要体现在：一方面，贫困户利用电商平台销售自家种植或养殖的农畜产品，扩大了产品销售范围，增加了受众消费者群体，增强了该地区产品的影响力，前期借助"家乡情"营销理念进行宣传，主要顾客群体是在本地区出生的外出人员，这些人对自己家乡的特产是有一定情怀的，后期将影响面扩大至农畜产品特色的宣传等方面，构建农畜产品的众多潜在顾客群体，进而增加销量，提高收入；另一方面，通过与电商平台的合作和自建平台的建设，为本地区的贫困户提供切实可靠的电商购买服务，解决目前农村牧区春耕资金紧张的问题，借助金融扶贫服务与电商扶贫服务相结合，为贫困户提供农牧业生产资料电商购买的便利性服务，如扎兰屯的自建电商平台智慧网与"E农贷"金融服务合作，为贫困户在春耕期间提供网络购买化肥服务，并送货到家，提供便利性的同时，节约了贫困户的家庭支出，该模式可以继续推广，为广大贫困户提供更多、更便捷的服务，提高电商扶贫成效，增强贫困户贫困主体获得感。

7.2.6 构建电商扶贫长效机制，提升贫困主体自身发展能力

随着电商进农村综合示范项目的推进，内蒙古自治区农村网络年销售额超过3008.8万元，本书对微观调研数据的实证分析发现，电商扶贫效果显著，尤其是对贫困户"赋能"的作用凸显。结合2019年中央一号文件"稳定脱贫的重要措施是提高贫困户自身发展能力"，电商扶贫为贫困户增收、赋能提供了重要选择，为贫困地区精准扶贫、稳定脱贫提供了可行途径。采用实证模拟方法，按照政策制定、执行、效果评估、反馈和调整的思路，从执行到反馈再到调整是一个动态优化过程，并引入"包容性增长"理念，构建农村电商扶贫的长效机制。"包容性增长"是社会功能和经济功能全面可持续发展，是倡导对弱势群体的机会均等性增长。结合"包容性增长"理念，构建实现贫困户稳定脱贫的电商扶贫长效机制，根本目的是使贫困主体获得感增强，最终实现稳定脱贫（见图7-1）。具体表现在以下四方面：

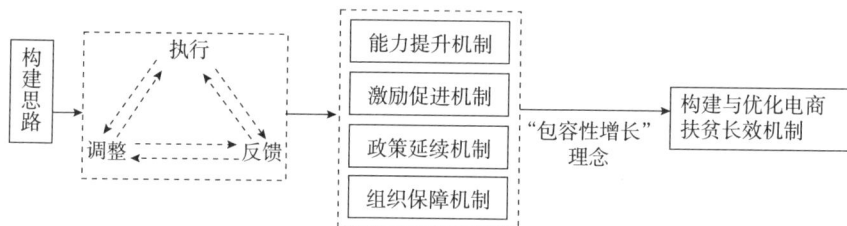

图7-1 构建电商扶贫长效机制

一是能力提升机制。内蒙古自治区农村牧区的贫困户有"福利依赖"特点，为了避免贫困户脱贫后返贫率高的现象出现，将扶贫与扶智、扶志相结合，提升贫困户的内生发展动力，提高自身发展能力。本书中的能力提升机制主要通过政府宣传引导贫困户主动参与到电商扶贫中来，多开展电商培训、农牧业科技培训及推广工作来提高贫困户的电商知识与种植、养殖技能，借助这些技能开展电商工作既能提高能力，增加就业机会，又能够实现增收。提高贫困户参与度和直接受益水平是解决因贫困户能力低下的重要途径。通过农村牧区内有能力的人进行示范带动与引领帮扶，实现贫困户愿意并积极参与到电商扶贫工作中来，进而提高贫困户创新创业能力。

二是政策延续机制。现行的扶贫政策是"扶上马，送一程"，对现有政策从延续、跟踪及完善等方面构建。对现有的电商扶贫的政策与电商发展的政策延续到贫困户稳定脱贫，并通过对贫困户电商参与和扶贫效果的实时跟踪与评

估，发现电商扶贫存在问题，进而对原有政策进行完善与优化，改进现有政策，更适合该地区的贫困户参与电商扶贫。通过周而复始的循环与完善过程，实现贫困户长效脱贫。

三是激励促进机制。防止贫困户"福利依赖"，创新整合多样化的激励因素，诸如从资金支持、培训支持、技能支持、物流支持以及人才支持等方面进行激励；使贫困户中的典型示范带头人形成电商销售合作组织，对于该合作组织中电商销售绩效好的给予一定的奖励，构建奖补机制来激励贫困户参与电商销售；这些贫困户在参与合作组织后，自身的电商技能有一定的改进，对于稳定脱贫有一定的促进作用。让农村牧区的农畜产品进城，在解决贫困户农畜产品的销售渠道问题的同时，也实现了增收，使电商扶贫效果更明显。

四是组织保障机制。从基层党组织的领导力、返贫预警动态管理等方面构建。增强基层党组织的领导力，对电商扶贫工作高度重视，明确电商扶贫是解决深度贫困的重要扶贫方式，实时监控贫困户返贫现象，制定返贫预警动态管理方案，时刻监督与关注贫困户的动态，对有返贫苗头的贫困户进行培训、教育，提高其积极性与主动性，使其参与到开展电商扶贫工作中来，实现组织保障机制。

7.3　不足与讨论

本文基于微观贫困户视角，构建农村电商扶贫的作用机制，实证识别贫困户的电商扶贫效果，分别从理论、实证两个角度进行分析，力求全面、客观地分析内蒙古自治区农村电商扶贫是如何作用及作用效果如何等一系列问题。但是本书的研究仍有不足，有待后续研究进行补充、丰富与完善。具体不足之处为：

一是本书借助经济学理论中供需理论、消费者剩余理论、"成本—收益"理论等从理论上推导贫困户的农村电商扶贫的作用机制，由于文献阅读与研究经验的不足，该理论推导的准确性和可靠性都有待进一步检验。

二是本书在对农村电商扶贫效果评价中构建的指标体系是借鉴部分学者的观点，并结合内蒙古自治区农村牧区实际来进行的，该指标体系（基础设施、电商认知、个人特征、社会网络、资源禀赋和电商参与）的全面性和科学性也需要借助更多的计量经济模型进一步检验。在效果评价中，本书虽在"增收""节支"扶贫效果实证检验时，对每一个模型（TEM、Tobit）分析都进行了稳健性检验，但使用的被解释变量的指标可能还会受到其他因素的多重影响；虽然有控制变量来减少干扰，但是其精准度仍需全面考察；在"赋能"扶贫效果评价中，结论仍需要进一步进行稳健性检验，同时借助人力资本代替能力的变量，人力资本指数测算时的指标体系及测算方法的精准度仍有待验证。

三是本书在电商扶贫作用机制的分析与构建中，只针对贫困户的微观机制进行了分析，而未对产业链转型升级（中观层面）与农村牧区实现乡村振兴（宏观层面）进行分析；同时，在实证分析中也只是识别了农村电商对于贫困户的扶贫效果，并未对产业链转型升级作用效果与实现乡村振兴作用效果进行检验与测度，这也是后续研究继续拓展的方向。

参考文献

［1］ A. A. Jalali. Socio-Economic Impacts of Rural Telecentres in Iran ［M］. USA： The World Bank Seminar of Women's Economic Empowerments and the Role of ICT, 2006.

［2］ A. A. Jalali. Study on Availability of Access to Computer Networks in Rural Areas ［M］. UK： Czech Centrum for Science and Society （Czech Republic）, Cyber-Moor Ltd, 2008.

［3］ Adeya N. C. ICTs and Poverty： A Literature Review ［D］. International Development Research Centre, 2002.

［4］ Ali Akbar Jalalia, Mohammad Reza Okhovvatb, Morteza Okhovvata. A New Applicable Model of Iran Rural E-commerce Development ［J］. Procedia Computer Science, 2011 （3）： 1157-1163.

［5］ Anderson J. E. , Van Wincoop E. Borders, Trade and Welfare. In Susan Collins and Dani Rodrik （eds. ）, BrookingsTrade Forum 2001 ［M］. Washington： The Brookings Institution, 2002.

［6］ Anita Kelles-Viitanen. The Role of ICT in Governing Rural Development ［J］. IFAD Workshop on the What are the Innovation Challenges for Rural Development （Rome）, 2005： 11-14.

［7］ Bakos J. Y. The Emerging Role of Electronic Marketplaces on the Internet ［J］. Communications of the ACM, 1998, 41 （8）： 35-42.

［8］ Baorakis G. , M. Kourgiantakis, A. Migdalas. The Impact of E-commerce on Agro-food Marketing： The Case of Agricultural Cooperatives, Firms and Consumers in Crete ［J］. British Food Journal, 2002, 104 （8）： 580-590.

［9］ Bayyapu, Praneetha R. Das, Manik Lal E. Rual E-commerce ［J］. Journal of Theoretical and Applied Electronic Commerce Research, 2009 （4）.

［10］ Braga C. Inclusion or Exclusion? ［M］. UNESCO Courier, 1998.

［11］ Bronfenbrenner U. Developmental Ecology through Space and Time： A

Future Perspective [J]. Moen P. , Elder Jr. , G. H. , Luscher K. (eds.) Examining Lives in Context: Perspectives on the Ecology of Human Development, 1995: 619-647.

[12] Bronfenbrenner U. Recentadvances Inresearch on Human Development [J]. Silbereisen, R. K. , Eyferth, K. , Rudinger, G. (eds.) Development as Action in Context: Problem Behavior and Normal Youth Development, 1986: 287-309.

[13] Brown M. M. Can ICTs Address the Needs of the Poor? A Commentary from UNDP [EB/OL]. http: //www. undp. org/dpa/choices/2001/june/j4e. pdf, 2011 - 07-26.

[14] Bryan M. Hertweck, Terry R. Rakes, Loren Paul Rees. The Effects of Comparison Shopping Behaviour on Dynamic Pricing Strategy Selection in an Agent—enabled E-market [J]. International Journal of Electronic Business, 2009, 7 (2): 149-169.

[15] Cecchini S. , Scott C. Can Information and Communications Eechnology Applications Contribute to Poverty Reduction? Lessons from rural India [J]. Inf. Technol, 2003 (10): 73-84.

[16] Choi J. , Nazareth D. L. , Jain H. K. Implementing Service-oriented Architecture in Organizations [J]. J. Manag. Inf. Syst, 2010 (26): 253-286.

[17] Chowdhury N. Information and Communications Technologies and IFPRI's Mandate: A Conceptual Framework [J]. International Food Policy Research Institute, Washington, D. C. , 2000: 3-33.

[18] Duncombe R. A. , Boateng R. Mobile Phones and Financial Services in Developing Countries: A Review of Concepts, Methods, Issues, Evidence and Future Research Directions [J]. Third World Q. , 2009 (30): 1237-1258.

[19] Duncombe R. A. , Heeks R. B. Information & Communication Technologies (ICTs), Poverty Reduction and Micro, Small & Medium-Scale Enterprises (MSMEs): A Frameworkfor Understanding ICT Applications for MSMEs in Developing Countries [M]. Vienna: United Nations Industrial Development Organization, 2005.

[20] Dymond A. , Oestmann, S. Rural Telecommunications Development in a Liberalizing Environment: An Update on Universal Access Funds [EB/OL]. http: //rru. Worldbank.

[21] Elder G. H. , Caspi A. Economic Stress in Lives: Developmental Per-

spectives [J]. J. Soc. Issues, 1988 (44): 25-45.

[22] Fraser J., N. Fraser, F. Mc Donald. The Strategic Challenge of Electronic Commerce [J]. Supply Chain Management: An International Journal, 2000, 5 (1): 7-114.

[23] Gary S. Becker, Nigel Tomes. Human Capital and the Rise and fall of families [J]. Journal of Labor Economies, 1986, 4 (3pt. 2): 1.

[24] GeroSchwenk, Guido Möser. Intention and Behavior: A Bayesian Meta-analysis with Focus on the Ajzen-Fishbein Model in the Field of Environmental Behavior [M]. Quality & Quantity, 2009.

[25] Hamelink C. J. New Information and Communication Technologies: Social Development and Cultural Change [M]. New York: Discussion Paper, 1997.

[26] Hansen H. Uganda village phone field research 2004 [video file] [EB/OL]. https: //www. youtube. com/watch? v=Ec1VAIlgRbI, 2015-08-15.

[27] Heeks R., Bhatnagar S. Understanding Success and Failure in Information Age Reform [J]. Reinventing Government in the Information Age: International Practice in IT-Enabled Public Sector Reform, 1999: 49-75.

[28] IDRC. Cell phones can help alleviate poverty in developing countries [video file] [EB/OL]. http: //www. youtube. com/watch? v = 8ARrLWWD jb4 2014-03-06.

[29] Jim Budzynski. E-business: Model for Successor Failure? [J]. AgriMarketing, 2001 (3): 30.

[30] Johnson G. M. Internet Use and Child Development: Validation of the Ecological Techno-subsystem [J]. Educ. Technol. Soc, 2010 (13): 176-185.

[31] J. Vanek, J. Jarolimek and P. Simek, Development of Communication Infrastructure in Rural Areas of Czech Republic [J]. Agric. Econ. -Czech, 2008, 54 (3): 129-134.

[32] Kenny C. The Costs and Benefits of ICTs for Direct Poverty Alleviation [J]. The World Bank, Washington, D. C., 2002 (1): 1-33.

[33] Lee C-S. An Analytical Framework for Evaluating E-commerce Business Models and Strategies [J]. Internet Research: Electronic Networking Applications, 2001 (11): 349-359.

[34] Lefter V., Roman C., Endroiu C., Roman A. G. Opiuni Privind Costurile in Activitatea de Comer [J]. Amfiteatru Economic, 2007 (21): 81-90.

［35］Mansell R. , Wehn U. Knowledge Societies：Information Technology for Sustainable Development ［M］. New York：Oxford University Press, 1998.

［36］Miscione G. Telemedicine in the Upper Amazon：Interplay with Local Health Care Practices ［J］. MIS Q. , 2007（31）：403-425.

［37］Montealegre F. , S. Thompson, J. S. Eales. An Empirical Analysis of the Determinants of Success of Food and Agribusiness E-commerce Firms ［J］. International Food and Agribusiness Management Review, 2007, 10（1）：61-81.

［38］M. R. Okhovvat, A. A. Jalali, M. Okhovvat. Iran Rural E-Commerce Development ［R］. 4th International Conference on E-Commerce with Focus on Developing Countries（ECDC）, Malaysia, 2009：235-243.

［39］M. Tabesh, M. A. Arbabian, H. Javaheri, A. Jalali. Rural Telecommunications in Iran：A HYBRID SOLUTION ［M］. UK：International Conference on Internet Technologies and Applications（ITA）, 2005.

［40］Orlikowski W. J. , Iacono C. S. Desperately seeking the "IT" in IT research-a call totheorizing the IT artifact ［J］. Inf. Syst. Res. , 2001（12）：121-134.

［41］Paul Bambury. A Taxonomy of Internet Commerce ［J］. First Monday, 1998, 10（3）.

［42］POOLEB. How will Agricultural E-Markets Evolve? ［R］. Washington DC：Paper Presented at the USDA Outlook Forum, 2001：22-23.

［43］Prahalad C. K. The Fortune at the Bottom of the Pyramid：Eradicating Poverty Through Profits ［D］. Wharton School, Upper Saddle River, 2010.

［44］R. Dossani, D. C. Misra, R. Haveri, R. Jhaveri, Enabling ICT for Rural India, Asia-Pacific Research Center Stanford University ［J］. National Informatics Centre, USA, 2005：1-11.

［45］R. W. Harris. Information and Communication Technologies for Rural Development in Asia：Methodologies for System Design and Evaluation ［J］. Conference on Information Technology in Regional Areas（ITiRA）, 2001（8）：57-62.

［46］Scoones I. Sustainable Rural Livelihood：A Framework for Analysis ［R］. Brighton：Institue of Development Studies, 1998.

［47］Shakil M. Rahman Ahmad Tootoonchi Michael L. Monahan. Digital technology：A Vehicle for Making Rural Businesses Competitive ［J］. Competitiveness Review：An International Business Journal, 2011, 21（5）：441-451.

［48］Silvia Elena Cristache, Georgeta-Narcisa Ciobotar, Camelia Kailani. New

Trends in Commercial Technologies in Romania：Evolution of Electronic Commerce as Multichannel Retailing Instrument［J］. Procedia Economics and Finance，2015（27）：351-360.

［49］Ulrich P. Poverty Reduction through Access to Information and Communication Technologies in Rural Area［J］. Electron. J. Inf. Syst. Developing Countries，2004（16）：1-38.

［50］Venkatesh V.，Sykes T. A. Digital Divide Initiatives Success in Developing Countries：A Longitudinal Field Study in a Village in India［J］. Inf. Syst. Res.，2013（24）：239-260.

［51］Vol. N. Econometric Analysis of Cross Section and Panel Data［J］. Journal of Economic Literature，2002，40（4）：1239-1241.

［52］Wooldridg J M. Eeonometrie Analysis of Cross Seetion and Panel Data［M］. The MIT Press，Cambridge，Mas-saehusetts London，England，2002.

［53］Zhong lin w，kit-Tai H.，Marsh H. W. Structural Model Equation Testing：Cutoff Criteria for Goodness of Fit Indices and Chi-square Test［J］. Acta psychological science，2004（2）：168-194.

［54］阿马蒂亚·森. 以自由看待发展［M］. 北京：中国人民大学出版社，2002.

［55］埃弗雷姆·特班（Efraim Turban）. 电子商务：管理与社交网络视角（原书第7版）［M］. 时启亮译. 北京：机械工业出版社，2014.

［56］白懿玮，季婷，汪俊. 小农户的电商渠道选择及影响因素分析——基于烟台大樱桃产区的实证调查［J］. 农村经济与科技，2016，27（11）：71-75.

［57］包玉华. 民族地区产业扶贫模式选择与创新研究——基于内蒙古实践探索［J］. 安徽农业科学，2018，46（36）：206-209，218.

［58］陈劲，尹西明，赵闯，朱心雨. 反贫困创新：源起、概念与框架［J］. 吉林大学社会科学学报，2018，58（5）：33-44，204.

［59］陈良焜. 中国人口年龄结构对教育的影响及家庭教育支出潜力的思考［J］. 北京大学学报（哲学社会科学版），1992（6）：12-17.

［60］陈南岳. 我国农村生态贫困研究［J］. 中国人口·资源与环境，2003（4）：45-48.

［61］陈小伍，王绪朗. 农村贫困问题的制度性分析［J］. 乡镇经济，2007（6）：23-27.

［62］程丽丽. 基于区域特色的农村电子商务体系构建——以台州为例

[J]. 农村经济与科技, 2013, 24 (1)：35-37.

[63] 程鹏. 株洲市农村电商精准扶贫动力机制研究 [J]. 办公自动化, 2017, 22 (18)：44-46.

[64] 仇荀. 马克思主义贫困理论及当代中国贫困治理实践研究 [D]. 吉林大学博士学位论文, 2016.

[65] 崔丽丽, 王骊静, 王井泉. 社会创新因素促进"淘宝村"电子商务发展的实证分析——以浙江丽水为例 [J]. 中国农村经济, 2014 (12)：50-60.

[66] 党博维. 习近平精准扶贫思想对世界贫困治理的启示研究 [D]. 西安理工大学硕士学位论文, 2019.

[67] 丁际刚, 兰肇华. 前景理论述评 [J]. 经济学动态, 2002 (9)：64-66.

[68] 董坤祥, 侯文华, 丁慧平, 王萍萍. 创新导向的农村电商集群发展研究——基于遂昌模式和沙集模式的分析 [J]. 农业经济问题, 2016, 37 (10)：60-69, 111.

[69] 董志良等. 电子商务概论 [M]. 北京：清华大学出版社, 2014.

[70] 樊西凌, 欧名豪. 基于计划行为理论的农村居民点整理农户意愿影响因素研究 [J]. 农业科学研究, 2018 (2)：53-60.

[71] 范永忠, 范龙昌. 中国农村贫困与反贫困制度研究 [J]. 改革与战略, 2011 (10)：88-91.

[72] 费孝通. 乡土中国与生育制度 [M]. 北京：北京大学出版社. 1998.

[73] 冯文丽, 杨雪美, 薄悦. 基于 Tobit 模型的我国农业保险覆盖率实证分析 [J]. 金融与经济, 2014 (4)：77-80.

[74] 冯艳. 区域贫困测度、识别与反贫困路径选择研究 [D]. 辽宁大学博士学位论文, 2015.

[75] 福格尔, 恩格尔曼. 美国经济史的重新解释（纽约版）[M]. 纽约：剑桥大学出版社, 1971：258.

[76] 付友良, 周翠英. 农村电子商务发展的人才瓶颈与对策——以张家界为例 [J]. 科技创业月刊, 2017, 30 (22)：63-65.

[77] 傅晓锋. 农村电子商务存在的问题及对策 [J]. 现代农业科技, 2010 (22)：45, 47.

[78] 高鸿业. 微观经济学 [M]. 北京：中国人民大学出版社, 2000.

[79] 高鸿业. 西方经济学（第六版）[M]. 北京：中国人民大学出版社, 2014 (8)：265.

[80] 高明.结构性贫困：基于收入、消费与社会网络的分析 [D].中国农业大学博士学位论文，2018.

[81] 高鹏飞.健康人力资本投资与经济产出水平的微观测量 [J].中国集体经济，2018（31）：89-91.

[82] 高万林，王进，李桢，等."三链相扣"激活农村电子商务 [J].中国农村小康科技，2011（1）.

[83] 桂学文.电子商务促进经济发展的效果测度研究 [D].华中师范大学博士学位论文，2011.

[84] 郭彪.电子商务 解决三农问题的新坐标 [J].绿色中国，2013（10）：38-41.

[85] 郭宏宝，仇伟杰.财政投资对农村脱贫效应的边际递减趋势及对策 [J].当代经济科学，2005（5）：53-57，110.

[86] 郭怀成，张振兴，陈冰，邹锐，张宁.西部地区反贫困与生态环境可持续性研究——以新疆和墨洛地区为例 [J].北京大学学报（自然科学版），2004（1）：144-153.

[87] 郭莉.内蒙古自治区贫困现状与扶贫开发措施探析 [J].前沿，2016（2）：67-70.

[88] 郭熙保，罗知.论贫困概念的演进 [J].江西社会科学，2005（11）：38-43.

[89] 郭熙保.关于贫困概念的演进与思考 [J].皖西学院学报，2005（6）：12-17.

[90] 郭征亚.产业链视域下农村电商可持续发展生态体系分析 [J].商业经济研究，2017（24）：71-73.

[91] 国政，庞正轰，陈帅嘉，谢名洋，国锦华，弓晓光.国外电子商务产业发展的研究与借鉴 [J].广西教育，2016（47）：27-29，52.

[92] 郝继明.建设新农村的内涵、动力及阻力探析 [J].现代经济探讨，2006（2）：43-47.

[93] 郝晶晶.基于大数据的内蒙古自治区电子商务发展的空间特征及影响因素研究 [D].内蒙古师范大学硕士学位论文，2018.

[94] 何秀荣，中国农村政策要览 [M].北京：高等教育出版社，2010.

[95] 洪勇.电商扶贫：农村扶贫新路径 [J].今日中国，2016，65（2）：62-65.

[96] 侯泰杰.结构模型方程及其应用 [M].北京：教育科学出版社，

2004，11（7）：239-245.

［97］胡绍雨．财政投资对我国农村反贫困影响效应分析［J］．农村经济，2009（4）：85-88.

［98］华东．中国农村经济益贫性研究及财政支出的结构优化［D］．南京大学，2018.

［99］黄海洲．电商扶贫创新与突破［M］．合肥：中国科学与技术出版社．2016.

［100］黄敬宝，杨同梅，刘玉凤，郭学进．农民创业问题研究——基于106位农民创业者的实证分析［J］．调研世界，2012（1）：36-39.

［101］黄艳．农户采用电商销售渠道的行为研究［D］．福建农林大学硕士学位论文，2017.

［102］黄颖．我国西部地区农村电子商务流通渠道创新模式分析［J］．商业经济研究，2018（17）：143-145.

［103］黄云平等．发展农村电商，推动精准扶贫［J］．理论视野，2016（10）：73-77.

［104］黄征．城市基础设施与人力资本提升研究［D］．浙江工商大学硕士学位论文，2015.

［105］接家东．我国农村反贫困模式创新研究［D］．吉林大学博士学位论文，2017.

［106］荆新，王化成，刘俊彦．财务管理学（第8版）［M］．北京：中国人民大学出版社，2018.

［107］康春鹏．我国农村电子商务研究综述［J］．农业网络信息，2014（12）：82-85.

［108］冷飞翔．多元治理视角下电商扶贫微观体系及作用机制研究［D］．华中师范大学硕士学位论文，2017.

［109］李彩霞，杨卫鹏．增强农村电商扶贫实效性的对策建议——基于陕西省商洛、安康、汉中三市的考察［J］．湖北农业科学，2018，57（18）：137-140.

［110］李成友，孙涛，焦勇．要素禀赋、工资差距与人力资本形成［J］．经济研究，2018，53（10）：113-126.

［111］李东方．"互联网+"时代中国流通组织现代化转型研究［D］．西北大学博士学位论文，2016.

［112］李萌，居晓宇，左保腾．"互联网+"背景下消费者土地流转电商

化参与意愿及影响因素研究 [J]．南方论刊，2016（8）：12-14.

[113] 李培林，魏后凯等．中国扶贫开发报告 2017 [M]．北京：社会科学文献出版社，2017.

[114] 李秋斌．"互联网+"下农村电子商务扶贫模式的案例研究及对策分析 [J]．福建论坛（人文社会科学版），2018（3）：179-188.

[115] 李瑞华．贫困与反贫困的经济学研究——以内蒙古为例 [M]．北京：中央编译出版社，2013.

[116] 李小云，董强，饶小龙，赵丽霞．农户脆弱性分析方法及其本土化应用 [J]．中国农村经济，2007（4）：32-39.

[117] 李永友，沈坤荣．财政支出结构、相对贫困与经济增长 [J]．管理世界，2007（11）：14-26，171.

[118] 李芸．经济增长、收入分配与贫困：估计贫困的增长弹性 [J]．农业经济问题，2006（9）：72-76.

[119] 李柱．沙集模式 VS 温州模式——两种农村产业集群经济模式的比较分析 [J]．云南农业，2011（10）：52-53.

[120] 梁祎，赵志曼，刘子鹏．农村人口受教育程度与其收入的关系探讨——以云南省为例 [J]．中国市场，2018（35）：42-43.

[121] 林广毅．农村电商扶贫的作用机理及脱贫促进机制研究 [D]．中国社会科学院研究生院博士学位论文，2016.

[122] 林海英，解玮，侯淑霞．基于 EST 和 SLA 理论框架的贫困地区农村电商减贫效果研究述评 [J]．商业经济研究，2019（5）：114-117.

[123] 林海英，李文龙，赵元凤．基于农业科技创新视角的农业信息化水平与农业经济增长关系研究 [J]．科学管理研究，2018，36（2）：80-83.

[124] 林海英，赵元凤，葛颖，李楚瑛．贫困地区农牧户参与电子商务意愿的实证分析——来自 594 份农牧户的微观调研数据 [J]．干旱区资源与环境，2019，33（6）：70-77.

[125] 林毅夫．制度、技术与中国农业发展 [M]．上海：上海人民出版社，2014.

[126] 凌薇．苏宁："上山下乡"助力精准扶贫 [J]．农经，2018（4）：76-79.

[127] 刘芳．贫困地区农村金融减贫效应、运作机理与路径选择研究 [D]．陕西师范大学博士学位论文，2016.

[128] 刘穷志．增长、不平等与贫困：政府支出均衡激励路径 [J]．财贸

经济，2008（12）：58-62.

[129] 刘仙梅. 劳动经济学 [M]. 北京：人民邮电出版社，2010.

[130] 刘晓昀，辛贤，毛学峰. 贫困地区农村基础设施投资对农户收入和支出的影响 [J]. 中国农村观察，2003（1）：31-36.

[131] 龙海军，丁建军. "人—业—地"综合减贫分析框架下的精准扶贫政策评价——两个典型贫困村的对比分析 [J]. 资源开发与市场，2017，33（11）：1384-1390.

[132] 龙志翔. 农村电子商务扶贫模式构建模式初探 [J]. 现代经济信息，2017（20）：277.

[133] 吕玲. 基于参与式理论视角下西藏牧区反贫困研究 [D]. 西藏大学硕士学位论文，2016.

[134] 罗楚亮. 农村贫困的动态变化 [J]. 经济研究，2010（5）：123-138.

[135] 马合肥. 精准电商扶贫的陇南模式 [J]. 法制与社会，2016（1）：215，217.

[136] 马宏. 教育不平等程度影响金融发展的收入分配效应吗？——基于中国省际面板数据的实证研究 [J]. 华中师范大学学报（人文社会科学版），2018，57（6）：74-82.

[137] 马泽波. 农户禀赋、区域环境与电商扶贫参与意愿——基于边疆民族地区630个农民的问卷调查 [J]. 中国流通经济，2017，31（5）：47-54.

[138] 梅翔. 人力资本对"中等收入陷阱"的影响研究——基于中国省级面板数据的经验分析 [D]. 浙江工商大学硕士学位论文，2018.

[139] 蒙亮. 基数效用论在 B2C 电商平台运营的应用 [J]. 现代营销（下旬刊），2017（11）：130.

[140] 缪尔达尔. 世界贫困的挑战：世界反贫困大纲 [M]. 顾朝阳等译. 北京：经济学院出版社，2010.

[141] 穆燕鸿，王杜春，迟凤敏. 基于结构方程模型的农村电子商务影响因素分析——以黑龙江省15个农村电子商务示范县为例 [J]. 农业技术经济，2016（8）：106-118.

[142] 穆燕鸿，王杜春. 黑龙江省农村电子商务发展水平测度实证分析——以15个农村电子商务综合示范县为例 [J]. 江苏农业科学，2016，44（5）：608-611，619.

[143] 内蒙古自治区人民政府办公厅关于印发自治区商务发展"十三五"

规划的通知［N］. 内蒙古自治区人民政府公报，2017-02.

［144］聂凤英，熊雪. "涉农电商" 减贫机制分析［J］. 南京农业大学学报（社会科学版），2018，18（4）：63-71，158.

［145］牛克宇. "五条路径" 闯出电商扶贫新成效［N］. 国际商报，2018-10-09.

［146］朋文欢. 农民合作社减贫：理论与实证研究［D］. 浙江大学博士学位论文，2018.

［147］祁斌斌，刘洋，吴文凯，秦小虎. 榆中县农村电商推动精准扶贫实施效果的调查研究［J］. 时代金融，2018（27）：73-74.

［148］祁晓慧. 贫困户贷款需求、减贫效果、还贷信用研究［D］. 内蒙古农业大学博士学位论文，2017.

［149］钱文荣，应一逍. 农户参与农村公共基础设施供给的意愿及其影响因素分析［J］. 中国农村经济，2014（11）：39-51.

［150］秦建军，武拉平. 财政支农投入的农村减贫效应研究——基于中国改革开放 30 年的考察［J］. 财贸研究，2011，22（3）：19-27，85.

［151］邱少春. 农村贫困人口致贫原因的人力资本产权分析［J］. 当代经济，2019（1）：12-14.

［152］邱淑英，纪晓萃. 基于农村经济发展新思路中电子商务的应用研究［J］. 企业导报，2012（4）：155-156.

［153］邱泽国，杨毅. "互联网+" 背景下黑龙江省农村电商发展及对策［J］. 商业经济研究，2019（2）：145-148.

［154］曲玮，涂勤，牛叔文，胡苗. 自然地理环境的贫困效应检验——自然地理条件对农村贫困影响的实证分析［J］. 中国农村经济，2012（2）：21-34.

［155］屈小博，霍学喜. 交易成本对农户农产品销售行为的影响——基于陕西省 6 个县 27 个村果农调查数据的分析［J］. 中国农村经济，2007（8）：35-46.

［156］屈晓娟. 电子商务在促进陕西省农村精准扶贫中的应用研究［J］. 价格月刊，2018（1）：90-94.

［157］让创业与爱心共同起航——洮南市 "洮宝" 大学生创业团队树立电商产业扶贫典型［J］. 吉林农业，2018（19）：6.

［158］任鹏燕. 多主体协同治理视角下农村反贫困问题研究［D］. 延安大学硕士学位论文，2017.

［159］任强. 公共服务 "减贫"：理论、问题及对策［J］. 财政研究，

2009（10）：14-16.

［160］任燕妮．信息技术型人力资本与农业经济增长的关系研究［D］．西北农林科技大学博士学位论文，2016.

［161］萨缪尔森．经济学（英文版）［M］．上海：上海财经大学出版社，1992.

［162］Martha G. Roberts，杨国安．可持续发展研究方法国际进展——脆弱性分析方法与可持续生计方法比较［J］．地理科学进展，2003（1）：11-21.

［163］萨伊．政治经济学概论［M］．北京：商务印书馆，1982：375.

［164］商务部关于促进电子商务应用的实施意见［EB/OL］．http：//www. mofcom. gov. cn/，2013-11-21.

［165］沈鸿．西南少数民族地区农村人力资源开发研究［M］．北京：科学出版社，2017.

［166］石亚娟．农村电商的双边市场发展模式研究［J］．农业经济，2018（2）：143-144.

［167］斯特恩，安瑟理，库格伦等．市场营销渠道［M］．赵平等译．北京：清华大学出版社，2001.

［168］孙浦阳，张靖佳，姜小雨．电子商务、搜寻成本与消费价格变化［J］．经济研究，2017，52（7）：139-154.

［169］孙越．中国物质资本与人力资本流量估算及家庭人力资本投资［D］．中央财经大学博士学位论文，2017.

［170］邰秀军，李树苗．中国农户贫困脆弱性测度研究［M］．北京：社会科学文献出版社，2012.

［171］唐家琳．农村电子商务模式比较研究［J］．中小企业管理与科技（下旬刊），2013（8）：271-272.

［172］唐任伍．习近平精准扶贫思想阐释［J］．人民论坛，2015（30）：28-30.

［173］唐艳．农村电商商业模式及其进化探究［J］．科技经济导刊，2017（24）：247.

［174］田甜，杨柳青．把“互联网引入扶贫攻坚［N］．湖南日报，2015-08-05（1）.

［175］屠西伟．寿县农村电子商务扶贫模式初探［J］．山西农经，2017（16）：16-17.

［176］汪三贵．中国40年大规模减贫：推动力量与制度基础［J］．中国

人民大学学报，2018，32（6）：1-11.

［177］汪向东，高红冰．电商消贫［M］．北京：商务印书馆，2016.

［178］汪向东，王昕天．电子商务与信息扶贫新特点［J］．西北农林科技大学学报（社会科学版），2015（4）：98-104.

［179］汪向东，张才明．互联网时代我国农村减贫扶贫新思路——"沙集模式"的启示［J］．信息化建设，2011（2）：50-55

［180］汪向东．"沙集模式"及其意义［J］．互联网周刊，2010（23）：107-110.

［181］汪向东．电商扶贫：是什么，为什么，怎么看，怎么办？（上）——写给我国首个"10·17扶贫日"［EB/OL］．http：//blog. sina. com. cn/s/blog_593adc6c0102v74t. html，2014-10-6.

［182］汪向东．电商扶贫的长效机制与贫困主体的获得感——兼论电商扶贫的"PPPS模型"［J］．农业网络信息，2017（9）：10-15.

［183］汪向东．衡量我国农村电子商务成败的根本标准［J］．中国信息界，2011（3）：5-7.

［184］汪旭晖，张其林．电子商务破解生鲜农产品流通困局的内在机理——基于天猫生鲜与沱沱工社的双案例比较研究［J］．中国软科学，2016（2）：39-55.

［185］汪志祥．供销合作社推进农村电商发展模式探析——以江苏省供销合作总社实践为例［J］．价值工程，2018，37（32）：82-83.

［186］王保雪，王荣党．农村贫困与县域环境的灰色关联分析［J］．经济研究导刊，2014（6）：36-38.

［187］王步芳，汪向东．沙集现象与新农村建设的模式创新［J］．无锡商业职业技术学院报，2011（5）：40-42.

［188］王弟海．健康人力资本、经济增长和贫困陷阱［J］．经济研究，2012，47（6）：143-155.

［189］王飞．"互联网+"战略背景下重庆市电商扶贫之路［J］．重庆行政（公共论坛），2015，16（6）：21-22.

［190］王鹤霏．农村电商扶贫发展存在的主要问题及对策研究［J］．经济纵横，2018（5）：102-106.

［191］王金杰，牟韶红，盛玉雪．电子商务有益于农村居民创业吗？——基于社会资本的视角［J］．经济与管理研究，2019，40（2）：95-110.

［192］王静．我国农村电商扶贫的脱贫促进机制分析［J］．现代商贸工

业，2018，39（33）：44-45.

　　[193] 王良莹."互联网+"视域下信息化的内涵演变与发展研究 [J].安阳工学院学报，2017，16（6）：81-83.

　　[194] 王珊珊.生鲜电商运作模式的研究——以沱沱工社为例 [J].中国管理信息化，2016，19（13）：158-160.

　　[195] 王天祥.内蒙古农畜产品流通模式创新研究 [D].内蒙古财经大学硕士学位论文，2014.

　　[196] 王西玉，崔传义，赵阳，马忠东.中国二元结构下的农村劳动力流动及其政策选择 [J].管理世界，2000（5）：61-69.

　　[197] 威廉姆森，温特.企业的性质/起源、演变和发展 [M].姚海鑫，邢源源译.北京：商务印书馆，2007.

　　[198] 魏心怡，刘婧娇.能力贫困：电子商务介入农村扶贫的理论支持 [J].农业网络信息，2018（6）：3-5.

　　[199] 魏延安，智敏，贺翔.淘宝村的产生发展与趋势研究 [J].南方农村，2016，32（4）：24-28.

　　[200] 魏延安.城市化进程中的问题与新隐患——读熊易寒《城市化的孩子：农民工子女的身份生产与政治社会化》 [J].延安职业技术学院学报，2012，26（5）：3-4.

　　[201] 魏延安.当前农村电商的进展、问题与趋势 [J].农业网络信息，2017（3）：22-27.

　　[202] 魏延安.对新农人参与农村电商的六点建议 [J].新农业，2016（18）：22-23.

　　[203] 魏延安.扶持青年电商创业 加快农村电商发展 [J].中国农村科技，2015（6）：20.

　　[204] 魏延安.积极探索中的电商扶贫 [J].新农业，2016（24）：15.

　　[205] 魏延安.农村电商的机遇与现实困难 [J].新农业，2014（24）：26-28.

　　[206] 乌云花，黄季焜，ScottRozelle.水果销售渠道主要影响因素的实证研究 [J].系统工程理论与实践，2009，29（4）：58-66.

　　[207] 吴福龙，曾勇，唐小我.羊群效应理论及其对中国股市的现实意义 [J].预测，2003（2）：62-68.

　　[208] 吴敏春.信息扶贫——贫困地区发展电子商务对策 [J].社会福利，2002：45-47.

［209］吴明隆．问卷统计分析实务-SPSS 操作与应用 ［M］．重庆：重庆大学出版社，2010：158-192．

［210］武荣伟，周亮，康江江，刘海猛．中国县域电子商务发展空间格局及影响因素 ［J］．干旱区资源与环境，2018，32 （2）：65-69．

［211］西奥多·舒尔茨．人力资本投资——教育与研究的作用 ［M］．蒋斌，张蒲译．北京：商务印书馆，1900．

［212］西德尼·G. 温特 （Sidney G. Winter）．企业的性质 ［M］．姚海鑫，邢源源译．北京：商务印书馆，2010．

［213］夏庆杰，宋丽娜，Simon Appleton．经济增长与农村反贫困 ［J］．经济季刊，2010 （3）：851-870．

［214］夏振洲．深度贫困、健康人力资本与金融支持——以扶沟县为例 ［J］．西南金融，2018 （12）：52-57．

［215］熊雪，聂凤英．武功县"电商减贫"的路径分析 ［J］．农业网络信息，2017 （9）：46-49．

［216］徐广兰，李艳军．农户对农资产品网购的意愿及影响因素分析——基于山东、安徽两省 312 位农户的实证研究 ［J］．农林经济管理学报，2017，16 （5）：633-642．

［217］徐艳红．电商扶贫：将全国消费市场与农村对接 ［N］．人民政协报，2016-04．

［218］徐艳红．电商开辟精准扶贫新路径——访国务院参事、友成基金会副理事长汤敏 ［N/OL］．人民政协报 （数字报刊），2016-01-05．

［219］徐月宾，刘凤芹，张秀兰．中国农村反贫困政策的反思——从社会救助向社会保护转变 ［J］．中国社会科学，2007 （3）：40-53，203-204．

［220］许军林．农村电商扶贫机制与策略研究 ［J］．中国商论，2018 （20）：25-28．

［221］薛庞娟．淘宝村视角下的河南省农村电子商务模式 ［J］．现代企业，2017 （9）：53-54．

［222］薛晴，陈会谦，苏庆国．基于能力贫困理论的新生代农民工就业能力反贫困路径 ［J］．北华大学学报 （社会科学版），2018，19 （5）：112-116．

［223］薛耀宗．打造电商扶贫的"供销社模式" ［N］．吕梁日报，2017-12-17 （01）．

［224］亚当·斯密．国民财富的性质和原因的研究 ［M］．北京：商务印书馆，2004．

［225］严澍. 循环经济视角下的四川地震灾区乡村旅游发展研究［J］. 农村经济, 2011 (1)：37-39.

［226］阳浩鹃. 江西省农村电子商务发展研究［D］. 江西财经大学硕士学位论文, 2017.

［227］杨爱君, 范志方. 电子商务助力农产品稳价保供的途径分析——以贵州省为例［J］. 农业经济, 2018 (10)：134-136.

［228］杨成宝, 江芳, 郭芳. 乡村振兴背景下农村电商发展现状、问题及对策分析——以返乡务工人员创业为视角［J］. 山东工会论坛, 2018, 24 (6)：87-92.

［229］杨慧. 流通渠道的变革研究［M］. 北京：中国财政经济出版社, 2004.

［230］杨金勇. 电商产业集群生态化系统结构分析［J］. 商业经济研究, 2018 (9)：85-87.

［231］杨静, 刘培刚, 王志成. 新农村建设中农业电子商务模式创新研究［J］. 中国科技论坛, 2008 (8)：117-121.

［232］杨鲁军. 论里根经济学［M］. 上海：上海人民出版社, 2009.

［233］杨嬡, Cees Leeuwis, Rico Lie, 宋一青. 中国农民合作社的功能与多样性：变迁环境中发展现状探讨［J］. 中国乡村研究, 2014 (12)：145-173.

［234］叶秀敏, 汪向东. 东风村调查：农村电子商务的"沙集模式"［M］. 北京：中国社会科学出版社, 2016.

［235］易义斌, 苏宏振, 汪燕. 农村电子商务扶贫模式初探——基于揭阳市军埔村电商扶贫的调查［J］. 中国商论, 2015 (21)：73-75.

［236］余豆豆. 农村电子商务在精准扶贫工作中的作用和模式研究［D］. 华中师范大学硕士学位论文, 2017.

［237］曾令元. 马克思主义贫困治理理论的发展逻辑研究［D］. 中共广东省委党校硕士学位论文, 2017.

［238］曾亿武, 郭红东. 电子商务协会促进淘宝村发展的机理及其运行机制——以广东省揭阳市军埔村的实践为例［J］. 中国农村经济, 2016 (6)：51-60.

［239］曾亿武. 农产品淘宝村集群的形成及对农户收入的影响［D］. 浙江大学博士学位论文, 2018.

［240］张鸿, 杜童, 任少军, 昝梦莹. 农村电商人才胜任力模型构建——

以川陕地区为例［J］. 西北农林科技大学学报（社会科学版），2018，18（5）：55-62.

［241］张鹏. "电商扶贫"：陇南的逆袭之路［N/OL］. 中青在线（中国青年报），http：//zqb. cyol. com/html/2014-11/22.

［242］张瑞东，蒋正伟. 电商赋能 弱鸟高飞—— 电商消贫报告（2015）［M］. 北京：社会科学文献出版社，2015.

［243］张赛玉. 马克思主义反贫困理论视阈下的农村老年贫困精准治理研究［D］. 福建师范大学博士学位论文，2017.

［244］张申鹏. 农资零售商参与网上经营意愿及其影响因素研究［D］. 华中农业大学硕士学位论文，2016.

［245］张伟宾，汪三贵. 扶贫政策、收入分配与中国农村减贫［J］. 农业经济问题，2013，34（2）：66-75，111.

［246］张夏恒. 电子商务进农村推动精准扶贫的机理与路径［J］. 北京工业大学学报（社会科学版），2018，18（4）：26-32.

［247］张晓阳. 湖北省恩施州贫困与反贫困问题研究［D］. 中南民族大学硕士学位论文，2015.

［248］张秀武，刘成坤，赵昕东. 人口年龄结构是否通过人力资本影响经济增长——基于中介效应的检验［J］. 中国软科学，2018（7）：149-158.

［249］张旭光. 奶牛保险的减损效果及对养殖户行为的影响［D］. 内蒙古农业大学博士学位论文，2016.

［250］张岩，王小志. 发展农村电商对贫困地区扶贫扶贫的重要意义［J］. 经济研究参考，2016（71）：26.

［251］张艳华. 农村人力资本投资、积累、收益循环累积机制研究［J］. 农业经济，2009（12）：55-57.

［252］张益丰. 生鲜果品电商销售、农户参与意愿及合作社嵌入——来自烟台大樱桃产区农户的调研数据［J］. 南京农业大学学报（社会科学版），2016，16（1）：49-58，163-164.

［253］张运书，李玉文. 贫困农民收益权的现实样态与制度建构——基于财政支农资金扶贫视角［J］. 宁夏社会科学，2018（4）：66-71.

［254］章元等. 中国农村的暂时性贫困是否真的更严重［J］. 世界经济，2012（1）：144-160.

［255］赵苹. 管理信息技术（第5版）［M］. 北京：中国人民大学出版社，2009.

［256］赵涛涛．武陵山农村制度文化与贫困问题的关系探讨［D］．湖北民族学院硕士学位论文，2018．

［257］赵霞．农村电商扶贫的发展问题及对策研究［J］．中国市场，2017（12）：269-270．

［258］赵晓飞，李崇光．农产品流通渠道变革：演进规律、动力机制与发展趋势［J］．管理世界，2012（3）：81-95．

［259］赵晓飞，田野．农产品流通渠道变革的经济效应及其作用机理研究［J］．农业经济问题，2016，37（4）：49-57，111．

［260］郑璜．"自我造血"成就"世纪之村"［N］．福建日报，2012-05-07（2）．

［261］郑素侠．反贫困语境下农村地区的信息贫困：致贫机理与信息援助对策［J］．郑州大学学报（哲学社会科学版），2018，51（2）：154-157．

［262］周国富，倪朦，姜晨晨．教育质量、人口流动与人力资本存量的测算［J］．经济统计学（季刊），2016（2）：67-75．

［263］周国梅，傅小兰．决策的期望效用理论的发展［J］．心理科学，2001（2）：219-220．

［264］周海琴，张才明．我国农村电商发展关键要素分析［J］．中国信息界，2012（1）：17-19．

［265］周静，马丽霞，唐立强．农户参与农产品电商的意愿及影响因素——基于TPB和SEM的实证分析［J］．江苏农业科学，2018，46（4）：312-315．

［266］周克全，张莎莎．西部地区电子商务发展实证研究——基于甘肃省14个市州的调查［J］．甘肃行政学院学报，2016（5）：117-124，128．

［267］周婷．人力资本开发与云南边境县反贫困对策研究［J］．成功营销，2018（12）：142，145．

附　录

附录 1　农村电商村调查问卷

问卷编号：＿＿＿＿＿

日期：＿＿＿年＿＿＿月＿＿＿日

调研员姓名：＿＿＿＿＿

地点：内蒙古自治区＿＿＿＿盟（市）＿＿＿旗（县）＿＿＿乡（镇）＿＿＿村；

受访农牧户姓名：＿＿＿＿＿

受访农户村内职务：＿＿＿；联系电话：＿＿＿＿＿

一、2017 年村基本情况

村常住总户数（户）	村常住总人口（人）		村劳动力（15~64）（人）	您村到乡镇政府的通路情况	近三年内村被政府征用的土地数量（亩）	本村个体经营户以及企业总数	本村有几个农业合作社	村里一年开展几次农技服务	您村在推广农业技术方面支出（元/年）	村民人均收入（元/年）
	常住总人口	60 岁以上的常住老人								

注：您村到乡镇政府的通路情况：①土路 ②砂石路 ③水泥路。

二、非农就业外部环境

1. 您所在的行政村中，贫困户有＿＿＿＿＿＿户，＿＿＿＿＿＿人。其中，贫困户中，因病致贫有＿＿＿＿＿户，因残致贫的有＿＿＿＿＿户，其他致贫原因及户数情况：＿＿＿＿＿。

2. 农户经营面积最高＿＿＿＿亩，最低＿＿＿＿亩，人均＿＿＿＿亩。

3. 您村距最近的邮局的距离＿＿＿＿公里。

4. 您村是否有专门的仓储设施？①没有　②有，农户利用家里闲置房屋
③有，租用场地

5. 您村能直接邮寄或者收取快递吗？①能　②不能（跳到7题）

6. 有什么快递公司？①顺丰　②圆通　③中通　④申通　⑤邮政　⑥其他

7. 您所在的村里有电子商务服务站吗？①有　②没有（跳到13题）

8. 村电子商务服务站有什么配套设施？（可多选）①办公场地　②电脑
③网络　④工作人员　⑤其他

9. 若8题选择了④，请回答（1）电子商务服务站有_____个工作人员。

（2）工作人员学历？①高中及其以下（包括职高）　②大学专科　③大
学本科　④硕士以上

10. 电子商务服务站都提供了什么服务？（可多选）

①代卖农产品　②代买生产、生活所需用品　③给农户进行电子商务培
训　④为农户从事电子商务活动提供资金支持　⑤推广本地农产品　⑥提供
种、养殖业的相关信息　⑦其他_____

11. 如果10题选择"代卖农产品"，请回答（1）_____年开始从网上
卖农产品？

（2）卖的什么农产品？

①米（小米、炒米等）　②面（莜面、荞面、豆面、河套面粉等）　③油
（亚麻籽油、胡麻油、葵花籽油）　④禽蛋类（牛肉、羊肉、野猪肉、土鸡、鸡
蛋等）　⑤林下产品（木耳、菌类等）　⑥干果类（瓜子、榛子、松子、蓝莓干、
枸杞等）　⑦果蔬类（香瓜、辣椒、胡萝卜、马铃薯等）　⑧其他（请注明）

（3）卖的产品有品牌吗？①有_____　②没有

（4）有品牌的产品卖了_____件/年，共收入_____元/年。

（5）无品牌的产品卖了_____件/年，共收入_____元/年。

（6）通过网络销售的产品占产品总量的_____％。

（7）村民为什么选择网络来卖农产品？

①解决农产品滞销问题　②网络卖价钱更高（平均高出_____％）　③网
络卖成本更低（平均低_____％）④推广当地农产品　⑤图新鲜，想尝试
一下　⑥其他村的带动　⑦其他_____

12. 如果10题选择"代买生产、生活所需用品"，请回答（1）_____
年从网上开始买产品？

（2）买的什么产品？（可多选）

①3C产品（计算机、通信、消费电子产品）　②图书音像制品　③服饰

鞋帽 ④个护化妆 ⑤食品饮料 ⑥家具、厨具、家装 ⑦农业所需生产资料 ⑧其他_____

13. 您所在的村是否有电子商务企业（在网络平台销售产品的企业）？
①有_____个 ②没有（跳到 15 题）

14. 该电商企业主要是从事哪些产品的销售？
①米（小米、炒米等） ②面（莜面、荞面、豆面、河套面粉等） ③油（亚麻籽油、胡麻油、葵花籽油） ④禽蛋类（牛肉、羊肉、野猪肉、土鸡、鸡蛋等） ⑤林下产品（木耳、菌类等） ⑥干果类（瓜子、榛子、松子、蓝莓干、枸杞等） ⑦果蔬类（香瓜、辣椒、胡萝卜、马铃薯等） ⑧其他（请注明）_____

15. 您村开展电子商务时，村里哪类人群最先接触了电子商务？（可多选）
①村干部 ②青年（大学生返乡、打工返乡青年、村里勇于创新的年轻人） ③妇女 ④残疾人士 ⑤其他_____

16. 您还需要政府提供哪些支持？_____

附录 2　农村电商贫困户调查问卷

问卷编号：____；日期：____年____月____日；调研员姓名：_____；

调研地点：内蒙古自治区_____盟（市）_____旗（县、区）_____乡（镇）_____村；

受访者类型：（①农牧户 ②家庭农场）与名称：_____；距离最近的乡镇政府_____公里；

受访者姓名：_____；联系电话：_____

一、受访者及其家庭基本信息

1. 受访者基本特征

性别	年龄	是否为户主	是否为建档立卡贫困户	家中有无村干部	上学年数	健康状况	务农年数	家庭人口总数	劳动力总数
1男 2女		1是 2否	1是 2否	1有 2无	年	1良好 2一般 3差	年		

2. 如果您是贫困户，则您认为导致您家贫困的主要原因是什么？（可多选）_____。

①家庭成员患重病或残疾（若选此项重病____人、残疾能自理____人、残疾不能自理____人）②子女上学负担重（若选此项有____个孩子在读大学）③缺劳动力（若选此项家里劳动力有____人）④孩子结婚致贫（若选此项子女结婚花费_____万元）⑤除常规种植、养殖业外没有其他收入来源　⑥自然灾害或突发事件多发　⑦交通不便　⑧家中劳动力缺技术　⑨养老负担重

3. 共同生活的家庭成员基本信息

年份	关系	职业类型	地点	月数	月收入（元）
2017					

注：关系：1本人 2配偶 3儿子 4儿媳 5女儿 6女婿 7孙子 8孙女 9外孙 10外孙女 11母亲 12父亲；

地点：1本村 2邻村 3本县城 4本市其他旗（县）、区 5本省其他盟市 6外省。

二、受访者家庭收入与支出情况

4. 受访者家庭种植业收入与支出情况
（1）受访者种植及销售情况。

农作物			玉米		小麦		水稻	马铃薯	大豆	油菜籽	葵花籽	燕麦	小米	莜麦	香瓜	其他
类别		年份	水地	旱地	水地	旱地										
种植情况	种植面积	2017														
	平均亩产	2017														
	销售价格	2017														
	销售渠道	2017														

注：面积单位为"亩"；平均亩产单位为"斤/亩"；销售价格单位为"元/斤"。

销售渠道：1自用 2商贩上门收购 3自己去附近集市卖 4订货商直接订购 5网络销售 6合作社代卖 7亲戚朋友代卖 8游客采摘 9门店直销 10其他（请注明）。

（2）2017 年受访者种植业生产性支出情况（若没有，请填写 0）。

作物	年份	频次（次/年）、成本（元/次）	物化成本								人工成本
			施肥	灌溉	除草	农药	农膜（元/年）	种子（元/年）	农机使用费（元/年）	合计（元/年）	雇工费（元/年）
玉米	2017	频次									
		成本									
大豆	2017	频次									
		成本									
马铃薯	2017	频次									
		成本									
小麦	2017	频次									
		成本									
水稻	2017	频次									
		成本									
燕麦	2017	频次									
		成本									
香瓜	2017	频次									
		成本									
莜麦	2017	频次									
		成本									
其他	2017	频次									
		成本									

注：根据不同调研区域，种植作物可以适当调整。

5. 受访者家庭养殖业收入与支出情况

（1）2017 年受访者养殖与收入情况（若没有，请填写 0）。

种类		年份	年初存栏量	家庭自用量	卖出数量	单位价格	总收入（元）	销售渠道
活畜	羊	2017						
	奶牛	2017						
	肉牛	2017						
	猪	2017						
	驴	2017						
	鸡	2017						
	鸭	2017						
	鹅	2017						
畜产品	羊毛	2017						
	鲜乳	2017						
	禽蛋	2017						
	皮张	2017						
其他		2017						

注：销售渠道：1 自用 2 商贩上门收购 3 自己去附近集市卖 4 订货商直接订购 5 网络销售 6 合作社代卖 7 亲戚朋友代卖 8 门店直销 9 其他（请注明）（自己消费的按市场价折算收入）。

（2）2017 年受访者养殖业支出情况（若没有，请填写 0）。

牲畜种类	幼畜购进费（元/年）	饲料费（元/年）	圈舍维修费（元/年）	防疫费（元/年）	兽药费（元/年）	配种费（元/年）	保险费（元/年）	雇工费（元/年）
羊								
奶牛								
肉牛								
猪								
鸡								
鸭								
鹅								

6. 受访者非生产性收入与支出情况

（1）2017 年、2016 年受访者非生产性收入情况（若没有，请填写 0）。

政府补贴收入（元）合计：2017年_____ 2016年_____	粮食直补	2017年：	禁牧退牧还草	2017年：
		2016年：		2016年：
	农资综合	2017年：	农村最低生活保障	2017年：
		2016年：		2016年：
	退耕还林	2017年：	草原生态保护补助奖励	2017年：
		2016年：		2016年：
	农机具补贴	2017年：	农村社会救济补助	2017年：
		2016年：		2016年：
财产性收入（元）合计：2017年_____ 2016年_____	银行存款利息	2017年：	股利分红	2017年：
		2016年：		2016年：
	房屋租赁收入	2017年：	其他	2017年：
		2016年：		2016年：
合计：2017年_____ 2016年_____	其他_____	2017年：	其他_____	2017年：
		2016年：		2016年：

（2）2017年、2016年受访者家庭非生产性消费支出及借贷情况（若没有，请填写0）。

类别	非生产性消费支出项	2017年		2016年	
		外购消费支出金额	外购支出占比	外购消费支出金额	外购支出占比
生活性消费支出（元/年）	食品消费支出				
	衣着消费支出				
	居住消费支出				
	交通工具支出				
	通信支出（话费、网费支出）				
	购买大型家电支出				
医疗卫生支出（元/年）					
赡养老人支出（元/年）					
礼金支出（元/年）					

续表

类别	非生产性消费 支出项	2017 年	2016 年
	电商购买支出（元/年）		
	向亲朋好友借款（万元）		
	向银行等机构贷款（万元）		
教育支出（元/年）		2017 年：学前教育_____；义务教育（补课费）_____； 陪读支出_____；大学教育_____；研究生及以上 教育_____；其他_____； 2016 年：学前教育_____；义务教育（补课费）_____； 陪读支出_____；大学教育_____；研究生及以上 教育_____；其他_____；	

注：居住消费支出包括新建（购）房屋、房屋维修、居住服务、租赁住房所付租金、生活用水、生活用电、生活用燃料等支出。

三、农牧户家庭资产及信息化基本情况调查

7. 目前，您家里有土木结构房子____平方米；砖房____平方米；钢筋混凝土结构房_____平方米；其他房子_____平方米。

8. 目前，您家里有汽车_____辆；专业化农机具共_____辆。

9. 您家里有_____台电脑；您家里有_____部智能手机。

10.（1）您家里安装宽带了吗？①安装了（跳到第 13 题） ②未安装

（2）您家里为什么不安装宽带？（可多选）

①网费贵 ②用手机流量上网 ③不需要 ④村里未覆盖 ⑤其他_____

11. 您上网的主要方式？（可多选）①电脑 ②手机 ③不上网（跳到四）

12.（1）您上网的主要目的是（可多选）

①休闲娱乐（听歌、看电影、电视剧、玩游戏、上网聊天）②学习 ③查看农产品相关信息 ④其他_____

（2）如果（1）中选择了③，请回答：您主要查看农畜产品的哪些信息？（可多选）

①农畜产品的价格 ②农畜产品的销售渠道 ③农畜产品的需求 ④农畜产品新品种 ⑤种养殖相关技术信息 ⑥病虫害防治信息 ⑦其他_____

13. 您每天上网_____小时。

四、农村电子商务部分

（一）农牧户对于农村电子商务认知情况

14.（1）您听说过网上买卖东西吗？①听说过　②没听说过（停止作答）

（2）您是通过什么途径听说网上买卖东西的？（可多选）

①网络、电视、广播、报纸等媒体 ②政府或乡干部的口头宣传 ③亲戚朋友、同行及他人介绍 ④标语或宣传板 ⑤其他_____

15.（1）您村有电子商务服务站吗？①有　②没有（跳到17题）

（2）您去过农村电子商务服务站吗？①去过 _____次/月或_____次/年 ②没去过（跳到17题）

16. 您去村电子商务服务站做什么？（可多选）

①随便看看 ②买卖东西 ③缴费（手机费、网费、电费等）④邮取快递 ⑤学习电子商务相关知识 ⑥其他_____

（二）农牧户对电子商务参与情况

★ 农户使用电子商务购买商品情况调查

17. 您是否在网上购买过生活用品？①是 ②否　您是否从网上买过农业生产资料？①是 ②否

如果17题选择有"是"，请回答18~27题

18. 您从_____年开始网上购物？

19. 您在网上购物的频率_____次/月或_____次/年？

20. 您通常在哪个网站购买东西？（可多选）

①微信、微博、QQ ②农村淘宝、乐村淘、赶街网 ③京东、苏宁 ④县自建网络平台_____⑤其他_____

21. 您通常通过什么方式从网上购买东西？

①自己上网买 ②让亲戚、邻居、朋友帮忙买 ③让电子商务服务站的工作人员买 ④其他_____

22. 您经常在网上买哪类商品？（可多选）

①3C产品（计算机、通信、消费电子产品）②图书音像制品 ③服饰鞋帽 ④个护化妆 ⑤食品饮料 ⑥家具、厨具、家装 ⑦农业所需生产资料（化肥、农药、农用车等）⑧其他_____

23. 您单笔网购金额最贵的是_____元。

24. 您为什么从网上买？（可多选）

①购买时间自由 ②价格便宜 ③能买到实体店买不到的东西 ④节省体力

⑤其他_____

25. 在卖家给您发货后，您平均多长时间收到货？①1～2天 ②3～4天 ③5～6天 ④7天以上

26. 您收取快递的地点？①派送员送货上门 ②村里电子商务服务站 ③到县里的快递公司领取 ④其他_____

27. 您取快递时需要支付代收费吗？①需要（具体费用为_____元/件）②不需要

如果17题都选择了"否"，请回答28题

28. 您为什么不从网上买东西？（可多选）

①担心质量问题 ②种类太多，找不到自己喜欢的商品 ③担心网络支付环境不安全 ④不知道如何购买⑤物流及售后问题 ⑥其他_____

★农牧户使用电子商务进行农产品销售情况调查

29. 您是否通过网络销售您家的农产品？①是 ②否

如果29题选择了"是"，请回答30—39题

30. 您从_____年开始在网上卖农产品？

31. 您在哪个网上销售农产品？（可多选）

①微信、微博、QQ ②农村淘宝 ③京东特色馆 ④苏宁特色馆 ⑤自建网络平台_____ ⑥其他_____

32. 您销售的农产品都有哪些种类？（可多选）

①米（小米、炒米等） ②面（莜面、荞面、豆面、河套面粉等） ③油（亚麻籽油、胡麻油、葵花籽油） ④禽蛋类（牛肉、羊肉、野猪肉、土鸡、鸡蛋等）⑤林下产品（木耳、菌类等） ⑥干果类（瓜子、榛子、松子、蓝莓干、枸杞等） ⑦果蔬类（香瓜、辣椒、胡萝卜、马铃薯等）⑧其他_____

33. 您在网上销售的农产品有品牌吗？①有_____②无

34. 您在网上销售的农产品销往哪里？①本县城 ②本市其他旗（县）、区 ③本省其他盟市 ④外省

35. 您在网络销售农产品每年有_____%的回头客。

36. 您在网上销售农产品的销售额_____元/月。

37.（1）您在网上卖东西时是否收到过中差评①是 ②否（跳到第25题）

（2）顾客为什么会给中差评？①产品质量问题 ②客服态度问题 ③发货不及时 ④快递问题 ⑤其他_____

38. 您在网上进行农产品销售时遇到的问题是什么？（可多选）

①资金比较紧张 ②自身知识水平有限 ③没有自己的品牌 ④专业人才

缺乏　⑤物流受限　⑥没问题　⑦其他_____

39. 您的网络店铺（网店、微店）的成本①宽带费____元/月 ②流量费_____元/月 ③促销活动费_____元/月 ④物流成本_____元/月 ⑤网店设计费用_____元/月 ⑥工作人员工资_____元/月 ⑦产品包装费_____元/月

40. 如果29题选择了"否"，请回答：您为什么不选择自己直接在网上卖农产品？（可多选）

①现有买卖方式很方便 ②快递到不了 ③不会操作电脑 ④对网络交易环境不信任 ⑤其他_____

★农牧户使用电商开展农村旅游情况

41. 您家办农家乐了吗？①办了 ②没办（跳到51题）

42. _____年办的农家乐。

43. 您办的是哪种形式的农家乐？

①可提供餐饮 ②可提供餐饮和娱乐 ③可提供餐饮和住宿 ④可提供餐饮、住宿和娱乐

44. 您为什么办农家乐？

①离市区近 ②附近/自家有采摘园或者有机蔬菜基地 ③位于旅游景区附近 ④与其他旅游公司合作，有固定的客源　⑤其他_____

45. 您主要以哪种形式宣传您家的农家乐？

①微信、微博、QQ等 ②美团、途牛、去哪儿等旅游网 ③电视、广告、报纸、杂志等 ④张贴小广告⑤跟旅游公司合作 ⑥没宣传 ⑦其他_____

46. 您家的农家乐旺季是_____。

47. 您办的农家乐顾客来自于哪里？（可多选）①本县城 ②其他旗（县）③本省其他盟市 ④外省

48. 您家的农家乐每年来_____个顾客，其中通过网络平台来的顾客有_____%，来的顾客中有_____%回头客。

49. 您经营的农家乐主要支出是 ①租地_____元 ②农家乐建设装修费用_____元 ③日常经营支出（水、电、维修等费用）_____元/月 ④雇用人员费用_____元/月 ⑤其他_____

50. 您家的农家乐一年收入是_____元。

★电子商务给农牧户带来的收获

51. 您认为有了农村电子商务服务后，您的生活发生了哪些变化？（可多选）

①没变化 ②增加了收入 ③节省了生活成本 ④便利了生活 ⑤学到了相关

知识和技术 ⑥拓宽了信息获取渠道 ⑦解决了农产品滞销问题 ⑧其他_____

52. 2017 年，您参加了_____次电子商务相关技能的培训。（如果回答 0 次，跳到 54 题）

53. 培训了哪些内容？

①农村电子商务的一些相关政策　②农村电子商务的行业趋势

③开网店的技术　④网络营销的技巧　⑤其他_____

54. 你认为发展农村电子商务存在的主要问题是什么？